UTB 4168

W0058599

Eine Arbeitsgemeinschaft der Verlage

Böhlau Verlag · Wien · Köln · Weimar
Verlag Barbara Budrich · Opladen · Toronto
facultas.wuv · Wien
Wilhelm Fink · Paderborn
A. Francke Verlag · Tübingen
Haupt Verlag · Bern
Verlag Julius Klinkhardt · Bad Heilbrunn
Mohr Siebeck · Tübingen
Nomos Verlagsgesellschaft · Baden-Baden
Ernst Reinhardt Verlag · München · Basel
Ferdinand Schöningh · Paderborn
Eugen Ulmer Verlag · Stuttgart
UVK Verlagsgesellschaft · Konstanz, mit UVK/Lucius · München
Vandenhoeck & Ruprecht · Göttingen · Bristol
vdf Hochschulverlag AG an der ETH Zürich

Schüssler, Renate, Dr. phil., Bielefeld School of Education, Universität Bielefeld. Schwerpunkte: Praxisstudien, Fort- und Weiterbildung, Internationalisierung.

Schwier, Volker, Lehrer i. H., Bielefeld School of Education, Universität Bielefeld. Schwerpunkte: Praxisstudien, Didaktik Sozialwissenschaften/Sachunterricht.

Klewin, Gabriele, Dr. phil., Wiss. Einrichtung Oberstufen-Kolleg, Universität Bielefeld. Schwerpunkte: Praxisforschung, Forschendes Lernen, Schulentwicklung.

Schicht, Saskia, Bielefeld School of Education, Universität Bielefeld. Schwerpunkte: Praxisstudien, Fort- und Weiterbildung.

Schöning, Anke, Akademische Oberrätin, Bielefeld School of Education, Universität Bielefeld. Schwerpunkte: Lehrerbildung, Praxisstudien, Fachdidaktik Deutsch.

Weyland, Ulrike, Dr. phil., Prof.'in, Fachbereich Wirtschaft/Gesundheit, Fachhochschule Bielefeld. Schwerpunkte: Lehrerbildung, Praxisstudien, berufliche Bildung.

Renate Schüssler, Volker Schwier
Gabriele Klewin, Saskia Schicht
Anke Schöning, Ulrike Weyland
(Hrsg.)

Das Praxissemester im Lehramtsstudium: Forschen, Unterrichten, Reflektieren

Verlag Julius Klinkhardt
Bad Heilbrunn • 2014

Online-Angebote oder elektronische Ausgaben zu diesem Buch
sind erhältlich unter www.utb-shop.de

Die Deutsche Bibliothek – CIP-Einheitsaufnahme
Die Deutsche Nationalbibliothek verzeichnet diese Publikation in der Deutschen Nationalbibliografie;
detaillierte bibliografische Daten sind im Internet über http://dnb.d-nb.de abrufbar.

Satz: Kay Fretwurst, Spreeau.
Umschlagfoto: © Robert Kneschke - Fotolia.com.
Einbandgestaltung: Atelier Reichert, Stuttgart.

Druck und Bindung: Friedrich Pustet, Regensburg.
Printed in Germany 2014.
Gedruckt auf chlorfrei gebleichtem alterungsbeständigem Papier.

UTB-Band-Nr.: 4168
ISBN 978-3-8252-4168-1

Inhaltsverzeichnis

Legende der didaktischen Elemente

 Zur Verständigung   Definitionen *oder*
Klärung des im Studienbuch zugrunde-
liegenden Verständnisses

 Zum Weiterlesen   Literaturhinweise zur Vertiefung *oder*
Querverweise im Studienbuch

 Zum Beispiel   Illustration der Ausführungen

 Zur Weiterarbeit   Anregung zur praktischen Umsetzung oder
weiteren Vertiefung

 Zwischenruf   Beleuchtung der Ausführungen aus anderer
Perspektive

 Peer Learning Activity   Anregung zur Vertiefung der Ausführungen
mit Mitstudierenden

Zur Reflexion   Anregung zum Nachdenken, Überdenken,
Zur Peer-Reflexion   Neudenken und Querdenken, alleine und/
Zur Reflexion oder Peer-Reflexion   oder zusammen mit Mitstudierenden

Vorwort

Reformen im Bildungswesen sind traditionsgemäß ein heftig diskutiertes Feld und mit starken Emotionen verbunden. Eingriffe in das Bildungssystem, das als Garant für die Entwicklung und den Wohlstand von Gesellschaften angesehen wird, verunsichern und lösen Sorgen und Ängste aus. Umso erstaunlicher ist es, dass sich gegenwärtig in vielen deutschen Bundesländern eine gravierende Reform der Lehrer/innenbildung vollzieht, die auf hohen Konsens zu stoßen scheint und ohne laute Töne eingeführt wird: Die Ausweitung bzw. Verlängerung der schulpraktischen Anteile in der ersten Phase, die in manchen Bundesländern in ein sogenanntes Praxissemester mündet.

Aber ist dieser ‚stille Wandel' eigentlich überraschend? Wer sollte denn Einwände gegen mehr Praxis in der Ausbildung von angehenden Lehrpersonen haben? Schließlich sind die Abklärung der individuellen Eignung, der Bezug zum Schulalltag, die Nähe zu Kindern und Jugendlichen, der Kontakt zu professionellen Lehrpersonen doch nur durch unmittelbare Erfahrungen in der Praxis möglich. Außerdem zeigen Befragungen von Studierenden und Lehrpersonen, dass die Erhöhung der Praxisanteile in der Lehrer/innenbildung einen langjährigen und durchgängigen Wunsch darstellt. „Mehr Praxis!" lautet der Ruf – die Einführung eines Praxissemesters stellt nun die mit hohen Erwartungen verbundene Antwort auf diesen Ruf dar.

Die Lehrer/innenbildung und die Scientific Community, so könnte man meinen, sollten also froh sein, dass die Politik nun endlich diesen Missstand aufgreift und den künftigen Lehrerinnen und Lehrern eine bessere Ausbildung ermöglicht. Die Frage ist indes, ob ein Mehr an Praxis auch einen Qualitätssprung in der Lehrer/innenbildung impliziert. Ein genauer Blick auf den gegenwärtigen Prozess der Umsetzung und auf internationale Forschungsergebnisse lässt nicht nur Skepsis, sondern ernsthafte Zweifel aufkommen. Bei der Implementierung der neuen Praxisphasen besteht nämlich die Gefahr, dass die schulpraktische Ausbildung primär ‚verbessert' werden soll, indem die Studierenden lediglich mehr *Zeit* in der Schule verbringen - mit der Konsequenz, dass zentrale Qualitätskriterien für das Lernen im Praktikum wie die grundlegende Vor- und Nachbereitung der Praxiserfahrungen, die professionelle Ausbildung der Praxislehrpersonen, das Coaching während des Praktikums durch die Verantwortlichen an den Lehrer/innenbildungsinstitutionen, regelmäßige Unterrichtsbesuche und die gezielte Gestaltung der Aufgabenbereiche der Praktikant/inn/en vernachlässigt werden. Scheitern wird die Idee der verbesserten Lehrer/innenbildung ebenfalls, wenn entsprechende Budgets zur Umsetzung dieser Kriterien nicht bereit gestellt werden. Zudem muss der Diskurs über den Einsatz geeigneter Instrumente, anhand derer die Praxiserfahrungen dokumentiert und reflektiert werden können, wie Lerntagebücher, Portfolio oder Videoanalysen, geführt werden.

Bei all den vielen guten Intentionen, die mit der Verlängerung von Praxisphasen in der Lehrer/innenbildung verbunden sind, darf nicht über die Tatsache hinweggesehen werden, dass sich ein Praxissemester durchaus negativ auswirken kann. Problematische Entwicklungen wie Überforderungen der Studierenden, ungenügende Nutzung der Lernangebote, unerwünschte Sozialisierungsprozesse oder Reproduktion ineffektiver Unterrichtsstrategien können solche negativen Folgen sein. Besonders prekär kann sich das Praxissemester dann auswirken, wenn Studierende losgelöst von ihrer Ausbildung ein Semester lang in Schulen verbringen, ohne dass diese Erfahrungen professionell gerahmt und begleitet werden. Diese Schwachstelle akzentuiert sich, wenn Praktikant/inn/en als Ersatz für Lehrpersonen dienen sollen.

Guter Unterricht wird nicht über Modelllernen, Learning-by-doing oder Versuch und Irrtum erlernt, sondern durch die professionelle Gestaltung eines Entwicklungsprozesses, der auf kriteriengeleiteten Auseinandersetzungen und reflektierten Eigenerfahrungen sowie auf kooperativem Lernen basiert. Diese Lernelemente stellen sich eben gerade nicht automatisch durch Praxiskontakte ein, sondern bedürfen einer professionellen Begleitung, sowohl von Seiten der Lehrer/innenbildungsinstitutionen als auch der Schulen. Zudem benötigt es den Dialog und die Kooperation zwischen diesen beiden Ausbildungsorten. Sind diese Kriterien nicht gesichert, wird zwar das Bedürfnis nach mehr Praxis erfüllt. Die Ausbildung der angehenden Lehrpersonen, deren Kompetenzen und der künftige Unterricht an Schulen werden damit aber nicht verbessert.

Optimismus sollte folglich in Bezug auf die gegenwärtigen Reformen nur dahingehend entwickelt werden, wenn es um Praktika als *potenzielle* Elemente der Qualitätssteigerung der Lehrer/innenbildung geht. Sie stellen zwar zentrale Lernumgebungen für angehende Lehrerinnen und Lehrer dar, es darf aber nicht dem Zufall überlassen werden, was gelernt wird. Vor diesem Hintergrund kommt dem vorliegenden Studienbuch zum Thema Praxissemester eine besondere Relevanz zu: In den Beiträgen werden zentrale Aspekte der Wirksamkeit von Praxisphasen aufgegriffen und beleuchtet. Die reflektiert-kritische Auseinandersetzung erfolgt anhand verschiedener Bereiche, die für die Qualität des Praxissemesters essenziell sind, wie beispielsweise seine Vorbereitung, Begleitung und Einbettung, aber auch die zentralen Lernaufgaben im Praxissemester wie Forschendes Lernen, Unterrichten und Reflektieren. Die Leserinnen und Leser erwarten zahlreiche Anregungen dazu, wie sie die schulbezogene Ausbildung gewinnbringend gestalten können sowie wichtige Antworten auf die Frage, unter welchen Voraussetzungen sich ein Praxissemester bewähren könnte. Das Studienbuch kann selbstverständlich nicht alle Aspekte aufgreifen. Es macht aber einen Punkt besonders deutlich: Es reicht nicht aus, eine gute Idee zu haben. Man muss auch dafür sorgen, dass sie gut umgesetzt wird.

Bern im Juli 2014   Tina Hascher

Einleitung

„Endlich Praxis" oder auch „Nicht schon wieder in die Schule", „Wie ich das wohl alles schaffen werde?" oder „Wie schön, dass ich diese Gelegenheit in meinem Studium habe".

Solche oder ähnliche Gedanken gehen möglicherweise so manchen Lehramtsstudierenden durch den Kopf – sicher auch denjenigen, die dieses Studienbuch in der Hand halten. Dann ist die Wahrscheinlichkeit hoch, dass diese sich entweder gerade gedanklich auf ein Praxissemester im Lehramtsstudium einstimmen, sich bereits konkret darauf vorbereiten oder auch schon mittendrin sind in der schulischen Praxis des Praxissemesters.

Zur Verständigung: Praxissemester – was ist das?
Beim Praxissemester handelt es sich aufgrund seines Umfangs um ein besonderes Format der Praxisphase. Darunter wird ein sogenanntes Langzeitpraktikum verstanden, in dem die Studierenden über einen längeren Zeitraum, in der Regel ein Semester lang, in der Schule tätig sind. Obwohl der Begriff Praxissemester der gängigere Begriff ist, finden sich an einzelnen Standorten auch andere Bezeichnungen, z.B. das sich über zwei Semester erstreckende Kernpraktikum in Hamburg. In diesem Studienbuch werden die verschiedenen Bezeichnungen und Ausgestaltungen von Langzeitpraktika im Lehramtsstudium unter den Sammelbegriff *Praxissemester* subsumiert.

Für wen – und wozu?

Diese Publikation ist als Studienbuch konzipiert und richtet sich in erster Linie an Lehramtsstudierende der allgemeinbildenden Lehrämter. Idee ist, den LeserInnen die Orientierung in der Vielfalt der Konzeptionen und Anforderungen, die es mittlerweile bundesweit mit Bezug auf das Praxissemester gibt, zu erleichtern.

Ziel des Studienbuches ist es auch, die Chancen des besonderen Formats Praxissemester näher zu beleuchten, Hilfestellung für die Bewältigung der zentralen Aufgaben wie unterrichtliches Handeln, Forschendes Lernen und Reflexion zur Verfügung zu stellen.

Angeregt durch das Studienbuch können Studierende sich umfassend über die mit dem Praxissemester verbundenen Anforderungen und Lernaufgaben informieren sowie die entsprechenden Lerngelegenheiten identifizieren und nutzen. So können sie sich selbst das Praxissemester in reflektierender Weise erschließen und viele der damit verknüpften Möglichkeiten nutzen, um den eigenen Professionalisierungsprozess voranzutreiben. Das Praxissemester wird so zu *ihrem* Praxissemester.

Das Studienbuch kann gleichzeitig auch von all jenen Personengruppen genutzt werden, die die Studierenden im Praxissemester begleiten, unterstützen, beraten und beurteilen. Sie können dem Studienbuch eine Vielfalt an Anregungen, Orientierungen und Informationen entnehmen. Gedacht ist hier an Lehrende der Hochschulen, Fachleitungen der Studienseminare und Lehrkräfte – etwa Praktikumsbeauftragte und MentorInnen – an den Praktikumsschulen. Ihnen kann die Publikation Hintergrundinformation, Denkanregung, Inspiration und Orientierung für die Arbeit mit den Studierenden geben.

Chancen des Praxissemesters

Das Praxissemester im Lehramtsstudium liegt zwar im Trend, trotzdem ist es keine Selbstverständlichkeit. Dafür ist es an den meisten Universitätsstandorten einfach noch zu neu. Um das Innovative zu unterstreichen, entstand die Überlegung, ein Studienbuch speziell zum Praxissemester zu veröffentlichen, um die Nutzung der damit verbundenen Chancen und Möglichkeiten zu unterstützen. Außerdem kann das Studienbuch auch dabei helfen, die neuen Herausforderungen mit weniger Reibungsverlusten zu bewältigen.

Die Herausgebergruppe geht davon aus, dass das Studienformat Praxissemester ein besonderes Potenzial hat, die Professionalitätsentwicklung der Studierenden zu fördern – zumindest sofern gewisse Grundvoraussetzungen und Gestaltungsmerkmale dabei berücksichtigt werden. Im Studienbuch werden Möglichkeiten aufgezeigt und diskutiert, wie entsprechende Professionalisierungsbestrebungen effektiv unterstützt werden können. Es wird ebenso beleuchtet, wie die Ausgestaltung des Praxissemesters als ein theoretisch eingebettetes Studienelement so unterstützt werden kann, dass eine forschende Grundhaltung und die Ausbildung von Reflexivität gefördert und produktive wechselseitige Bezüge zwischen Theorie und Praxis ermöglicht werden.

Was kann von der Lektüre erwartet werden? Und was nicht!

Bei diesem Herausgeberband handelt es sich nicht um einen Sammelband, der verschiedene Artikel zu einem Thema vereint. Stattdessen waren die HerausgeberInnen bestrebt, ein Studienbuch *aus einem Guss* zu erarbeiten. Die einzelnen Kapitel bauen sukzessive aufeinander auf, viele Querbezüge werden hergestellt. Gleichzeitig ist jedes Kapitel in sich geschlossen und – je nach Interesse und Rezeptionshaltung – einzeln lesbar.

Die gemeinschaftliche Konzipierung drückt sich auch aus in der Verwendung gemeinsam entwickelter didaktischer Textelemente sowie in der Nutzung von metakognitiven Reflexionsaufgaben am Ende eines jeden Kapitels. Ebenso sind auch Einleitung und Schlusskapitel Gemeinschaftsprodukte und das Resultat so mancher intensiven Diskussion.

Verschiedene Abbildungen und durch graphische Icons gekennzeichnete didaktische Elemente sollen der besseren Erschließung des Textes dienen und zum übergeordneten Ziel der Professionalitätsentwicklung beitragen, allerdings ohne unmittelbare Handlungsanleitungen oder Rezepte zur Bewältigung des Praxissemesters und seiner Anforderungen zu liefern.

Zur Verständigung: Sie, ja genau Sie sind gemeint …
… wenn wir uns mit diesen didaktischen Textelementen an Sie wenden. Hier sprechen wir Sie, die Studierenden, als Hauptzielgruppe des Studienbuchs direkt an. Wir empfehlen Ihnen dann vielleicht Literatur zum Weiterlesen oder regen Sie an, über bestimmte Sachverhalte mit Ihren Peers zu diskutieren.
Als LeserInnen, die Sie in der Universität, im Studienseminar oder in der Schule tätig sind, können Sie die Anregungen ja vielleicht als Fundgrube für die Arbeit mit den Studierenden nutzen.

Die Vielzahl von Reflexionsanregungen und Arbeitshinweisen sowie weitere didaktische Textelemente sollen anregen zum Innehalten in der Lektüre, Weiter-Lesen, Nach- und Voraus-Denken, Austauschen. Sie sollen die möglichst umfassende Durchdringung und Weiterverarbeitung des Gelesenen unterstützen. Zum besseren Verständnis der genannten Elemente befindet sich eine Legende auf Seite 9.

Zur Verständigung: Let's talk about … gender
Wie halten *Sie persönlich* es eigentlich mit dem kleinen oder großen I?
Vielleicht ist Ihnen beim Verfassen von wissenschaftlichen Hausarbeiten schon die Frage untergekommen, wie der eigene Text gendersensitiv verfasst werden kann und trotzdem lesbar bleibt? Aber auch, wenn Sie nicht bewusst darüber nachdenken, entscheiden Sie sich letztlich doch für eine Version.
Für die Herausgeber*innen ist die *männliche-Form-mit-Fußnote-Frauen-seien-mit-eingeschlossen* nicht akzeptabel. Auch neu diskutierte Formen wie Profess*ix erhöhen leider nicht gerade die Lesbarkeit eines Textes. Nach intensiven Diskussionen konnten sich die Herausgeberinnen und der Herausgeber letztlich als kleinstmöglichen Kompromiss dazu durchringen, die männlichen bzw. weiblichen Endungen soweit wie möglich zu vermeiden (z.B. Praktikumsbeauftragte statt Praktikumskoordinatorinnen, Studierende statt Studenten etc.) und in einigen Fällen auf das Binnen-I (z.B. MentorInnen) zurückzugreifen. Der Lesbarkeit wegen wurde bei Komposita (z.B. Lehrerhandeln) darauf verzichtet.

Blick ins Buch

Neugierig geworden? Gerade auch weil das Studienbuch von vorne nach hinten, aber auch problemlos jeder Beitrag einzeln für sich gelesen werden kann, soll hier ein kurzer Überblick gegeben werden, worum es in jedem Kapitel geht.

Kapitel 1 betont das *Praxissemester als Chance zur Professionalitätsentwicklung* und widmet sich den damit verbundenen Lerngelegenheiten und Herausforderungen. Weil der sogenannte Mythos Praxis sehr wirksam ist, soll bezüglich Anspruch und Reichweite des universitären Studienelements Praxissemester sensibilisiert werden. Herausgearbeitet wird unter anderem, warum das Praxissemester eine besondere Möglichkeit darstellt, die eigene Professionalitätsentwicklung gewinnbringend zu unterstützen.

Sowohl die Zielsetzungen des Praxissemesters als auch die damit einhergehende engere Verzahnung der beteiligten Institutionen – Universität, Schule sowie Studienseminar – stellen alle Beteiligten, insbesondere aber die Studierenden, vor neue Herausforderungen. Kapitel 2 handelt *Von der Rolle* und betrachtet die *Studierenden im Spannungsfeld unterschiedlicher Erwartungen.* Es bietet auf Basis rollentheoretischer Ansätze Anregungen, um für die unterschiedlichen und teilweise widersprüchlichen Anforderungen der institutionellen Akteure zu sensibilisieren, damit das Praxissemester konstruktiv genutzt und ausgestaltet werden kann.

Das Praxissemester beginnt schon vor der Schule – deshalb rückt Kapitel 3 die *Vorbereitung und Begleitung durch Universität und Studienseminar* in den Mittelpunkt. Das Praxissemester ist inhaltlich in das Studium eingebettet und wird häufig von Universität und Studienseminar vorbereitet und begleitet. Die Formen der Einbettung und die damit verbundenen Unterstützungsangebote sind je nach Standort recht unterschiedlich. Das Kapitel gibt einen Überblick über Formen der Betreuung und Begleitung und wie diese genutzt werden können. Ferner bietet es vielfältige Planungshilfen, um das eigene Praxissemester für sich selbst vorzubereiten und zu strukturieren.

Während des Praxissemesters kommt die Unterstützung dann von allen Seiten. Neben den zuvor skizzierten Angeboten von Universität und Studienseminar steht vor allem die Begleitung und Beratung durch die Schulen im Vordergrund. Aber auch Mitstudierende können sich im Rahmen von Peer Learning Activities gegenseitig unter die Arme greifen. Für die Reflexion der im Praxissemester gemachten Erfahrungen und der eigenen Kompetenzentwicklung stehen unterschiedliche Instrumente und Beratungsangebote zur Verfügung. Näher erläutert wird dies am Beispiel des Portfolios, nicht ohne auch einen kritischen Blick auf solche Formen der Selbsttechniken (Foucault) zu werfen. Mit Kapitel 4 zu *Unterstützung und Reflexion im Praxissemester* liegt es also auf der Hand: *You'll never walk alone.*

Langsam wird es ernst. Auch die Studierenden im Praxissemester erleben *Wieder einen ersten Schultag.* Kapitel 5 soll den *Einstieg in die schulische Praxisphase* erleichtern. Unter den Stichworten Ankommen – Agieren – Auswerten wird aufgezeigt, wie Studierende auch selbst zum Gelingen des Einstiegs in das schulische Umfeld beitragen können, welche Aufgaben sich ihnen dabei stellen und wie sie den vielschichtigen Herausforderungen begegnen können. Vorgestellt werden für diesen neuerlichen ersten Schritt in die Schule auch vielfältige Materialien und Hilfsmittel.

In vielen Praxissemesterkonzeptionen sind Studierende angehalten, eigene Untersuchungen durchzuführen. Ziel ist, dass sie durch *Studentische Forschungsvorhaben im Praxissemester … Forschend Lernen*. Kapitel 6 geht auf diesen hochschuldidaktischen Ansatz ein, klärt zugrundeliegende Begrifflichkeiten und zeigt den möglichen Mehrwert einer Ausgestaltung des Praxissemesters im Sinne Forschenden Lernens auf. Dabei werden vielfältige Varianten und Beispiele Forschenden Lernens vorgestellt. Breiten Raum nehmen Hilfestellungen zur Planung und Umsetzung von Forschungsvorhaben sowie die Einführung in vielfältige Erhebungs- und Auswertungsmethoden ein. Ziel ist, den Studierenden den Auftrag des Forschenden Lernens zu verdeutlichen und sie tatkräftig in der Realisierung ihrer Forschungsvorhaben zu unterstützen.

Kapitel 7 steht ganz im Zeichen von *Unterricht im Praxissemester* und der diesbezüglichen Reflexion. Studierende bekommen hier Anregungen, wie sie Lehr-/ Lernarrangements im Praxissemester *entwickeln, erproben und reflektieren* können. Gehört das Unterrichten zweifellos zum Kerngeschäft von Lehrkräften, werden unter der Zielperspektive der ‚reflektierenden PraktikerInnen' Bedingungen und Möglichkeiten der Ausgestaltung von Unterricht im Praxissemester in den Blick genommen. Vor dem Hintergrund didaktischer Überlegungen werden gezielt Hinweise zur Planung, Umsetzung und Auswertung von Unterricht sowie zur Erprobung ausgewählter unterrichtlicher Aspekte erörtert. Im Vordergrund steht dabei stets die Entwicklung einer theoriegeleiteten Reflexionskompetenz als zentraler Voraussetzung für die Studierenden, um die Entwicklung der eigenen Professionalität weiter voranzutreiben.

SchülerInnen entwickeln sich in der Schule, Studierende entwickeln sich im Praxissemester, Lehrkräfte entwickeln sich in ihrem Berufsleben – aber auch die Schule selbst entwickelt sich. Und das fortwährend. Deshalb wird in Kapitel 8 behauptet, *Es bleibt immer anders* und gemeint ist damit: *Schule verändert sich.* Es geht um Aspekte, die Einfluss auf den Unterricht haben, aber auch um außerunterrichtliche Projekte und Maßnahmen. In den Blick genommen werden Schulentwicklungsprozesse als ein Weg für Schulen, Veränderungen systematisch anzugehen und die eigene Entwicklung mitzubestimmen.

Das Praxissemester stellt ein bedeutsames Studienelement zur Professionalitätsentwicklung dar und bietet vielfältige Lernanlässe. Zum Abschluss des *Praxissemesters* steht die Frage: *Und dann?* Es gilt zurückzublicken, um sich zu vergewissern, welche Lernprozesse in Gang gesetzt worden sind. Aber auch, nach vorne zu schauen, wie es um den eigenen Professionalisierungsprozess steht. Mittels *Rückblenden und Ausblicken* können die Studierenden die verschiedenen in diesem Studienbuch dargestellten Lerngelegenheiten im Praxissemester Revue passieren lassen. Abschließend werden Wege und Möglichkeiten aufgezeigt, wie bisher erworbenes Wissen im weiteren Studienverlauf und in der zweiten Phase der Lehrerbildung vertieft sowie Fähigkeiten und Haltungen weiterentwickelt werden können.

Wer steckt hinter dem Studienbuch?

Die Gruppe der HerausgeberInnen beschäftigt sich seit einigen Jahren mit der Konzipierung und Vorbereitung des Praxissemesters in Nordrhein-Westfalen – und hier besonders in Bielefeld. Sie konnte vielfältige Erfahrungen mit Blick auf das Praxissemester sammeln: durch das Erstellen bundesweiter Studien und Veröffentlichungen zu Praxisphasen und dem Praxissemester, durch vielfältige Konzipierungs- und Gestaltungsaufgaben, durch die Beratung und Begleitung der beteiligten Akteure, durch die Unterstützung der institutionenübergreifenden Kooperation, durch die Durchführung von Veranstaltungen und Fortbildungen etc. Aus diesen Erfahrungen heraus ist die Herausgebergruppe zu der Überzeugung gelangt, dass es in der teilweise unübersichtlichen Gemengelage hilfreich ist, Studierenden und anderen Beteiligten Hilfestellung und Materialien rund um das Studienelement Praxissemester an die Hand zu geben. Wenngleich die HerausgeberInnen also vor dem Hintergrund der nordrheinwestfälischen Erfahrungen schreiben, ist das Buch ausdrücklich so konzipiert, dass es unabhängig von der jeweiligen standortspezifischen Konzeption und Ausgestaltung des Praxissemesters gelesen und genutzt werden kann. Darüber hinaus können auch für kürzere Praxisphasen im Lehramtsstudium viele Anregungen entnommen werden.

Welche Namen hinter dem Studienbuch stehen, ist auf den ersten Blick klar, sind AutorInnen und HerausgeberInnen doch explizit ausgewiesen.
Neben diesen aber steckt die Arbeit und Unterstützung vieler weiterer Personen und einer Institution hinter dem Studienbuch, die wenigstens an dieser Stelle Erwähnung finden sollen und denen hiermit …

…gedankt sei:

…allen voran den KollegInnen in Geschäftsstelle und Vorstand der Bielefeld School of Education (BiSEd), vertreten durch Norbert Jacke als geschäftsführendem Leiter, Ingwer Paul als Direktor und Eiko Jürgens als stellvertretendem Direktor. Für die gewährten Freiräume und Unterstützungen sei ausdrücklich gedankt.
Dem Klinkhardt-Verlag danken wir herzlich für das Interesse an unserer Publikationsidee und die konstruktive Zusammenarbeit in der Umsetzung.
Ein besonderer Dank gilt Adalbert Heiduk, der uns unermüdlich und stets gut gelaunt zur Seite stand. Ferner sei den studentischen ProbeleserInnen gedankt, die uns einen Eindruck vermitteln konnten, ob das Studienbuch für die studentische Klientel einigermaßen den Ton trifft. Genannt seien hier: Laura Düllmann, Gregor Lübbert, Mark Pritzkau und Laura Raabe.
Sehr hilfreich waren auch der fachliche Austausch mit den KooperationspartnerInnen aus den Zentren für schulpraktische Lehrerausbildung in Minden und Bielefeld sowie die Einschätzungen von KollegInnen aus anderen Bundesländern. Namentlich genannt seien hier: Jens Winkel (Flensburg), Vanessa Hinsch (Olden-

burg), Regine Komoss und Sonja Bandorski (Bremen), Martin Lüdecke (Marburg) und Axel Knüppel (Kassel).

Herzlicher Dank gilt auch Tina Hascher für das Verfassen des Vorworts, Andrea Schöning für den hilfreichen Einblick in ihre Unterrichtsskizzen und Arnd Richter für die inhaltliche Unterstützung des Zwischenrufs zu Foucault. Nicht zuletzt danken wir unseren FreundInnen und Familien, die so manche Nacht- oder Wochenendschicht erdulden mussten und die Entstehung des Studienbuches somit hervorragend mitgetragen haben.

Bielefeld im August 2014   Die HerausgeberInnen

Renate Schüssler und Ulrike Weyland

1 Praxissemester – Chance zur Professionalitätsentwicklung

Das Praxissemester steht vor der Tür. Und mit ihm ein ganzes Bündel von Fragen und Erwartungen. Endlich sich selbst in der Schule erleben, weniger mit dem Blick als ehemalige SchülerInnen, sondern eher als zukünftige Lehrkräfte. Schule, Unterricht und Lehrerhandeln können nun mit ganz anderen Augen wahrgenommen werden, nämlich auf der Folie der Inhalte des Lehramtsstudiums. Idealerweise werden so auch wechselseitige Bezüge zwischen Theorie und Praxis ermöglicht. Oder aber, die Studierenden sehen die Praxisphasen vorrangig als willkommene Möglichkeit, um sich von all der ‚grauen Theorie' abzuwenden, frei nach dem Motto „Probieren geht über Studieren!".

Grundsätzlich scheint die Forderung nach mehr schulischer Praxis oder überhaupt nach Praxisphasen im Studium nur allzu verständlich, weil gerade damit Realitätsnähe und situiertes Lernen ermöglicht werden sollen. Und wer will das nicht, einen frühen Zugang zur späteren beruflichen Tätigkeit, um zu wissen, was einen erwartet? Aber haben Studierende in ihrer Schulzeit nicht schon genug schulische Praxis erleben können? Warum also noch mehr Praxis?

Studierende im Lehramtsstudium und damit auch im Praxissemester sind Lernende auf dem Weg zum professionellen Lehrerhandeln. Damit muss der Blick auf schulische Praxis ein anderer als noch zur Schulzeit sein, denn Studierende können die vorgefundene Praxis nun in den Zusammenhang ihres eigenen Lern- und Professionalisierungsprozesses stellen. Daher kann es lohnenswert sein, sich zunächst mit der Frage zu befassen, was Studierende überhaupt von Praxisbezügen im Studium und besonders von einem Praxissemester erwarten können.

Zu Beginn dieses Kapitels wird auf den grundsätzlichen Stellenwert von Praxisphasen im Lehramtsstudium eingegangen. Angesichts der mit Praxisphasen einhergehenden Chancen, wird gleichzeitig hervorgehoben, dass Praxisphasen entgegen so mancher Mythenbildung kein Allheilmittel sind. Nichtsdestotrotz verbindet sich mit Praxisphasen und ihrer wechselseitigen Verknüpfung mit den Inhalten des Studiums das Potenzial, die für das spätere Lehrerhandeln so wichtige Professionalitätsentwicklung substanziell voranzubringen. Last but not least wird dargestellt, dass

Studierende sich auch an der Weiterentwicklung und Verbesserung des Praxissemesters beteiligen können, indem sie aktiv die Möglichkeiten von Evaluation und Qualitätssicherung nutzen.

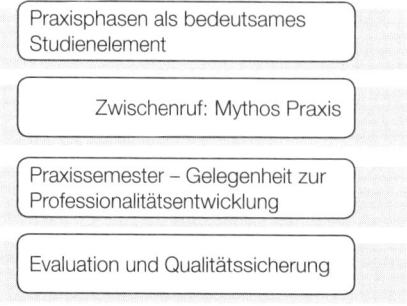

Praxisphasen als bedeutsames Studienelement

Zwischenruf: Mythos Praxis

Praxissemester – Gelegenheit zur Professionalitätsentwicklung

Evaluation und Qualitätssicherung

Abb. 1.1: Überblick über Kapitel 1

1.1 Praxisphasen als bedeutsames Studienelement

Fragt man nach dem gegenwärtigen Stellenwert von Praxisphasen im Lehramtsstudium, zeigt sich ein klares Bild: Immer mehr Bundesländer tendieren zu Langzeitpraktika, in der Regel ergänzend zu den bereits bestehenden schulischen Praxisphasen. Ein bedeutsamer Motor dürfte in diesem Zusammenhang auch die Kultusministerkonferenz (KMK) gewesen sein, die in einem Beschluss von 2005 für eine deutliche Ausweitung schulischer Praxisphasen plädierte. Damit wird Praxisphasen für die Professionalisierung angehender Lehrkräfte ein besonderer Stellenwert zugesprochen. Im Grundsatz dürften Studierende diese Entwicklung sehr begrüßen, denn schulische Praxisphasen sind bei ihnen anhaltend beliebt.

?! **Zur Verständigung: Nicht nur Schall und Rauch –**
Praxisphasen, Praktika, Schulpraktische Studien und Praxissemester
Der Begriff *Praxisphasen* kann im schulischen Kontext zunächst als Sammelbezeichnung für Praktika, schulische Praktika, schulische Praxisstudien oder Schulpraktische Studien, aber auch für Langzeitpraktika im Lehramtsstudium verstanden werden. Um den Stellenwert von Praxisphasen als integrales Studienelement im Lehramtsstudium zu betonen, wird empfohlen, den Begriff *Schulpraktische Studien* zu verwenden (vgl. Weyland 2010). Damit wird herausgestellt, dass Praktika nicht losgelöst sein sollten vom Studium, sondern dezidiert theoretisch in das Studium einzubinden, sprich wissenschaftlich vorzubereiten, zu begleiten und nachzubereiten sind. Weil diese curriculare Einbettung jedoch nicht bei allen Praktika als gegeben vorausgesetzt werden kann, wird in diesem Studienbuch die umfassendere Bezeichnung (*schulische*) *Praxisphasen* als Sammelbegriff verwendet, um das breite Spektrum der unterschiedlichen Ausgestaltungen abzubilden.
Der Begriff *Praxissemester*, als besondere Variante schulischer Praxisphasen im Sinne von Langzeitpraktika, wird in diesem Studienbuch wie folgt verwendet:
• hinsichtlich seiner zeitlichen Dimension als Langzeitpraktikum,
• in Bezug auf die organisationale und institutionelle Dimension als ein aus theoretischen und praktischen Anteilen bestehendes Studienelement, an dessen Planung, Durchführung und Auswertung verschiedene Institutionen beteiligt sind: Universität, Schule und häufig das Studienseminar,
• bezüglich seiner intentionalen Dimension als ein praxisbezogenes, curricular integriertes Studienelement, in dem eine theoriegeleitete, metakognitive und selbstreflexive Auseinandersetzung mit Erfahrungen im Handlungsfeld Schule im Vordergrund steht.

Mit der Tendenz zur Ausweitung von Praxisphasen wird häufig die Hoffnung auf eine stärker praxisbezogene und enger an der beruflichen Praxis von Lehrkräften orientierte Lehrerausbildung verbunden. Zugleich werden damit verschiedene Erwartungen und Zielsetzungen verknüpft, die von Berufswahlreflexion sowie Berufsfelderkundung über Forschendes Lernen bis hin zu Planung, Durchführung und Auswertung von

Unterricht reichen können. Je nach Konzeption und zeitlicher Verortung im Studienverlauf werden unterschiedliche Schwerpunkte an den jeweiligen Hochschulstandorten gesetzt (vgl. Weyland 2012). Daher kann auch geschlussfolgert werden, dass es *die* Konzeption schulischer Praxisphasen nicht gibt, sondern diverse Gestaltungsvarianten den Lehrerausbildungsmarkt schmücken. Insofern werden Studierende genau prüfen müssen, welche Zielsetzungen für die jeweiligen schulischen Praxisphasen in den entsprechenden Praktikumsordnungen am eigenen Studienort formuliert sind.

> **Zur Reflexion oder Peer Reflexion: Einmal ist immer das erste Mal**
> Denken Sie noch einmal an Ihre erste schulische Praxisphase im Studium zurück:
> • Was waren zentrale Zielsetzungen laut der Praktikumsordnung?
> • Inwieweit wurden diese Zielsetzungen aus meiner Sicht erreicht?
> • Was waren für mich besondere Ereignisse, gerade auch unter dem Blickwinkel meines Lernprozesses?
> • Was waren aus meiner Sicht Faktoren, die das Lernen maßgeblich unterstützt haben?
> • Gab es durch diese erste Praxisphase Anregungen für die weitere Gestaltung meines Studiums? Wenn ja, welche?

Mit der Ausweitung von schulischen Praxisphasen im Lehramtsstudium ist – manchmal implizit, manchmal explizit – die Hoffnung auf eine bessere Lehrerausbildung verknüpft. Unter welchen Bedingungen dies gerechtfertigt erscheint und welche Fallstricke bei der Forderung nach mehr Praxisphasen zu beachten sind, wird nachfolgend diskutiert.

1.2 Zwischenruf: Was ist dran am Mythos Praxis?

Praxisphasen sind kein Allheilmittel. Trotzdem gibt es viele Hinweise darauf, dass die Forderung nach einem intensiveren Praxisbezug in der universitären Lehrerausbildung weit verbreitet ist. Der Ruf nach mehr Praxis

- gilt als „argumentativer Dauerbrenner" (Terhart 2000, 107),
- scheint als Norm der Lehrerbildung „auf merkwürdige Weise unstrittig" (Oelkers 1999, 3),
- verdankt sich der offensichtlichen Eigenschaft von Praxisbezug, immer knapp zu sein (vgl. Terhart 2000),
- wird beschrieben als „unstillbares Verlangen" (Hedtke 2000, 1)
- und prägt die Diskussion um Verbesserungen der formalen Lehrerausbildung seit ihren Anfängen (vgl. Terhart 2000).

Zur Reflexion oder Peer-Reflexion: Ruf nach mehr Praxis
Lesen Sie die eben genannten Zitate zum Praxisbezug in der Lehrerbildung.
- Decken sich diese Einschätzungen mit meinen Erfahrungen?
- Was verstehe ich selbst unter Praxis und Praxisbezug im Lehramtsstudium?
- Welche Gründe werden für den Ruf nach mehr Praxis angeführt?
- Wie unterscheiden sich die verschiedenen Akteure (Studierende, Lehrende, Seminarleitungen, Lehrkräfte) meiner Meinung nach in ihren jeweiligen Argumentationen?
- Unterm Strich also: Ist der Ruf nach mehr Praxis gerechtfertigt? Inwiefern oder inwiefern nicht?

Praxisbezug schwer zu greifen

Der geforderte Praxisbezug ist mangels konkreter begrifflicher Definition und seiner fast schon inflationären Verwendung schwer zu greifen. Laut Hedtke liegt das

> „wohl nicht zuletzt daran, dass es sich bei ‚Praxisbezug' oder ‚Berufsbezug' um äußerst unscharfe Begriffe handelt. Sie erlauben unterschiedlichste inhaltliche Aufladungen und kommunikative Verwendungen, aber auch emotionale Besetzungen, und oszillieren zwischen Erlösungsmythos und Leerformel" (Hedtke 2000, 3).

Die (‚Zauber-') Formel Praxisbezug ist somit „allgegenwärtig und überzeugt mit vager Dramatik, und dies in *allen* Phasen [der Lehrerbildung, Anm. die Verf.], aber wirkt auch nur, weil sie *nicht* definiert ist" (Oelkers 1999, 63, Hervorh. im Orig.).

Zur Reflexion oder Peer-Reflexion: Formel Praxisbezug
Kommt Ihnen das vertraut vor?
- Eine Lehrveranstaltung spricht mich dann besonders an, wenn sie das Schlagwort Praxis im Titel oder in der Beschreibung führt.

Im Grunde bedient der Ruf nach mehr Praxisbezug zwei Denkfiguren (vgl. Hedtke 2000, 3f.):

1. Theorie allein sei defizitär, finde nur in einem Elfenbeinturm statt und müsse durch Praxisbezug aufgewertet werden. Theorie habe sich in der Praxis erst zu bewähren. Praxis stelle für das Studium einen Mehrwert dar.
2. Das Studium müsse die Handlungsfähigkeit der AbsolventInnen für die spätere berufliche Praxis sichern. Zentrales Ziel und Gegenstand des Studiums sei die spätere berufliche Praxis.

Auch Lehramtsstudierende wünschen sich intensivere Praxiserfahrungen im Studium (vgl. Bräuer 2003; Blömeke et al. 2006) und hegen den „Wunsch, sich in der Praxis zu professionalisieren" (Hascher 2011, 10). Sehr wichtig ist ihnen dabei das Sammeln von eigenen unterrichtspraktischen Erfahrungen (vgl. Hascher/Moser 2001).

Hascher spricht in diesem Zusammenhang von einer verbreiteten, aber unreflektierten Haltung gegenüber Erfahrungswissen und fasst dies im Bild einer ‚Erfahrungsfalle' zusammen.

Zur Peer-Reflexion: Erfahrungsfalle im Lehramtsstudium?

Laut Hascher beruht die sogenannte Erfahrungsfalle auf drei Annahmen, die sie als Missverständnisse deklariert:

„• Je mehr Erfahrungen Lehrpersonen aufweisen, desto besser unterrichten sie;
• Erfahrungen zu machen bedeutet, aus Erfahrungen zu lernen;
• Wissen, das auf eigenen Erfahrungen aufbaut, ist wertvoller als Theoriewissen" (Hascher 2005, 41f.).

Überlegen Sie zunächst selbst, was Sie von diesen Aussagen halten. Kommen Sie ins Gespräch mit Ihren Mitstudierenden und tauschen Sie sich dazu aus.

• Was spricht für die Aussagen, was dagegen?
• Können Sie sich Haschers Argumentation anschließen?
• Warum können diese Missverständnisse wie eine Falle wirken?
• Wie können Sie die Erfahrungsfalle mit Ihren eigenen Worten beschreiben?

Problematisch an der Erfahrungsfalle ist, dass Fragen der Qualität von Praxiserfahrungen vernachlässigt werden. Es bleibt oftmals unreflektiert, dass die in der Schule beobachtete Praxis auch die Orientierung an ungünstigen Vorbildern bedeuten kann und ein Sich-der-Erfahrung-Aussetzen zur Folge haben kann, dass man sich Bewältigungsstrategien aneignet, die professionell wenig gesättigt sind (vgl. Hoeltje et al. 2004). Bereits Herbart (1767–1841) unterstrich, dass Praxis allein kein Gütemerkmal darstellt und durch Praxis, die man losgelöst von Theorie glaubt, auch ungünstige Handlungsmuster tradiert werden können:

„Dagegen ist denn aber auch schon bis zur Ermüdung oft und weitläufig bewiesen, dass bloße Praxis eigentlich nur Schlendrian, und eine höchst beschränkte, nichts entscheidende Erfahrung gebe […]. Die Tätigkeit des Erziehers geht hier unaufhörlich fort, auch wider seinen Willen wirkt er gut oder schlecht […]" (Herbart 1976, 387).

Zusammenfassend kann man mit Hascher die vorherrschende Unterstellung einer *per se* positiven Wirkung von schulischen Praxisphasen als Mythos bezeichnen:

„Der Praktikumsmythos bezeichnet die Gesamtheit an subjektiven und kollektiven Überzeugungen, dass ein Praktikum, unabhängig von der Überprüfung seiner Wirksamkeit und trotz der im Feld vorhandenen Probleme der sinnvollste und beste Ort für die schulische Lern- und Professionalisierungspraxis ist und dementsprechend eine zentrale Bedeutung für die angehenden Lehrerinnen und Lehrer, ihre aktuelle Entwicklung und ihr (künftiges) schulisches Handeln hat" (Hascher 2011, 9).

Die Ausweitung der Praxisphasen im Lehramtsstudium und die Einführung eines Praxissemesters trägt dem Streben nach mehr Praxis zwar Rechnung. Vor dem Hintergrund des Mythos Praxis ist allerdings zu hinterfragen,

• unter welchen Bedingungen Praxisphasen wie das Praxissemester die Entwicklung von Professionalität und Kompetenzen befördern und
• inwiefern sie die Entwicklung von Professionalität umgekehrt behindern.

Mehr ist nicht genug …

In bildungs- und hochschulpolitischen Diskursen der letzten Jahre wird nicht nur für ein ‚Mehr an Praxis', sondern ebenso für eine bessere Einbindung von Praxisphasen in das Studium plädiert. Somit wird auch die curriculare und didaktische Qualität von Praxisphasen in den Blick genommen (vgl. Weyland 2012). Dazu gehören u.a.

• eine gelungenere Verknüpfung der Praxisphasen mit anderen Studienelementen,
• mehr Klarheit bezüglich der Ziele von Praxisphasen,
• die bessere Betreuung bzw. Begleitung der Studierenden und
• eine optimierte Abstimmung zwischen Universität, Schule und Studienseminar.

Im Einklang mit dem skizzierten Wunsch nach mehr Praxis im Lehramtsstudium werden schulische Praxisphasen in mehreren Studien positiv bewertet. Und tatsächlich lassen sich viele Chancen mit Praxisphasen verbinden, werden diese als Studienelement wahrgenommen und als Möglichkeit genutzt, sich die schulische Praxis auf der Folie der Studieninhalte zu erschließen sowie Theorie und Praxis wechselseitig miteinander in Beziehung zu setzen (→ Kapitel 1.3). Andererseits ist die weitverbreitete positive Attribuierung von Praxisphasen auch mit Vorsicht zu genießen, denn oftmals wird „Praxis […] dabei überhöht, indem Praxisbegegnungen mit dem automatischen Anwachsen professionsspezifischen Könnens gleichgesetzt werden" (Seel/Bosse 2011, 6). Dabei ist zu konstatieren, dass der Schwerpunkt vieler Untersuchungen auf der Erfassung von Selbsteinschätzungen der Studierenden zu ihrer eigenen Kompetenzentwicklung liegt (vgl. Weyland 2014). Mittel- und langfristige Wirkungen werden kaum erfasst (vgl. Gröschner/Schmitt 2010).

Zum Weiterlesen: Mehr Praxis – mehr Wirkung?
In mehreren Studien wird die Wirksamkeit von Praxisphasen kritisch hinterfragt. Ein näherer Blick kann lohnenswert sein:

Gröschner, Alexander/Schmitt, Cordula (2010): Wirkt, was wir bewegen? Ansätze zur Untersuchung der Qualität universitärer Praxisphasen im Kontext der Reform der Lehrerbildung. In: Erziehungswissenschaften, 21, H. 2, 89–97.

Hascher, Tina (2012): Forschung zur Bedeutung von Schul- und Unterrichtspraktika in der Lehrerinnen- und Lehrerbildung. In: Beiträge zur Lehrerbildung, 30, H. 1, 87–98.

Hascher, Tina (2011): Vom „Mythos Praktikum" … und der Gefahr verpasster Lerngelegenheiten. In: journal für lehrerinnen- und lehrerbildung, 11, H. 3, 8–16.

Hascher, Tina (2006): Veränderungen im Praktikum – Veränderungen durch das Praktikum: Eine empirische Untersuchung zur Wirkung von schulpraktischen Studien in der Lehrerbildung. In: Allemann-Ghionda, Cristina/Terhart, Ewald (Hg.): Kompetenzen und Kompetenzentwicklung von Lehrerinnen und Lehrern. Weinheim u.a., 130–148.

Rust, Frances (1994): The first year of teaching: it's not what they expected. In: Teaching and Teacher Education, 10, H. 2, 205–217.

Subjektive Theorien zum Thema machen

Da professionelles Lernen immer auch durch „das Nadelöhr des Subjekts" (Wildt 2006, 81) geht, kann es vor dem Hintergrund des weitverbreiteten Mythos Praxis hilfreich sein, sich auch generell mit den eigenen subjektiven Annahmen und Theorien zu Studium und Beruf, Theorie und Praxis auseinander zu setzen. Dies kann wichtig sein, um die Potenziale des Praxissemesters für sich selbst produktiv nutzen zu können.

Zum Beispiel: „Viel Theorie aber wenig Praxis." –
Die Lehramtsstudentin Julia zum Praxisbezug
Julia kritisiert die Universität als theorielastig: „[…] man lernt viel Theorie aber wenig Praxis. Also wirklich, man kriegt viel Methodik beigebracht und viel – ja, irgendwelche Modelle werden einem halt erzählt, aber nicht wirklich darauf eingegangen, wie man das später im Beruf verwenden soll." Nach einem Beispiel für die Theorielastigkeit gefragt, beschreibt Julia, dass sie nicht wisse, wie sie die Konzepte aus den Methodik-Vorlesungen in der Schule anwenden könne: „Mh, ja an sich diese Methodik-Vorlesungen zum Beispiel. Das sind wirklich nur Leute, die irgendwelche Theorien aufgestellt haben, aber nicht wirklich – so, kann man das dann auch verwenden." Sie könne kein „Konzept mitnehmen, aber ohne, dass ich da n' Praxisbezug habe. Also ich kann das nicht anwenden, praktisch später. Ich stehe vor 'ner Klasse, hab' vielleicht irgendwie was im Kopf, aber weiß nicht, wie ich das auf die Klasse anwenden soll" (entnommen aus: Schüssler et al. 2012, 146f.).

Zur Reflexion oder Peer-Reflexion: Und Sie?
- Kommen Ihnen Julias Argumente bekannt vor?
- Finden Sie sich darin wieder?
- Wie bewerten Sie in diesem Zusammenhang den Praxisbezug Ihres Studiums?
- Was könnten Sie der Einschätzung von Julia entgegnen?

Tauschen Sie sich auch mit Mitstudierenden dazu aus.

Julia steht für einen Teil von Lehramtsstudierenden, die das Studium als weitgehend unnütz und als nicht ihren Bedürfnissen entsprechend empfinden. Herrscht eine solche Wahrnehmung des Studiums vor, wird es auch im Hinblick auf das Praxissemester schwer fallen, produktive wechselseitige Bezüge zwischen Theorie und Praxis wahrzunehmen.

 Zum Weiterlesen: Subjektive Theorien
Subjektive Theorien oder Annahmen wirken wie ein Wahrnehmungsfilter und können so viele Möglichkeiten der Wissensaufnahme, -verarbeitung und -verknüpfung blockieren. Subjektive Theorien haben in ihrer Eigenschaft als relativ stabile „Kognitionen der Selbst- und Weltsicht" (Groeben et al. 1988, 19) eine handlungssteuernde Funktion und beeinflussen die Interpretationen und das Verhalten von Personen (vgl. Dann 1994). Teilweise sind sie bewusst, teilweise implizit, können aber grundsätzlich dem Bewusstsein zugänglich gemacht werden.

Dann, Hanns-Dietrich (1994): Pädagogisches Verstehen: Subjektive Theorien und erfolgreiches Handeln von Lehrkräften. In: Reusser, Kurt/Reusser-Weyneth, Marianne (Hg.): Verstehen. Psychologischer Prozeß und didaktische Aufgabe. Bern, 163–182.
Groeben, Norbert/Wahl, Diethelm/Schlee, Jörg/Scheele, Brigitte (Hg.) (1988): Das Forschungsprogramm Subjektive Theorien. Eine Einführung in die Psychologie des reflexiven Subjekts. Tübingen.

Dabei gibt es vielfältige Wahrnehmungen, Wünsche und Vorstellungen zum Praxisbezug des Lehramtsstudiums, wie in einer qualitativen Studie herausgearbeitet wurde (vgl. Schüssler et al. 2012). Diese reichen vom Wunsch nach (rezepthaftem) Anwendungswissen und einer Ablehnung von nicht praktisch verwertbaren Anteilen des Studiums bis hin zu der Vorstellung, im Studium einen Grundstein zum Aufbau handlungssteuernden Wissens und reflektierten Könnens zu legen. Wenngleich auch Studierende der letzten Gruppe sich „einen stärkeren Bezug des Fach-Studiums zum Handlungsfeld Schule wünschen, soll Praxisbezug für sie auf der Basis einer fach-wissenschaftlichen Ausbildung erfolgen" (ebd., 157). Übertragen auf das Studienelement Praxissemester ist es ratsam, wenn Studierende im Rahmen der universitären Vorbereitung und Begleitung (→ Kapitel 3) die Gelegenheit erhalten, sich mit ihren eigenen subjektiven Theorien zu Zielen, konzeptioneller Ausrichtung und theoretischer Einbettung des Praxissemesters auseinander zu setzen. Damit ist die Hoffnung verbunden, dass Lernchancen im Praxissemester besser ausgeschöpft – und nicht verstellt werden.

Zur Peer-Reflexion: Blick in den Spiegel – Subjektive Theorien zum Praxisbezug
In der Vorbereitung des Praxissemesters kann es gewinnbringend sein, wenn Sie sich mit Ihren eigenen subjektiven Theorien bezüglich des Praxisbezugs Ihres Studiums und der Ziele des Praxissemesters beschäftigen. Im Gespräch mit Mitstudierenden oder Lehrenden können Sie Ihren Argumenten sprichwörtlich einen Spiegel vorhalten lassen. Dies kann Ihnen helfen, Ihre subjektiven Theorien kontinuierlich zu hinterfragen und gegebenenfalls zu korrigieren.
Folgende Leitfragen können dabei hilfreich sein:
• Welche Wünsche und Forderungen habe ich bezüglich der Praxisorientierung meines Studiums?
• Welche Erwartungen verbinde ich mit dem Praxissemester?
• Welche dieser Vorstellungen sind mit den Zielen meines Studiums und des Praxissemesters als Studienelement vereinbar, welche eher nicht?

Schulische Praxisphasen und somit auch das Praxissemester sind also keine Selbstläufer, die *per se* positive Wirkung entfalten, sondern es kommt auf die Qualität ihrer Konzeption und Ausgestaltung an. Von Bedeutung ist auch, ob Studierende Praxisphasen als Studienelement einordnen können und die mit ihnen verbundenen Chancen, Möglichkeiten und Lerngelegenheiten für ihre eigene professionelle Entwicklung nutzen. Vor diesem Hintergrund wird nachfolgend dargestellt, inwiefern das Praxissemester zur Professionalitätsentwicklung von Studierenden beitragen kann.

1.3 Das Praxissemester – eine besondere Gelegenheit zur Professionalitätsentwicklung

Es liegt auf der Hand: Das Praxissemester stellt alle Beteiligten vor große Herausforderungen. Gleichzeitig birgt es für Studierende auch besondere Lernchancen, die im Folgenden ausgehend von den Zielsetzungen des Praxissemesters, näher beleuchtet werden.

Zur Reflexion oder Peer-Reflexion: Zielsetzungen und Lernchancen
Überlegen Sie vor dem Hintergrund der bisherigen Ausführungen:
- Welche primären Zielsetzungen verbinde ich ganz persönlich mit dem Praxissemester oder auch anders formuliert: Welche Erwartungen habe ich bezüglich meines Lernprozesses?
- Welche besonderen Lernchancen bietet mir das Praxissemester im Vergleich zu kürzeren Praxisphasen?
- Sind mir die Zielsetzungen des Praxissemesters an meinem Studienort bekannt? Inwiefern decken sich diese mit den von mir favorisierten Zielsetzungen und Lernchancen?

Zielperspektiven

Wenn das Praxissemester darauf abzielt, einen Beitrag zur Professionalitätsentwicklung von Studierenden zu leisten, gilt es zunächst zu klären, was Professionalität bzw. professionelles Lehrerhandeln eigentlich kennzeichnet und wie diese innerhalb der verschiedenen Phasen der Lehrerbildung entwickelt werden können.

Grundsätzlich besteht Einigkeit in der Lehrerbildungsforschung, dass sich Lehrerbildung über mehrere Phasen vollzieht und als ein berufsbiografischer Entwicklungsprozess über viele Jahre zu verstehen ist. Jede Phase hat dabei ihren ganz besonderen Stellenwert für den Professionalisierungsprozess. Dies gilt auch für das Studium als sogenannte erste Phase der Lehrerbildung. Gerade im Studium sollten sich die Studierenden mit den wissenschaftlichen Grundlagen des Lehrerhandelns in Schule und Unterricht auseinandersetzen können, diese neue Perspektive durch Hochschullehrende zugleich als besondere Lernchance vermittelt bekommen. Denn hier erhalten Studierende die Möglichkeit, einen anderen Blick auf Schule, Unterricht und Lehrerhandeln einzunehmen und dabei in theoretischer Hinsicht über schulische und unterrichtliche Fragen, über Lehrer- und Schülerhandeln zu reflektieren. Um das möglichst gut zu können, müssen im Studium aber fachwissenschaftliche, fachdidaktische und bildungswissenschaftliche Grundlagen geschaffen werden. Das heißt, es geht im Studium um die Vermittlung von akademischem Begründungswissen, das notwendig ist, um das eigene Handeln theoretisch und unter Einbezug von Handlungsalternativen begründen zu können. Gerade diese professionelle Wissensbasis muss im Studium erlangt werden, also an dem Ort, der beansprucht, wissenschaftliche Erkenntnisse zu generieren.

Erst in der zweiten Phase, dem Vorbereitungsdienst, geht es, aufbauend auf den Grundlagen der ersten Phase, nach und nach um den zunehmenden Erwerb situativen Handlungswissens und die Entwicklung praktischer Handlungsfähigkeit.

Zur Verständigung: Die zweite Phase der Lehrerausbildung
Die sogenannte zweite Phase der Lehrerausbildung findet in der Regel an Studienseminaren und Schulen statt. Es wird begrifflich zwischen Vorbereitungsdienst und Referendariat unterschieden. In diesem Studienbuch wird Vorbereitungsdienst als Sammelbegriff benutzt, der das Referendariat aber explizit mit einschließt.

Da im Studium ebenso wie im Vorbereitungsdienst schulische Praxisanteile vorgesehen sind, stellt sich die Frage, welche spezifische Aufgabe dem Praxisbezug im Studium in Abgrenzung zum Vorbereitungsdienst zukommt. Studierende sollten sich mit dieser Frage allerdings schon von Beginn der ersten Praxisphase an auseinandersetzen und nicht erst im Praxissemester, das ja in der Regel erstmals im Master-Studium angeboten wird. Eine zentrale Frage ist in diesem Zusammenhang, ob es in schulischen Praxisphasen vorrangig um die theoretische Reflexion schulpraktischer Erfahrungen oder um das Einüben in das (unterrichtliche) Lehrerhandeln gehen soll (vgl. Weyland 2010)?

Weil mit der Einführung des Praxissemesters in einigen Bundesländern zugleich eine Verkürzung des Vorbereitungsdienstes einhergeht, sei an das Gutachten der sogenannten Baumert-Kommission erinnert, die

> „ausdrücklich nicht für mehr, sondern für bessere Praxisphasen in der universitären Lehramtsausbildung [plädiert, Erg. d. Verf.]. Der Praxisbezug der universitären Praxisphasen richtet sich dabei nicht auf die Vermittlung von Handlungsroutinen im Unterricht und im Schulbetrieb, sondern auf die theoretisch-konzeptuelle Durchdringung und Analyse beobachteter oder selbsterfahrener Praxis" (MIWFT 2007, 8).

Damit wird deutlich, dass schulischen Praxisbezügen im Studium eine andere Funktion zukommt als der Praxis im Vorbereitungsdienst – sie unterliegen primär theorie-reflexiven Ansprüchen. Im Studienelement Praxissemester müsste diese Zielperspektive somit im Vordergrund stehen. Das heißt auch, dass insbesondere auch die Aufgabe des Unterrichtens unter einer primär theoriegeleiteten Perspektive zu sehen ist.

Professionalität im Dreieck

Wie kann Professionalität im Lehrerberuf nun näher beschrieben werden? Zur weiteren Klärung, was Professionalität im Lehrerberuf kennzeichnet, wird eine heuristische Denkfigur hinzu gezogen, die den theoretischen Professionalisierungskontext berücksichtigt (vgl. Weyland 2010).

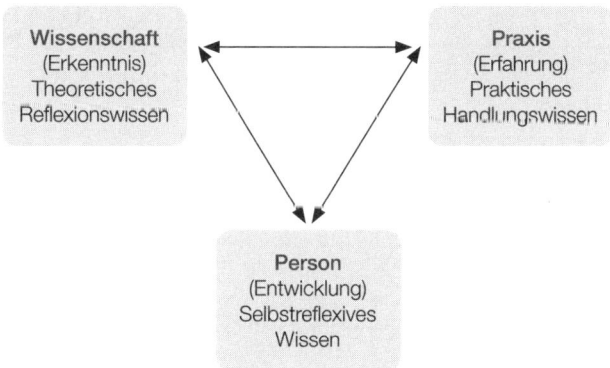

Abb.1.2: Bezugssysteme und Wissensformen (vgl. Weyland 2010, 320; in Anlehnung an Bayer et al. 1997)

Nach dieser Denkfigur richten sich Lehren und Lernen in der Lehrerbildung an den drei Bezugssystemen Wissenschaft, Praxis und Person aus. Einerseits markieren diese Bezugssysteme jedes für sich Eigensinn und ihnen ist ein je eigenes Wissen immanent, andererseits stehen sie aber auch in Wechselbeziehung zueinander (vgl. Bayer et al. 1997; Weyland 2010). Demzufolge wird davon ausgegangen, dass eine professionell agierende Lehrkraft nicht nur in der Lage ist, situativ zu handeln, sondern dass sie dieses, auf den situativen Kontext bezogene Handeln, auch theoretisch begründen kann. Insofern bedeutet professionelles Handeln im Vergleich zum praktischen Handeln immer Rückbezug auf theoretisches Begründungswissen einerseits und praktisches Handlungswissen andererseits (vgl. auch Dewe et al. 1992; Weyland 2010). Hierzu erläutert Blömeke:

> „Im Verhältnis zum praktischen Handeln steht professionelles Handeln stärker in der Begründungsverpflichtung durch wissenschaftliches Wissen, im Vergleich zum wissenschaftlichen Handeln stärker unter Entscheidungszwang" (Blömeke 2002, 48).

Darüber hinaus sollte sich eine professionell agierende Lehrkraft selbstreflexiv mit dem eigenen Denken und Handeln sowie der eigenen Weiterentwicklung auseinandersetzen. Hier kann es beispielsweise um Fragen der Motivation, Belastbarkeit und Ressourcen gehen oder um die eigenen subjektiven Theorien (→Kapitel 1.2). Der Blick auf sich selbst bzw. auf die Person ist für die professionelle Weiterentwicklung wesentlich. Dies unterstreichen Bayer et al. wie folgt:

„Die Wahrnehmung der Chancen zur Selbstverwirklichung im Beruf, die eigenen Bedürfnisse und Fähigkeiten mit den beruflichen Anforderungen in Einklang zu bringen, ist Voraussetzung für Berufszufriedenheit und Bereitschaft zur Weiterbildung wie auch zur aktiven Teilhabe an der Gestaltung des Wandels in der beruflichen Sphäre" (Bayer et al. 1997, 9).

Wenn Lehrerbildung als Professionalisierungsprozess über mehrere Phasen gesehen wird, gilt somit auch für die erste Phase der Lehrerbildung die Aufgabe, unterstützende Lerngelegenheiten zur Anbahnung solch übergreifender, auf die Person selbst gerichteter Zielperspektiven, zu schaffen.

 Zum Weiterlesen: Man lernt nie aus – Professionalisierung von Lehrkräften
Zur weiteren Auseinandersetzung mit Fragen der Professionalisierung von (zukünftigen) Lehrkräften kann folgende Lektüre hilfreich sein:

Blömeke, Sigrid (2002): Universität und Lehrerausbildung. Bad Heilbrunn.
Dewe, Bernd/Ferchhoff, Wilfried/Radtke, Frank-Olaf (Hg.) (1992): Erziehen als Profession.
    Zur Logik professionellen Handelns in pädagogischen Feldern. Opladen.
Neuweg, Georg Hans (2000): Wissen – Können – Reflexion. Ausgewählte Verhältnisbestimmungen. Innsbruck.
Kunter, Mareike/Baumert, Jürgen/Blum, Werner/Klusmann, Uta/Krauss, Stefan/Neubrand,
    Michael (Hg.) (2011): Professionelle Kompetenz von Lehrkräften. Ergebnisse des Forschungsprogramms COACTIV. Münster.
Rothland, Martin (Hg.) (2007): Belastung und Beanspruchung im Lehrerberuf. Modelle,
    Befunde, Interventionen. Wiesbaden.
Schaarschmidt, Uwe (Hg.) (2004): Halbtagsjobber? Psychische Gesundheit im Lehrerberuf
    – Analyse eines veränderungsbedürftigen Zustandes. Weinheim.

Beitrag des Praxissemesters zur Professionalitätsentwicklung

Zur Reflexion oder Peer-Reflexion: Professionalität von Lehrkräften
- Was bedeutet für mich Professionalität von Lehrkräften?
- Inwiefern wird in meinem Studium bereits die Entwicklung von Professionalität angebahnt?

Welchen Beitrag könnte denn nun spezifisch das Praxissemester zur Entwicklung der Professionalität von Studierenden leisten? Hier kann die oben angeführte Denkfigur des Dreiecks als Strukturierungs- und Reflexionshilfe genutzt werden. Im Rekurs auf dieses Modell können verschiedene Perspektiven auf das Praxissemester eingenommen werden (vgl. Weyland 2010; Weyland/Wittmann 2010):

- eine erkenntnisbezogene Perspektive (Wissenschaft),
- eine handlungspraktische Perspektive (Praxis) und
- eine selbstreflexionsbezogene Perspektive (Person bzw. Subjekt).

Aus professionstheoretischer Perspektive ist das Praxissemester als Studienelement zu verstehen, das insbesondere die erkenntnisbezogene und selbstreflexionsbezogene Perspektive fokussieren sollte. Die handlungspraktische Perspektive im Sinne des Einübens in unterrichtliches Handeln sollte nicht im Vordergrund stehen, wenngleich die theoriegeleitete Planung, Durchführung und Auswertung von Unterricht auch Gegenstand schulischer Praxisphasen ist (→ Kapitel 7). Demzufolge sollte es im Praxissemester, ausgehend von den Studieninhalten und anknüpfend an die vorausgehenden Praxisphasen, immer um eine theoriegeleitete Auseinandersetzung mit eigenen und fremden Erfahrungen in Schule und Unterricht gehen.

Zugleich ermöglichen es die situativen, auf das konkrete Handeln von Lehrkräften ausgerichteten Bezüge, den besonderen Nutzen wissenschaftlichen Wissens für Lehrerhandeln zu verdeutlichen. Das kann beispielsweise der Nutzen didaktischer Theorien für unterrichtliches Handeln von Lehrkräften sein (→ Kapitel 7). Dabei geht es vor allem um das sogenannte Differenzlernen. Das bedeutet anzuerkennen, dass z.B. Wissenschaft und Praxis auf Grund ihrer je eigenen Wissensbestände auch je eigene Denkmuster aufweisen. Diese sind aber auch zur gegenseitigen Relativierung und Begrenzung in Hinblick auf professionelles Handeln heranzuziehen (vgl. Dewe et al. 1992; Weyland 2010). Durch die Aufgaben im Praxissemester kann die Relationierung, d.h. das In-Beziehung-Setzen von Wissenschaft und Praxis bzw. von theoretischem Begründungswissen und praktischem, situativem Handlungswissen immer wieder zum Gegenstand der Reflexion gemacht werden.

Im Praxissemester ergeben sich durch den langen Zeitraum, den Studierende in der schulischen Praxis verbringen, viele Möglichkeiten und Chancen, um das ‚Differenzbezogene‘ und den zuvor angesprochenen ‚Eigensinn der Bezugssysteme‘ an vielen konkreten praxisbezogenen Beispielen der Studierenden zu verdeutlichen. Um die eigene professionelle Entwicklung voranzubringen, sollten Studierende das Praxissemester als besondere Chance begreifen, unterrichtliche Situationen aus zunehmend professioneller Perspektive wahrzunehmen und zu reflektieren.

Um die Entwicklung einer professionellen Haltung zu unterstützen, kann auch der Ansatz des Forschenden Lernens hilfreich sein. In studentischen Forschungsvorhaben können die Studierenden über einen längeren Zeitraum einer eigenen, möglicherweise auch persönlich bedeutsamen Fragestellung in forschender und auf den eigenen Lernzuwachs zielender Absicht nachgehen (→ Kapitel 6).

Darüber hinaus kann das Praxissemester auch genutzt werden, um das selbstreflexive Lernen zu stärken. So ist u.a. an subjektive Theorien bzw. Annahmen der Studierenden zu Schule und Unterricht sowie zum Lehrerhandeln anzuknüpfen (→ Kapitel 1.2). Der Anbahnung einer kritisch-reflexiven Haltung sollte mit Blick auf eine professionelle Tätigkeit, die das kritische Hinterfragen des eigenen Tuns unterstützt, besondere Aufmerksamkeit zuteilwerden. Anknüpfend an Erfahrungen aus vorhergehenden Praxisphasen kann das selbstreflexive Lernen im Praxissemester auch die Berufswahl und damit die eigene Motivation und die eigenen Erwartungen hinsichtlich der Lehrertätigkeit thematisieren. Dies schließt die Reflexion über die im Studium erworbenen Fähigkeiten sowie eine kontinuierliche Auseinandersetzung mit den eigenen Stärken und Ressourcen mit ein. Hierzu können Instrumente wie das Portfolio oder sogenannte Selbstreflexionsverfahren genutzt werden.

 Zum Weiterlesen:
Portfolio und Beratung zur Kompetenzentwicklung
In Kapitel 4 dieses Studienbuches werden die Portfolioarbeit im Praxissemester und Beratungsangebote zur Kompetenzentwicklung vorgestellt.

Studierende sollten sich der beschriebenen Zusammenhänge und Bedingungen bewusst sein. Diese haben Einfluss darauf, ob sie die Potenziale des Praxissemesters gewinnbringend für den eigenen Professionalisierungsprozess ausschöpfen können. In diesem Zusammenhang kann es hilfreich sein, sich auch an Vorschlägen zur Verbesserung der jeweiligen Praxissemesterkonzeption, beispielsweise im Rahmen von Evaluation und Qualitätssicherung, zu beteiligen.

1.4 Partizipation an Evaluation und Qualitätssicherung

Als neues Studienelement wird das Praxissemester an vielen Universitäten prozessbegleitend evaluiert (werden). Dies ist wichtig, um die Konzeption und Umsetzung immer wieder vor dem Hintergrund der Zielsetzung und mit der Absicht der Qualitätssicherung einer kritischen Prüfung zu unterziehen.

Dabei können Fragen wie die folgenden eine Rolle spielen: Stimmen die Rahmenbedingungen zur Umsetzung, was müsste verändert oder optimiert werden? Welche Schieflagen und unerwünschten Nebenwirkungen gibt es? Sind das Praxissemester und seine vorbereitenden Elemente in der Realität überhaupt studierbar? Wie sieht es mit der Qualität der Begleitung aus? Wie klappt die Kooperation zwischen den Akteuren der verschiedenen beteiligten Institutionen? Können die gesteckten Ziele des Praxissemesters durch die Art der Konzipierung, Planung und Umsetzung erreicht werden? An welchen Stellschrauben müsste man drehen, um erkannte Schwächen zu überwinden? Welche konkreten Ideen gibt es, um Verbesserungen zu erreichen?

Fragen über Fragen … und das ist nur eine kleine Auswahl der möglichen Evaluationsgegenstände. Wichtig ist in diesem Zusammenhang, dass auch die Studierenden als hauptsächlich betroffene Akteure partizipieren und mitbestimmen können. Sie sollten angemessen an den bestehenden Evaluationen beteiligt sein, ihre Perspektiven einbringen und ihrer Stimme Gehör verschaffen können.

> **Zur Weiterarbeit: Nutzen Sie Ihre Partizipationsmöglichkeiten**
> Fühlen Sie sich im Praxissemester gut betreut? Wie könnten die Rahmenbedingungen verbessert werden? Tragen die Begleitung und Beratung zum Erreichen der Ziele des Praxissemesters bei? Möchten Sie in irgendeiner Weise Einfluss auf die weitere Ausgestaltung des Praxissemesters nehmen?
> Dann bringen Sie doch in Erfahrung, ob das Praxissemester an Ihrer Universität evaluiert wird, wer dafür verantwortlich ist und wie Sie als Studierende daran partizipieren können. Gegebenenfalls können Sie auch direkt oder über Ihre Vertretungen in den Fachschaften, in Fachgruppen oder im AStA Vorschläge für die Ausgestaltung der Evaluation oder konkrete Fragestellungen einbringen. Tauschen Sie sich dazu auch mit Ihren Peers und den betreuenden Lehrkräften aus.

Neben den Veränderungen, die Studierende durch die Teilhabe an Evaluation und Qualitätssicherung eventuell an der Konzeption des jeweiligen Praxissemesters erreichen können, kommt diese Art der informierten Auseinandersetzung sicher auch dem individuellen Lernprozess zugute. So können, wenn es gut läuft, aus den Praxisbegegnungen im Praxissemester fruchtbare Erfahrungen werden, die den eigenen Professionalisierungsprozess unterstützen.

Blick zurück nach vorn:
Zwischenfazit und Ausblick auf Kapitel 2

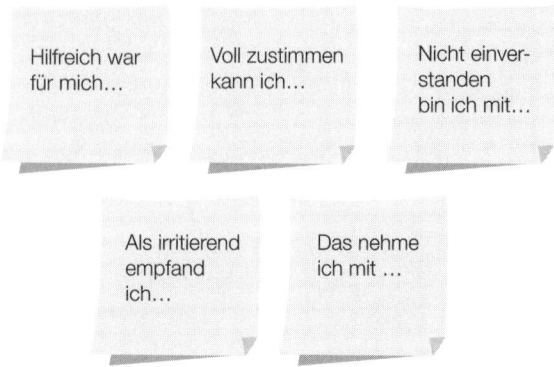

Praxissemester in der Lehrerbildung liegen in vielen Bundesländern im Trend. Um die Potenziale des Praxissemesters mit Blick auf die eigene Professionalitätsentwicklung bestmöglich nutzen zu können, ist es wichtig

- sensibel hinsichtlich eventueller Fallstricke zu sein, ‚Erfahrungsfallen' zu umgehen und dem ‚Mythos Praxis' nicht zu erliegen,
- die Gelegenheit zur besseren wechselseitigen Relationierung von Theorie, Praxis und Person zu nutzen,
- die Ausgestaltung des eigenen Praxissemesters immer wieder vor dem Hintergrund der intendierten Zielsetzungen sowie der eigenen berufsbiografischen Entwicklung zu reflektieren sowie
- Möglichkeiten zur Partizipation an Konzeption und Evaluation des Praxissemesters zu nutzen bzw. sich für diese einzusetzen.

Mit Kapitel 2 *Von der Rolle* heißt es nun: *Vorhang auf!* Auf Basis der interaktionistischen Rollentheorie wird dort das Geflecht der vielfältigen und teilweise auch widersprüchlichen Rollenerwartungen und -anforderungen, in denen sich Studierende im Praxissemester behaupten müssen, in den Blick genommen.

Literatur

Bayer, Manfred/Carle, Ursula/Wildt, Johannes (Hg.) (1997): Brennpunkt: Lehrerbildung. Strukturwandel und Innovationen im europäischen Kontext. Opladen.

Beyer, Klaus/Wisbert, Rainer (2006): Ziele und Funktionen des Schulpraktikums. In: Beyer, Klaus/Wisbert, Rainer/Plöger, Wilfried/Wasmuth, Klaus-Ulrich/Anhalt, Elmar (2006): Schulpraktikum. Einführung in theoriegeleitete Planung, Durchführung und Reflexion. Baltmannsweiler, 5–11.

Blömeke, Sigrid (2002): Universität und Lehrerausbildung. Bad Heilbrunn.

Blömeke, Sigrid/Müller, Christiane/Felbrich, Anja (2006): Forschung – Theorie – Praxis. Einstellungen von Studierenden und Referendaren zur Lehrerausbildung. In: Die Deutsche Schule, 98, H. 2, 178–189.

Bräuer, Christoph (2003): Wider einen falschverstandenen Praxisbezug. Ein zweifacher Weg zur professionsbezogenen Lehrerbildung. In: Die Deutsche Schule, 95, H. 4, 490–498.

Dewe, Bernd/Ferchhoff, Wilfried/Radtke, Frank-Olaf (Hg.) (1992): Erziehen als Profession. Zur Logik professionellen Handelns in pädagogischen Feldern. Opladen.

Gröschner, Alexander/Schmitt, Cordula (2010): Wirkt, was wir bewegen? Ansätze zur Untersuchung der Qualität universitärer Praxisphasen im Kontext der Reform der Lehrerbildung. In: Erziehungswissenschaften, 21, H. 2, 89–97.

Hascher, Tina (2011): Vom „Mythos Praktikum" … und der Gefahr verpasster Lerngelegenheiten. In: journal für lehrerinnen- und lehrerbildung, 11, H. 3, 8–16.

Hascher, Tina (2005): Die Erfahrungsfalle. In: journal für lehrerinnen- und lehrerbildung, 5, H. 1, 39–45.

Hascher, Tina/Moser, Peter (2001): Betreute Praktika – Anforderungen an Praktikumslehrerinnen und -lehrer. In: Beiträge zur Lehrerbildung, 19, H. 2, 217–231.

Hedtke, Reinhold (2000): Das unstillbare Verlangen nach Praxisbezug. Zum Theorie-Praxis-Problem der Lehrerbildung am Exempel Schulpraktischer Studien. http://www.sowi-online.de/journal/2000_0/hedtke_unstillbare_verlangen_nach_praxisbezug_zum_theorie_praxis_problem_lehrerbildung_exempel.html [20.06.2014]

Herbart, Johann Friedrich (1976): Ausgewählte Schriften zur Pädagogik. Ausgewählt, eingeleitet und erläutert von Franz Hofmann unter Mitarbeit von Berthold Ebert. Berlin.

Hoeltje, Bettina/Oberliesen, Rolf/Schwedes, Hannelore/Ziemer, Thomas (2004): Evaluation des Halbjahrespraktikums für Lehramtsstudierende in Bremen. Befunde, Problemfelder, Empfehlungen. Abschlussbericht der Evaluation 2000–2003. http://www.idn.uni-bremen.de/pubs/2004HalbjahrespraktikumBericht.pdf [21.06.2014]

MIWFT (Ministerium für Innovation, Wissenschaft, Forschung und Technologie des Landes Nordrhein-Westfalen) (2007): Ausbildung von Lehrerinnen und Lehrern des Landes Nordrhein-Westfalen. Empfehlungen der Expertenkommission zur Ersten Phase. Unter Vorsitz von Jürgen Baumert. Düsseldorf. http://www.innovation.nrw.de/downloads/Broschuere.pdf [01.06.2014]

Oelkers, Jürgen (1999): Studium als Praktikum? Illusionen und Aussichten der Lehrerbildung. In: Radtke, Frank-Olaf (Hg.): Lehrerbildung an der Universität. Zur Wissensbasis pädagogischer Professionalität. Dokumentation des Tages der Lehrerbildung an der Johann-Wolfgang-Goethe Universität, 61–76.

Seel, Andrea/Bosse, Dorit (2011): Mythos Praxis. Editorial. In: journal für lehrerinnen- und lehrerbildung, 11, H. 3, 5–7

Schüssler, Renate/Keuffer, Josef/Günnewig, Kathrin/Scharlau, Ingrid (2012): „Praxis nach Rezept?" – Praxisbezug und Professionalität in den subjektiven Theorien von Lehramtsstudierenden. In: Bosse, Dorit/Crible, Lucien/Hascher, Tina (Hg.): Reform der Lehrerbildung in Deutschland, Österreich und der Schweiz. Teil I: Analyse, Perspektiven und Forschung. Immenhausen, 141–164.

Terhart, Ewald (Hg.) (2000): Perspektiven der Lehrerbildung in Deutschland. Abschlussbericht der von der Kultusministerkonferenz eingesetzten Kommission. Im Auftrag der Kommission herausgegeben von Ewald Terhart. Weinheim.

Weyland, Ulrike (2014): Schulische Praxisphasen im Studium: Professionalisierende oder deprofessiona-lisierende Wirkung? In: bwp@Berufs- und Wirtschaftspädagogik–online, Profil 3, 1–24. http://www.bwpat.de/profil3/weyland_profil3.pdf [23.05.2014].

Weyland, Ulrike (2012): Expertise zu den Praxisphasen in der Lehrerbildung in den Bundesländern. Landesinstitut für Lehrerbildung und Schulentwicklung. Hamburg.

Weyland, Ulrike (2010): Zur Intentionalität schulpraktischer Studien im Kontext universitärer Lehrer-ausbildung. Paderborn.

Weyland, Ulrike/Wittmann, Eveline (2010): Expertise. Praxissemester im Rahmen der Lehrerbildung. 1. Phase an hessischen Hochschulen. DIPF. Berlin.

Wildt, Johannes (2006): Reflexives Lernen in der Lehrerbildung – ein Mehrebenenmodell in hoch-schuldidaktischer Perspektive. In: Obolenski, Alexandra/Meyer, Hilbert (Hg.): Forschendes Lernen. Theorie und Praxis einer professionellen LehrerInnenausbildung. 2. aktualisierte Aufl., Oldenburg, 73–86.

Saskia Schicht und Ulrike Weyland

2 Von der Rolle – Studierende im Spannungsfeld unterschiedlicher Erwartungen

Universität, Studienseminar und Schule – drei Institutionen, eine Praxisphase. Und dazwischen die Studierenden. Das ist eine komplexe und herausfordernde Gemengelage.

In diesem Kapitel stehen die Studierenden im Vordergrund. Es soll unter dem Fokus der interaktionistischen Rollentheorie beleuchtet werden, mit welchen Anforderungen und Erwartungen sie konfrontiert sein können. Die Rollentheorie dient hier als heuristisches Modell, um durch diesen theoretischen Zugang die komplexe Situation im Praxissemester besser analysieren und verstehen zu können. Zugleich sollen in diesem Kapitel Wege aufgezeigt werden, wie Studierende mit den unterschiedlichen Erwartungen – inklusive den eigenen – möglichst produktiv umgehen können.

> **Zur Reflexion: Eigene Wünsche und Erwartungen**
> An das Praxissemester werden viele Wünsche, Vorstellungen und Erwartungen geknüpft.
> Nehmen Sie sich einen Moment Zeit und notieren Sie – zunächst ganz ungeordnet – welche Wünsche und Erwartungen Sie an das Praxissemester haben.

Zuerst wird einführend ein kurzer Überblick über die am Praxissemester beteiligten Institutionen gegeben.

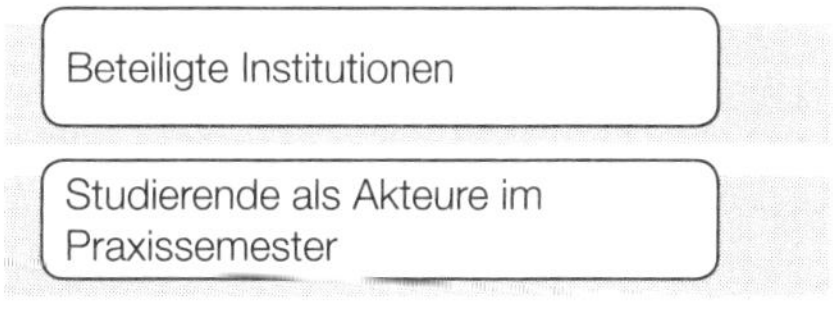

> Beteiligte Institutionen

> Studierende als Akteure im Praxissemester

Abb. 2.1: Überblick über Kapitel 2

2.1 Am Praxissemester beteiligte Institutionen

Lehrerbildung in Deutschland ist traditionell in unterschiedliche Phasen unterteilt. Die beteiligten Institutionen der ersten Phase (in der Regel die Universität) und der zweiten Phase (Studienseminar und Schule) unterscheiden sich dabei auf bedeutsame Weise hinsichtlich

- ihres Selbstverständnisses,
- ihres spezifischen Auftrags bzw. Beitrags zur Professionalisierung der angehenden Lehrkräfte und
- ihrer inhaltlichen Schwerpunkte und Zielsetzungen.

Zunächst ist es sinnvoll, dass sich die Studierenden selbst Aufschluss über die am Praxissemester beteiligten Institutionen und ihre Aufgaben verschaffen (→ Kapitel 3). In den meisten Fällen kooperieren Akteure aus der Universität mit den zuständigen Akteuren aus den beteiligten Schulen und den Studienseminaren. Involviert sind im Praxissemester in unterschiedlichen Ausprägungen

- auf jeden Fall die Universität, hier vor allem die Zentren für Lehrerbildung bzw. Professional Schools und die lehrerausbildenden Fakultäten und
- die Schulen.
- Je nach Konzeption sind in der Regel auch die Studienseminare in unterschiedlichem Umfang beteiligt (in Nordrhein-Westfalen werden diese als Zentren für Schulpraktische Lehrerausbildung – ZfsL – bezeichnet).

Praxissemester – kein Vorbereitungsdienst

Das Praxissemester ist als ein Studienelement der ersten Phase zu verstehen. Die institutionelle Verantwortlichkeit liegt überwiegend bei den Universitäten. Somit sollte es primär wissenschaftlichen Ansprüchen unterliegen.

Mit der Einführung eines Praxissemesters ist oftmals eine Kürzung der Dauer des Vorbereitungsdienstes verbunden. Sofern die Zielsetzungen der am Praxissemester beteiligten Akteure divergent sind, können damit auch Problemlagen verbunden sein, beispielsweise wenn das Praxissemester aus Perspektive von Studienseminar und Schule einen Teil des Vorbereitungsdienstes ersetzen soll.

 Zwischenruf: Noch keine ‚fertigen' Lehrkräfte
Sie sollten sich als Studierende bzw. als PraktikantInnen dieser möglichen Problematik gerade mit Blick auf den eigenen Professionalisierungsprozess bewusst werden. Das heißt, es geht darum, den eigenen Lern- und Entwicklungsprozess zu reflektieren und damit eigene Ansprüche und Entwicklungsperspektiven sichtbar zu machen. Denn Sie sind noch keine ‚fertige' Lehrkraft, sondern befinden sich auf dem Weg dahin! Zugleich sollten Sie über Ihre Ansprüche und Erwartungen an die beteiligten Akteure aus den Institutionen reflektieren und darüber ins Gespräch kommen, das heißt z.B. in den Vorbereitungsseminaren an der Universität oder in gemeinsamen Begleitveranstaltungen von Universität und Studienseminar.

Kooperation ist mehr als Koordination

Mit der institutionenübergreifenden Anlage des Praxissemesters sind insbesondere Herausforderungen und Anforderungen an die Kooperation zwischen den Akteuren aus Universität, Studienseminar und Schule gestellt (vgl. auch Schubarth 2010). Das Gelingen von Kooperation dürfte maßgeblich von der Verständigung über die wesentlichen Zielsetzungen des Praxissemesters und der (Selbst-)Vergewisserung des jeweiligen Beitrags der Institutionen abhängen (→Kapitel 1). Gerade im Zusammenhang mit dem Praxissemester muss es darum gehen, die jeweiligen Stärken der am Praxissemester beteiligten Akteure aus den verschiedenen Phasen systematisch zu nutzen. Im Zentrum soll dabei die Professionalitätsentwicklung der Studierenden stehen..

An manchen Standorten arbeiten Akteure der ersten und der zweiten Phase der Lehrerbildung aufgrund des Praxissemesters zum ersten Mal auf systematische Art und Weise zusammen. Es ist wahrscheinlich, dass die Studierenden bzw. PraktikantInnen dies an unterschiedlichen Stellen ihres Lernprozesses spüren oder erfahren werden. Das kann zu Missverständnissen, Irritationen und Verunsicherungen führen, die die Lernenden, aber auch die Betreuenden demotivieren könnten. Gleichzeitig können aber auch produktive Lernprozesse auf beiden Seiten in Gang gesetzt werden. Positiv gewendet bietet diese Zusammenarbeit das Potenzial, im Interesse der Studierenden eine Brücke zwischen den unterschiedlichen Phasen der Lehrerbildung zu schlagen. Insofern betrachtet Hericks für das ‚Gesamtvorhaben Lehrerbildung‘ die Zusammenarbeit bzw. Verzahnung als „organisatorische, curriculare und personelle Kooperation der an der Lehrerbildung beteiligten Institutionen mit dem Ziel, die jeweiligen Stärken für die Ausbildung in den je anderen Phasen zu nutzen" (Hericks 2004, 301). Dabei soll es nicht um eine Vermischung der Aufgaben gehen, sondern um die Nutzung der spezifischen Kompetenzen der beteiligten Akteure aus den Institutionen. Folglich ist echte Kooperation auch nicht auf bloße Koordination zu reduzieren oder gar damit zu verwechseln (vgl. ebd.; MIWFT 2007; Radtke/Webers 1998). Das heißt, eine Verständigung über lediglich organisatorische Aspekte würde dem Anspruch einer ‚echten‘ Kooperation nicht gerecht werden. An die kooperierenden Partner sind also hohe Anforderungen gestellt. In empirischen Untersuchungen bzw. Evaluationen, die die Kooperation in den Blick nehmen, werden diese besonderen Herausforderungen und Anforderungen immer wieder deutlich (vgl. Hoeltje 2004; Schubarth 2010; Weyland/Wittmann 2011). Festzuhalten ist, dass das Anliegen ‚Kooperation‘ eine anspruchsvolle Aufgabe bleibt.

Wesentlich für das Gelingen eines Praxissemesters ist folglich die Definition der Zuständigkeiten der beteiligten Akteure. Dem vorangestellt ist zunächst die Klärung der Funktion eines Praxissemesters für den Professionalisierungsprozess der Studierenden (→Kapitel 1.3). Da das Praxissemester ein Studienelement ist, muss es grundsätzlich wissenschaftlichen Ansprüchen Rechnung tragen. Aufgabe der Universität ist es, die Studierenden entsprechend vorzubereiten, z.B. auf kriteriengeleitetes Beobachten im Unterricht (→Kapitel 5) oder auf theoriegeleitetes Planen und Auswerten von Unterricht (→Kapitel 7). Damit wird den Studierenden in der Universität ein ‚anderes Sehen‘ auf Lehrer- und Schülerhandeln ermöglicht, nämlich ein Sehen und Planen sowie

Analysieren mit einer ‚wissenschaftlichen Brille‘. Dabei werden auch die subjektiven Annahmen und Theorien in den Blick genommen und möglicherweise in Frage gestellt. In der Begleitung durch die VertreterInnen der Studienseminare und der Schulen hingegen können beispielsweise, orientiert am Arbeitsalltag von Lehrkräften, situative Besonderheiten von Lehrerhandeln im Fokus stehen (→ Kapitel 3). Aufgrund dieser unter Umständen unterschiedlichen Gewichtungen und Zielperspektiven in der Lehrerbildung kann es bei der nun im Praxissemester erfolgenden ‚gemeinsamen‘ Ausbildung zur Entstehung von Spannungsfeldern unterschiedlicher Anforderungen und Erwartungen kommen.

> **Zur Reflexion: Wünsche und Erwartungen an die verschiedenen Akteure**
> Nehmen Sie noch einmal Ihre Liste mit den eigenen Wünschen und Erwartungen zur Hand und versuchen Sie, auf Basis der Informationen zu den Institutionen, die Wünsche und Erwartungen den einzelnen Akteuren zuzuordnen: Welcher Wunsch richtet sich eher an die Universität? Welche Erwartungen habe ich an die Schule? Was wünsche ich mir vom Studienseminar?
> Und nicht zuletzt: Welche Erwartungen habe ich an mich selbst?

Dass Studierende auf Grund verschiedener Anforderungen, denen sie entsprechen sollten, in einen sogenannten Loyalitätskonflikt geraten können, ist nicht von der Hand zu weisen (vgl. Kiper 2003, 145). Ebenso können Rollenkonflikte entstehen, wenn die Studierenden mit unterschiedlichen Anforderungen und daraus resultierenden Erwartungen konfrontiert werden. Daher ist es wichtig, dass sie sich zunächst einen Überblick über Aufgaben und Ansprüche verschaffen.

 Zur Weiterarbeit: Wolken lichten sich
Die Ausgestaltung des Praxissemesters und die entsprechenden Aufgaben der einzelnen Akteure sind je nach Standort unterschiedlich. Verschaffen Sie sich möglichst frühzeitig einen Überblick zu folgenden Themen an Ihrem Standort:

• Welche Institutionen sind am Praxissemester beteiligt?
• Welche Aufgaben haben die einzelnen Institutionen im Praxissemester?

Machen Sie sich auch möglichst frühzeitig vertraut mit den an Sie gestellten Vorgaben an Ihrem Standort. Möglichkeiten zur Erkundung der Anforderungen finden Sie fortlaufend in diesem Studienbuch. In den Kapiteln 3 und 5 werden zudem Vorschläge zur Arbeitsplanung im Praxissemester vorgestellt. Die an Sie gerichteten Aufgaben sollten aber nicht unreflektiert übernommen werden, sondern Sie sollten sich Ihrer eigenen Rolle im Kontext dieser curricular gesetzten und gegebenenfalls davon abweichenden Ansprüche bewusst werden.

Daher wird im folgenden Abschnitt auf die Studierenden und ihre Rolle(n) vertiefender eingegangen.

2.2 Studierende als Akteure im Praxissemester

Bisher wurde über die beteiligten Institutionen als Akteure im Praxissemester gesprochen. Nun sollen die wohl wichtigsten Akteure im Zusammenhang mit den unterschiedlichen Erwartungen, Anforderungen und Wünschen in den Blick genommen werden: die Studierenden.

Zur Verständigung: Der Begriff des Akteurs

In diesem Kapitel werden unter Akteur zunächst die Studierenden selbst gefasst. Auch Mitstudierende sind prinzipiell Akteure – und natürlich sehr wichtige, sie werden im Rahmen dieses Kapitels aber nicht im Vordergrund stehen.

Darüber hinaus werden unter Akteure hier diejenigen Personen verstanden, die im Rahmen des Praxissemesters direkt mit den Studierenden interagieren. Dabei werden besonders die Personen fokussiert, die einerseits direkt oder indirekt Ansprüche, Wünsche und Anforderungen an die Studierenden stellen, andererseits diese aber auch unterstützen und begleiten sollen. Dieses sind je nach beteiligten Institutionen unterschiedliche Personen:

- *Universität:* Lehrende der Veranstaltungen, gegebenenfalls PrüferInnen
- *Studienseminar:* Fach- und überfachliche Seminarleitungen
- *Schule:* Schulleitung, Lehrkräfte (Praktikumsbeauftragte, MentorInnen, weitere Lehrkräfte), SchülerInnen, Erziehungsberechtigte, SchulsozialarbeiterInnen etc.

Studierende sind also selbst Akteure und befinden sich damit zugleich zwischen den weiteren beteiligten Akteuren. An die Studierenden werden unterschiedlichste Erwartungen und Vorstellungen gerichtet. Und ebenso haben sie selbst Erwartungen und Wünsche.

2.2.1 Das Praxissemester im Licht der interaktionistischen Rollentheorie

Zum Beispiel: Bühne frei!

Als ich das erste Mal vor der Klasse stand, fühlte ich mich plötzlich wie auf einer Bühne – und das Scheinwerferlicht war auf mich gerichtet.

Die Soziologie bedient sich in ihrer Theorie der sozialen Rolle der Theatermetaphorik. Rollentheorie scheint – aller definitorischen Uneinheitlichkeit zum Trotz – eine „soziale Realität" wiederzugeben, „welche zu einer Verarbeitung in der Form eben dieser Theorie drängt" (Joas 1980, 13). Das bedeutet auch, dass Rollentheorie eine Alltagserfahrung interpretiert und theoretisch weiterentwickelt.

Zur Verständigung: Von der Rolle
Im Rahmen der interaktionistischen Rollentheorie bezeichnet der Begriff Rolle „sozial definierte und institutionell abgesicherte Verhaltenserwartungen […], die komplementäres Handeln von Interaktionspartnern ermöglichen" (Krappmann 1971, 98). Eine Rolle ist also „ein Bündel normativer Verhaltenserwartungen, die von einer Bezugsgruppe oder mehreren Bezugsgruppen an Inhaber bestimmter sozialer Positionen herangetragen werden" (Peuckert 2010, 243). Die unterschiedlichen Rollenerwartungen unterscheiden sich hinsichtlich ihrer Verbindlichkeit (vgl. Schimank 2007).
Die interaktionistische Rollentheorie fokussiert das aktive Rollenhandeln im Gegensatz zum passiven Innehaben einer Rolle. Sie eröffnet damit Freiheiten für das Individuum für aktive Aushandlungsprozesse im Rahmen von Interaktionen.

Anforderungen und Erwartungen

Im Praxissemester haben es die Studierenden mit unterschiedlichen Akteuren zu tun, die jeweils unterschiedliche Anforderungen, Erwartungen, Vorstellungen und Wünsche an sie stellen. Die Anforderungen und Erwartungshaltungen unterscheiden sich im Praxissemester hinsichtlich ihrer Verbindlichkeit und danach, ob sie implizit oder explizit geäußert werden.
Schimank unterscheidet, anknüpfend an Dahrendorf, in Muss-, Soll- und Kann-Erwartungen. Muss-Erwartungen haben einen sehr hohen Verbindlichkeitsgrad, ihre Nichterfüllung wird sanktioniert. Soll-Erwartungen haben einen „schwächeren" Verbindlichkeitsgrad. Ihre Missachtung wird zwar ebenfalls mit negativen Sanktionen geahndet, die aber milder ausfallen; und eine dauerhafte Konformität wird bereits positiv sanktioniert, also nicht für selbstverständlich gehalten" (Schimank 2007, 48). Kann-Erwartungen sind die schwächste Form von Rollenerwartungen. Es gibt keine negativen, sondern ausschließlich positive Sanktionen. Gerade die Binnendifferenzierung in Soll- und Kann-Erwartungen erscheint im Kontext des Praxissemesters nicht zielführend. Denn es ist kaum möglich, diese trennscharf zu unterscheiden. Zumal gerade die fließenden Übergänge zwischen den einzelnen Formen Potenziale für positive wie negative Auslegungen schaffen. Aus diesem Grund werden im Folgenden zwei Formen unterschieden:

• Der Begriff *Anforderungen* meint hier im Zusammenhang mit dem Praxissemester explizit festgeschriebene Anforderungen, wie z.B. Prüfungsleistungen und Umfang der unterrichtlichen Tätigkeit.

- *Erwartungen, Wünsche* und *Vorstellungen* sind eher implizit, individueller und lassen sich schwerer ‚überprüfen‘. Das betrifft z.B. die Vorstellung eines am Praxissemester beteiligten Akteurs zu gutem Unterricht oder angemessenem Verhalten in einer bestimmten Situation. Die Begriffe Erwartungen, Wünsche und Vorstellungen spiegeln dabei die unterschiedlichen Nuancierungen wider.

Aus diesem Bündel an Erwartungen und Anforderungen generieren sich Rollen.

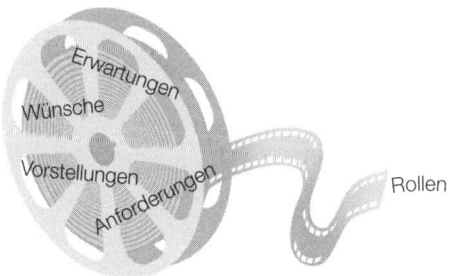

Abb. 2.2: Rollen

Ähnlich wie u.a. Jung-Strauß in ihrer Studie den Rollenbegriff auf die Aufgaben der Lehrkraft anwendet (vgl. Jung-Strauß 1999), lässt sich Rollentheorie auch auf die Anforderungen und Erwartungen der unterschiedlichen Akteure im Praxissemester beziehen. Das schafft die Möglichkeit, Rollen zu definieren und so bewusst und reflektiert mit ihnen umzugehen.

Zum Weiterlesen: Zwischen den Stühlen

Divergierende Anforderungen und Erwartungen sind nicht nur im Praxissemester vorhanden, sondern prägen den Beruf von Lehrkräften fortwährend. Besonders deutlich wird dies in den Antinomien des Lehrerberufs, die Helsper systematisch beschrieben hat. Er arbeitet widersprüchliche Anforderungen heraus, von denen jede für sich genommen gut begründbar ist. Dadurch entsteht ein Widerspruch, der nicht aufgelöst werden kann. Das bedeutet z.B., dass sich Lehrkräfte im Spannungsfeld der Nähe zu den SchülerInnen und einer notwendigen Distanz zu ihnen fortwährend positionieren müssen. Lehrkräfte sind zudem über ihr gesamtes Berufsleben hinweg gefordert, sich reflexiv mit Antinomien auseinanderzusetzen. Auch im Praxissemester sollte von den Studierenden die Möglichkeit genutzt werden, sich reflexiv mit Antinomien des Lehrerhandelns auseinanderzusetzen.

Helsper, Werner (2002): Lehrerprofessionalität als antinomische Handlungsstruktur. In: Kraul, Margret/Marotzki, Winfried/Schweppe, Cornelia (Hg.): Biographie und Profession. Bad Heilbrunn, 64–102.

Helsper, Werner (2004): Antinomien, Widersprüche, Paradoxien: Lehrerarbeit – ein unmögliches Geschäft? Eine strukturtheoretisch-rekonstruktive Perspektive auf das Lehrerhandeln. In: Koch-Priewe, Barbara/Kolbe, Fritz-Ulrich/Wildt, Johannes (Hg.): Grundlagenforschung und mikrodidaktische Reformansätze zur Lehrerbildung. Bad Heilbrunn, 49–98.

Oevermann, Ulrich (1996): Theoretische Skizze einer revidierten Theorie professionalisierten Handelns. In: Combe, Arno/Helsper, Werner (Hrsg.): Pädagogische Professionalität. Frankfurt am Main, 70–82.

Schütze, Fritz (2000): Schwierigkeiten bei der Arbeit und Paradoxien des professionellen Handelns. Ein grundlagentheoretischer Aufriss. In: Zeitschrift für qualitative Bildungs-, Beratungs- und Sozialforschung (ZBBS), 1, H.1, 49–96.

Identität

Ein wichtiger Aspekt in der interaktionistischen Rollentheorie ist der Begriff der Identität. *Identität* ist eine „vom Individuum für die Beteiligung an Kommunikation und gemeinsamem Handeln zu erbringende Leistung" (Krappmann 1971, 8). Sie wird von dem Einzelnen in der gegebenen Situation entsprechend interpretiert, wobei die mutmaßlichen Erwartungen der KommunikationspartnerInnen mit einbezogen werden (vgl. ebd., 8). Damit ist Identität

„nicht mit einem starren Selbstbild, das das Individuum für sich entworfen hat, zu verwechseln; vielmehr stellt sie eine immer wieder neue Verknüpfung früherer und anderer Interaktionsbeteiligungen des Individuums mit den Erwartungen und Bedürfnissen, die in der aktuellen Situation auftreten, dar" (ebd., 8).

Identität ist zentral für den Umgang mit unterschiedlichen, zum Teil entgegengesetzten Ansprüchen. Denn

„sie zeigt auf, auf welche besondere Weise das Individuum in verschiedenartigen Situationen eine Balance zwischen widersprüchlichen Erwartungen, zwischen den Anforderungen der anderen und eigenen Bedürfnissen sowie zwischen dem Verlangen nach Darstellung dessen, worin es sich von anderen unterscheidet, und der Notwendigkeit, die Anerkennung der anderen für seine Identität zu finden, gestaltet hat" (ebd., 9).

 Zwischenruf: Ich und ich

Nicht erst Krappmann beschäftigt sich mit Identität. Schon Shakespeares' Othello beklagt: „I am not what I am."

Der Begriff der Identität hat eine lange Tradition in unterschiedlichen Disziplinen – von der Literatur über die Soziologie und die Pädagogik bis hin zur Philosophie – und an ihm haben sich immer wieder leidenschaftliche Diskussionen entzündet. Gerade in der letzten Zeit – der eine oder die andere nennt es Postmoderne – ist Identität (wieder) ein zentrales Thema. Die Beschäftigung mit der eigenen Identität, „der lust- und angstvolle Eifer, mit dem Einzelne und Gruppen um ihre Identität, d.h. ihr Erkannt- und Anerkanntwerden, bangen und kämpfen, [ist] Ausdruck tief greifender gesellschaftlicher Veränderungsprozesse in den letzten Jahrzehnten" (Eikelpasch/Rademacher 2004, 5).

In aktiven Aushandlungsprozessen – dem sogenannten *Rollenhandeln* (vgl. Krappmann 1971, 98) – können die Studierenden die fremden mit den eigenen Wünschen und Vorstellungen abgleichen und nicht bloß übernehmen. Besonders in Konflikten von widersprüchlichen Rollenerwartungen können Studierende durch die eigene Interpretationsleistung ihre Identität konstituieren. Anderenfalls – wenn eine Person um jeden Preis bemüht ist, sämtliche Erwartungen des Interaktionspartners bzw. der Interaktionspartnerin zu erfüllen – „erfahren die Rollenpartner über ihr Gegenüber nichts, außer daß es offenbar bereit ist, Erwartungen unter Mißachtung aller subjektiven Identitätsprobleme zu entsprechen" (ebd., 117). Ein aktiver und reflexiver Prozess des Rollenhandels kann so zur Professionalitätsentwicklung beitragen.

 Peer Learning Activity: Wie (re-)agieren Sie?
In einer Peer-Arbeitsgruppe können Sie gemeinsam im Rahmen kurzer Szenarien unterschiedliche Situationen des Alltags im Praxissemester reflektieren. Nehmen Sie dazu zunächst Karteikarten und notieren Sie kurze mögliche Szenarien, z.B.:

- Sie haben an einem Montagmorgen den Einstieg in die Stunde übernommen. Eine Schülerin kommt zu spät und versucht, sich unbemerkt hinzusetzen.
Wie (re-)agieren Sie?

- Ihre Mentorin kritisiert Sie für Ihre Unterrichtsskizze, ohne Ihnen allerdings konstruktive Vorschläge zu machen.
Wie (re-)agieren Sie?

- Die Schulleitung lobt Sie für die von Ihnen erarbeitete Fragestellung Ihres Forschungsvorhabens. Sie wollen nun bald loslegen mit der Erhebung Ihrer Daten.
Wie (re-)agieren Sie?

- Im universitären Begleitseminar sollen Sie von Ihren Erfahrungen aus der Schule berichten. Ihnen geht so vieles durch den Kopf.
Wie (re-)agieren Sie?

Die geschriebenen Karteikarten werden nun gut gemischt und verdeckt hingelegt. Es kann vereinbart werden, dass eine Person die Situationen auf den Karteikarten vorliest. Reihum ist immer jemand anderes an der Reihe, darauf zu reagieren. Die Reaktion sollte ohne längeres Nachdenken spontan geschehen. Es kann vereinbart werden, dass die anderen Studierenden der Arbeitsgruppe eine kurze Rückmeldung zu der Reaktion geben und so gemeinsam über die vorgeschlagenen Handlungsoptionen reflektiert wird.

2.2.2 Studierende als PraktikantInnen… und noch vieles mehr

Wenn die Studierenden im Praxissemester sind, nehmen sie vordringlich die Rolle der PraktikantInnen ein. Diese Rolle eröffnet ihnen Lern- und Erfahrungsräume im Kontext Schule, die sie intensiv zum Kennenlernen und Erproben des spateren Berufsfeldes nutzen können.

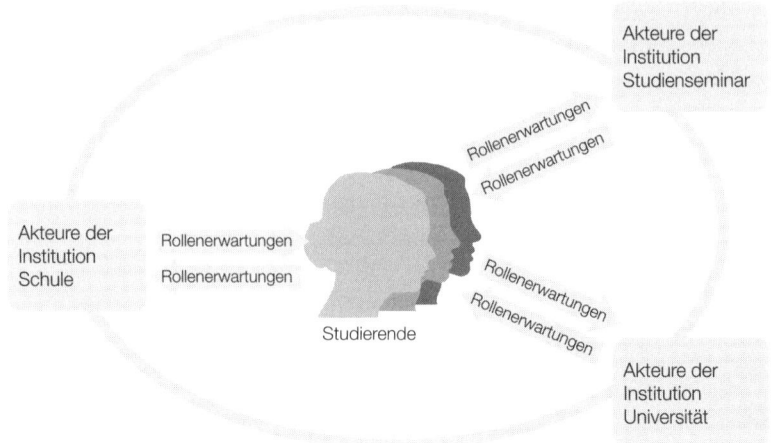

Abb. 2.3: Rollenerwartungen der Akteure im Praxissemester

Wie bereits ausgeführt, bringen die am Praxissemester beteiligten Akteure unterschiedliche Kompetenzen ein und können jeweils andere inhaltliche Schwerpunkte setzen. Die Studierenden sollten diese unterschiedlichen Kompetenzen für sich nutzen, denn sie haben im Praxissemester mit ganz unterschiedlichen ExpertInnen ihres späteren Berufsfeldes zu tun. Davon können sie sehr profitieren.

Rollen bergen neben Chancen aber auch unterschiedliche Konfliktpotenziale (vgl. Schimank 2007; 2011; Hervorheb. d. Verf.):

- Das können zum einen *Intrarollenkonflikte* sein, bei denen unterschiedliche Erwartungen verschiedener Beteiligter innerhalb einer Rolle aufeinander treffen.
- *Interrollenkonflikte* hingegen entstehen, wenn es widerstrebende Erwartungen zwischen den unterschiedlichen Rollen einer Person gibt.
- *Person-Rolle-Konflikte* treten auf bei „Unvereinbarkeiten zwischen Rollenerwartungen und persönlichen Bedürfnissen, Zielen, Interessen oder Werten" (Schimank 2007, 35).
- Ebenso kann es zu Handlungsunsicherheiten kommen, wenn die betreffende *Person nicht genau weiß, was von ihr erwartet wird.*
- Zuletzt kann es beeinträchtigend sein, wenn Akteuren die entsprechenden „*Ressourcen zur Umsetzung* dessen, was normativ erwartet wird" (ebd.) *fehlen.* Das kann reichen von „nicht vorhandenen Requisiten oder ein[em] falsche[n] Bühnenbild bis hin zu Stigmata, die dem Akteur anhafte[n]" (ebd.).

Im Folgenden sollen zuerst kurz mögliche Diskrepanzpotenziale der Studierenden im Kontakt mit den beteiligten Institutionen genannt werden, um im Anschluss daran Strategien aufzuzeigen, die zu deren Bewältigung hilfreich sein können.

Universität

Die am Praxissemester beteiligten Akteure der Universität sind hauptsächlich die Lehrenden der Vorbereitungs-, Begleit- und Reflexionsveranstaltungen bzw. die PrüferInnen. Diese sehen die PraktikantInnen möglicherweise auch in der Praxisphase vordringlich als Studierende. Das bedeutet, dass sie insbesondere Anforderungen an die Studierenden stellen in Bezug auf eine wissenschaftliche Herangehensweise. Studierende sollen sich nicht in der schulischen Praxis ‚verlieren‘, sondern produktiv mit Theorie und Praxis umgehen (→ Kapitel 1). Dies kann für die Studierenden dann zu Rollenkonflikten führen, wenn z.B. Anforderungen und Erwartungen der Akteure aus der Schule nicht gut vereinbar sind mit den Planungen für die Ausgestaltung des studentischen Forschungsvorhabens.

 Zum Beispiel: Anpassungen nötig
Im Vorbereitungsseminar hat Anne-Kathrin gemeinsam mit der Dozentin eine Skizze für ein studentisches Forschungsvorhaben erarbeitet. Diese ist schon sehr konkret. Als Anne-Kathrin an die Schule kommt, kann sie wegen der Gegebenheiten vor Ort dieses Vorhaben so nicht durchführen. Nun muss sie ihre Skizze entsprechend modifizieren und sowohl mit dem Mentor als auch mit der Dozentin erneut absprechen.

Studienseminar

Je nach standortspezifischer Ausgestaltung begleiten und beraten die Studienseminare die unterrichtlichen Tätigkeiten der Studierenden im Praxissemester. Hier könnten Studierende – gerade auch mit Blick auf einen verkürzten Vorbereitungsdienst – vordringlich als ‚lernende PraktikerInnen‘ gesehen werden. Dies kann unter Umständen einen gewissen Handlungsdruck bei den Studierenden erzeugen.

> **Zur Reflexion: Doppelt belegt**
> Kolja hat die Möglichkeit, an seiner Praktikumsschule an einem Wandertag teilzunehmen. Am selben Tag findet auch die Begleitveranstaltung des Studienseminars statt. Welche Veranstaltung soll er nun besuchen?

Schule

Am Lernort Schule werden die Studierenden mit sehr unterschiedlichen Akteuren zu tun haben, z.B. SchülerInnen, Schulleitung, KollegInnen, MentorInnen, aber auch Erziehungsberechtigte. So heterogen dieser Personenkreis ist – so heterogen sind auch ihre Erwartungen an die Studierenden.

Zum Beispiel:
Zwischen eigenem Forschungsinteresse und Wünschen der Schule
An einer Schule soll *Kollegiale Beratung* etabliert werden. Die Schulleitung tritt an die Studierende Janine heran, da sie einen speziellen Wunsch für ein studentisches Forschungsvorhaben hat: Janine soll einen Rückmeldebogen erarbeiten, mit dem sich die Lehrkräfte der Schule gegenseitig Hinweise und Empfehlungen zu hospitierten Stunden geben sollen. Für Janine stellt sich die Erarbeitung eines kompletten Bogens als zu umfangreich dar, zumal der Dozent wiederholt betont hat, dass sie im Rahmen ihres studentischen Forschungsvorhabens nicht ausschließlich einen Bogen ausarbeiten, sondern auch dessen theoretische Einbettung und Reflexion vornehmen soll.
Im Gespräch mit der Schulleitung einigen sie sich darauf, dass Janine einen Vorschlag für einen Aspekt zu Rückmeldungskriterien kollegialer Beratung – beispielsweise Sicherungsphasen des Unterrichts – erarbeitet und diese Arbeitsergebnisse im Kollegium vorstellt. Eine Arbeitsgruppe der Schule soll den gesamten Rückmeldungsbogen erarbeiten und konzeptionell einbetten. Dabei wird die Arbeitsgruppe auf die Arbeit von Janine zurückgreifen können.

…und noch vieles mehr

Darüber hinaus haben die Studierenden weitere Rollen inne, die direkt oder indirekt Einfluss auf ihre Praxisphase nehmen und die gegebenenfalls z.B. zu Interrollenkonflikten führen können. Das kann die Rolle als Elternteil sein, wenn die Anwesenheitszeiten an der Praktikumsschule mit den Kita-Betreuungszeiten des eigenen Kindes abgestimmt werden müssen. Das kann ebenso die Rolle als NebenjobberIn sein, die mit der Praxisphase in Einklang gebracht werden muss.

Zur Weiterarbeit: „All the world's a stage"
Um sich ein Bild von der Komplexität der eigenen Rollen zu verschaffen, können Sie eine Mind map anlegen, in der Sie die unterschiedlichen Rollen benennen und gegebenenfalls auch Anforderungen und Wünsche notieren.

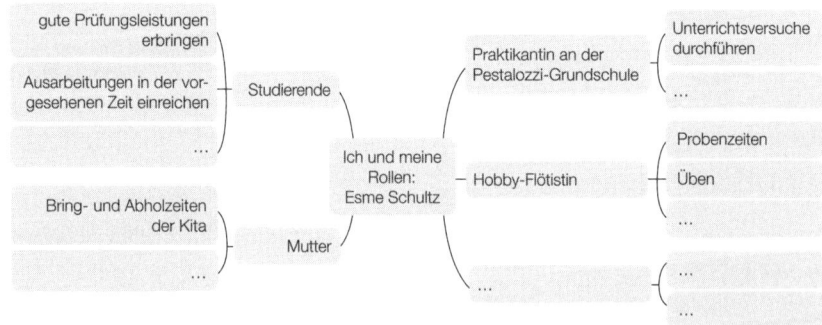

Selbstverständlich kann eine solche Aufstellung nur ausschnitthaft und unvollständig sein. Dennoch ist es hilfreich, sich einen groben Überblick zu verschaffen, um die im Praxissemester gestellten Erwartungen und Anforderungen mit Distanz betrachten zu können. Das kann es Ihnen ermöglichen, mit diesen reflektierter umzugehen.

2.2.3 Vom Umgang mit unterschiedlichen (Rollen-)Erwartungen

Dass sich die Studierenden in einem Netz aus unterschiedlichen an sie gestellten Erwartungen und Anforderungen behaupten müssen, kann Schwierigkeiten bergen – es eröffnet aber auch viele Chancen.

Zur Weiterarbeit: Raus mit der Sprache!
Es ist möglich, dass sich vor oder während der Praxisphase Konflikte mit Akteuren einer der beteiligten Institutionen ergeben. Suchen Sie in einem solchen Fall frühzeitig Hilfe und Unterstützung. Das kann je nach Konflikt die Schulleitung, das Praktikumsbüro oder eine Clearingstelle sein.

Die interaktionistische Rollentheorie zeigt vier Fähigkeiten auf, um mit den unterschiedlichen Rollenerwartungen produktiv umzugehen:

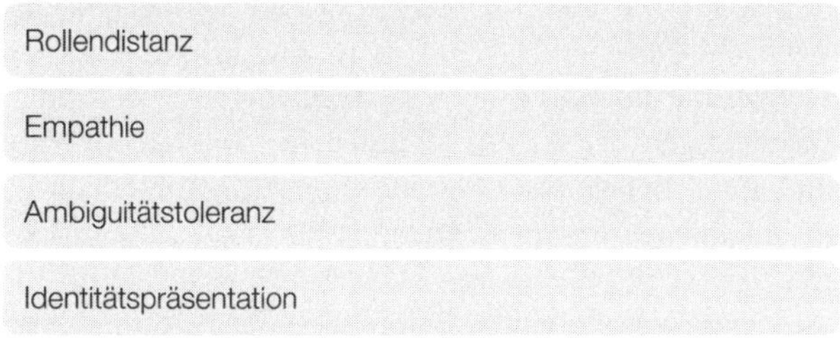

Rollendistanz

Empathie

Ambiguitätstoleranz

Identitätspräsentation

Abb. 2.5: Fähigkeiten nach der interaktionistischen Rollentheorie

Rollendistanz

Damit Studierende im Praxissemester ihre Rolle(n) überhaupt interpretieren können, ist es notwendig, der Rolle und allen damit verknüpften Erwartungen gegenüber einen übergeordneten Standpunkt einzunehmen – die sogenannte Rollendistanz. Erst von diesem distanzierten Standpunkt aus ist es möglich, reflektierend mit den Rollenerwartungen umzugehen, um „auszuwählen, negieren, modifizieren und interpretieren zu können" (Krappmann 1971, 133).
Es gibt ein weites Spektrum, in welchem Maß sich ein Individuum einer Rolle verschreibt. Dies reicht von absoluter Entfremdung, der sogenannten ‚alienation',

bis zum übermäßigen Aufgehen in einer Rolle, dem ‚*overattachment*' (vgl. Goffman 2006).

Zwischen diesen beiden Extremen findet sich ein weiter Bereich, in dem sich das Individuum gegenüber seinen Rollen mit einer angemessenen und fruchtbaren Distanz verhalten kann.

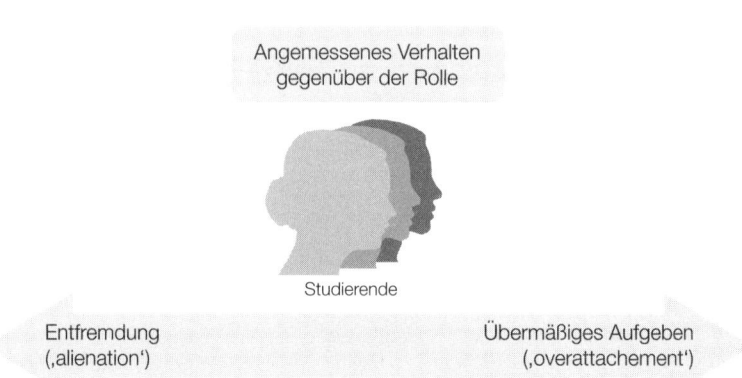

Abb. 2.6: Zwischen Entfremdung und übermäßigem Aufgehen

Die Fähigkeit, zu den eigenen Rollen und den damit verbundenen Anforderungen und Erwartungen in Distanz zu gehen, ist nicht nur für die Lernaufgabe Unterrichten entscheidend, sondern ebenso für das Forschende Lernen im Praxissemester. Für die Prozesse des Forschenden Lernens ist eine kritische, selbstreflexive und distanzierte Haltung unabdingbar (vgl. Boelhauve 2005, 105ff.). Die unterschiedlichen Erwartungen der Akteure können für Studierende eine herausfordernde Situation sein, in der sie nach Orientierung suchen. Deshalb ist es sinnvoll, sich die unterschiedlichen Rollen bewusst zu machen, in Distanz zu ihnen zu gehen und immer wieder zu reflektieren. Dazu eignen sich Instrumente und Ansätze wie das Lerntagebuch, Portfolio, Beratungen, Peer Learning etc. (→ Kapitel 3 und 4).

Empathie

Eine gute Lehrkraft sein, Ratschläge annehmen, ein wissenschaftlich fundiertes studentisches Forschungsvorhaben erarbeiten und durchführen, freundlich und aufgeschlossen gegenüber den SchülerInnen sein – das sind nur einige Beispiele für die unterschiedlichen Wünsche und Erwartungen, die wahrscheinlich an Studierende im Praxissemester gestellt werden. Dazu gehört auch, dass Studierende in der Lage sein sollten, sich empathisch gegenüber anderen Akteuren zu verhalten. Krappmann bezeichnet das in Anlehnung an Mead als *role taking*. Durch ‚role taking' ist es den Studierenden möglich, sich in die Rolle des Gegenübers hineinzuversetzen und dessen Wünsche, Erwartungen und Bedürfnisse wahrzunehmen und einzuschätzen. Es handelt sich dabei um einen

> „Prozeß, in dem antizipierte Erwartungen ständig getestet und aufgrund neuen Materials, das der fortschreitende Prozeß liefert, immer wieder revidiert werden, bis sich die Interpretation einer bestimmten Situation und ihrer Erfordernisse unter den beteiligten Interaktionspartnern einander angenähert haben" (Krappmann 1971, 145).

‚Role taking' wird so zu einem Prozess des *role making* und dient auch dazu, aktiv die eigene Rolle im Rahmen der unterschiedlichen Interaktionsprozesse zu gestalten (ebd., 142f.). Empathiefähigkeit entwickeln Studierende bereits während ihres Studiums – und natürlich auch außerhalb von (Aus)Bildungskontexten. Im Praxissemester haben sie dann die Gelegenheit, im Austausch mit unterschiedlichen Akteuren ihre Empathiefähigkeit als Teil ihres professionellen Selbstbildes weiterzuentwickeln.

 Zur Weiterarbeit: Ich und die anderen
Führen Sie sich eine Situation aus Ihrer Praxisphase vor Augen. Das kann eine Unterrichtsstunde, eine Beratungssituation oder auch nur der Aufenthalt im Lehrerzimmer sein. In einer Peer-Arbeitsgruppe können Sie sich auch gegenseitig in einer Situation beobachten.
Notieren Sie genau, welche Akteure welche Erwartungen, Anforderungen und Wünsche an Sie richten. Überlegen Sie in einem zweiten Schritt, ob sie identifizieren können, an welcher Stelle Sie den Erwartungen unmittelbar entsprochen und an welchen Stellen Sie ihre eigenen Bedürfnisse stärker berücksichtigt haben.

Ambiguitätstoleranz

Durch Rollendistanz sind Studierende in der Lage, die verschiedenen Erwartungen und Bedürfnisse ihrer InteraktionspartnerInnen im Praxissemester wahrzunehmen. So notwendig das auch für eine gelingende Interaktion ist, ebenso belastend kann es sein, häufig mit Erwartungen konfrontiert zu werden, die nicht nur im Widerspruch zueinander, sondern auch im Widerspruch zu den eigenen Wünschen und Erwartungen stehen. Um ihre Identität zu behaupten, müssen Studierende in der Lage sein, „ein gewisses Maß an gleichzeitig auftretender und durch eben diese Interaktion erzeugter Unbefriedigtheit zu ertragen" (ebd., 151). Das bezeichnet Krappmann als Ambiguitätstoleranz.

Identitätspräsentation

Im Praxissemester werden Studierende oft mit anderen Akteuren in Dialog treten und interagleien. Im Rahmen dieser Interaktionen ist es wichtig, dass sie sich auch sprachlich angemessen darstellen können. Krappmann verweist hier auf Goffman, der sich in seiner Forschung u.a. den schier endlosen Möglichkeiten der Selbstdarstellung widmet. Dabei ist das Individuum mit einem Schauspieler vergleichbar:

> „Das Selbst handelt dabei wie ein Akteur auf einer Bühne, der sein Auftreten in jedem Augenblick auf die Mitspieler und verschiedenen Gruppen von Schauspielern abstimmt, indem er das gesamte Bühnenrepertoire von Kulissen, Requisiten, Beleuchtung, Platz vor und hinter den Vorhängen, Aus- und Eingängen für eine wirkungsvolle Repräsentation seiner Rolle ausspielt" (Goffman 2006, 168).

Identität wird nicht als starres Konzept verstanden – sie konstituiert sich immer wieder in Interaktionen. Damit das angemessen gelingt, ist es wichtig, dass die Studierenden über ein Sprachvermögen verfügen, das drei Voraussetzungen erfüllt: Es muss erstens unvermeidlichen Informationsverlust so gering wie möglich halten, zweitens muss Sprache als Instrument der Problemlösung verwendbar sein und drittens muss Sprache auch ‚Überschussinformationen' weitergeben können, also nicht nur den reinen Inhalt, sondern auch die Einstellung der Sprecherin oder des Sprechers zum Inhalt transportieren (vgl. Krappmann 1971, 12).

Peer Learning Activity: Gestalten Sie ein Simulationsspiel
Im Rahmen einer Peer-Arbeitsgruppe können Sie Simulationsspiele machen, um mögliche Situationen der Praxisphase und/oder des späteren Berufsfeldes einzuüben und zu reflektieren. Folgende Situationen sind z.B. möglich: Phasen des Unterrichts, Elterngespräch, Präsentation ihres studentischen Forschungsvorhabens im Begleitseminar, Unterrichtsnachbesprechung etc. Vereinbaren Sie dazu im Vorfeld, wer welche Rolle übernimmt und einigen Sie sich auf ein paar Eckdaten der Situation.
Sprechen Sie nach dem Rollenspiel über die Situation: Warum haben Sie sich wie verhalten? Wie haben Sie Ihr Anliegen sprachlich vorgebracht?

Die distanziert-reflektierende Auseinandersetzung mit der eigenen Rolle als PraktikantIn im Praxissemester birgt ebenso wie die aktiven Aushandlungsprozesse über die eigene(n) Rolle(n) eine Chance zur Professionalitätsentwicklung der Studierenden. Darüber hinaus bietet das Praxissemester – gerade unter rollensoziologischer Perspektive – auch die Möglichkeit zur Identitätsentwicklung über das professionelle Selbstkonzept hinaus. Die Ausbildung im Rahmen des Lehramtsstudiums wird so auch zu einer Möglichkeit zur Persönlichkeitsbildung im Sinne des Humboldt'schen Bildungsideals, bei dem die Entfaltung der Persönlichkeit im Vordergrund steht.

Zwischenruf: Bin ich nur (m)eine Rolle?
Die Rollentheorie greift eine weit verbreitete Alltagsvorstellung auf und bedient sich explizit der Metaphorik aus dem Bereich des Theaters. Letztlich aber bleibt die Rollentheorie ein wissenschaftlicher Deutungsansatz, der auch kritisiert wird. Dennoch kann die rollentheoretische Betrachtung der Situation im Praxissemester hilfreich sein, um

in Distanz zu gehen und reflektiert mit unterschiedlichen Situationen und Gegebenheiten umzugehen.

Ein Beispiel für eine generelle Kritik an der Rollentheorie stammt von Haug. Aus einer marxistischen Perspektive heraus bemängelt sie zum Beispiel, dass mit der Rollentheorie gesellschaftliche Zusammenhänge zu stark auf das Handeln zwischen Individuen verkürzt werden, ohne dessen Voraussetzungen zu hinterfragen (vgl. Haug 1972).

Nicht unterschlagen werden soll auch, dass das Theaterkonzept, das der Rollentheorie zugrunde liegt, ein sehr ‚traditionelles' ist und Strömungen wie zum Beispiel postdramatische Theaterkonzepte nicht mit reflektiert.

Blick zurück nach vorn:
Zwischenfazit und Ausblick auf Kapitel 3

In diesem Kapitel wurden die am Praxissemester beteiligten Akteure in den Blick genommen. Besonders ins Zentrum gerückt wurde dabei der wohl wichtigste Akteur im Praxissemester: der bzw. die Studierende. Studierende sind im Praxissemester mit einem komplexen ‚Netz aus unterschiedlichen Erwartungen' konfrontiert. Dies wurde unter rollensoziologischer Perspektive ausdifferenziert. Zudem wurden vier Strategien aufgezeigt, die für die Studierenden hilfreich sein können, mit den zum Teil divergierenden Erwartungen umzugehen: Rollendistanz, Empathie, Ambiguitätstoleranz und Identitätspräsentation.

Das folgende Kapitel 3 gibt Einblicke in die spezifischen Aufgaben und Unterstützungsangebote von Universität und Studienseminar im Rahmen von Vorbereitung, Begleitung und Reflexion des Studienelements Praxissemester und liefert Anregungen zur individuellen Arbeitsplanung.

Literatur

Boelhauve, Ursula (2005): Forschendes Lernen – Perspektiven für erziehungswissenschaftliche Praxisstudien. In: Hilligus, Annegret Helen/Rinkens, Hans-Dieter (Hg.): Zentren für Lehrerbildung – neue Wege im Bereich der Praxisphasen. Münster, 103–126.

Eikelpasch, Rolf/Rademacher, Claudia (2004): Identität. Bielefeld.

Goffman, Erving (2006): Wir alle spielen Theater. Die Selbstdarstellung im Alltag. München/Zürich.

Joas, Hans (1980): Rollen und Interaktionstheorien in der Sozialisationsforschung. In: Hurrelmann, Klaus/Ulrich, Dieter: Handbuch der Sozialisationsforschung. Weinheim, 147–160.

Haug, Frigga (1972): Kritik der Rollentheorie und ihrer Anwendung in der bürgerlichen deutschen Soziologie. Frankfurt am Main.

Hericks, Uwe (2004): Verzahnung der Phasen der Lehrerbildung. In: Blömeke, Sigrid/Reinhold, Peter/Tulodziecki, Gerhard/Wildt, Johannes (Hg.): Handbuch Lehrerbildung. Bad Heilbrunn, 301–311.

Hoeltje, Bettina/Oberliesen, Rolf/Schwedes, Hannelore/Ziemer, Thomas (2004): Evaluation des Halbjahrespraktikums für Lehramtsstudierende in Bremen. Befunde, Problemfelder, Empfehlungen. Abschlussbericht der Evaluation 2000–2003.
http://www.idn.uni-bremen.de/pubs/2004HalbjahrespraktikumBericht.pdf [21.06.2014]

Jung-Strauß, Elfriede Maria (1999): Widersprüchlichkeiten im Lehrerberuf. Eine Untersuchung unter Verwendung der Rollentheorie. Frankfurt am Main.

Kiper, Hanna (2003): Schulpraktische Studien und ihre disziplintheoretische Verortung aus der Sicht der Schulpädagogik – Leitideen, Reformansätze und Erfahrungen unterschiedlicher Praktikumsvarianten und deren Kritik im Rahmen von Lehramtsstudiengängen. In: Schulze-Krüdener, Jörgen/Homfeld, Hans Günther (Hg.): Praktikum – eine Brücke schlagen zwischen Wissenschaft und Beruf. 2. Aufl. Bielefeld, 133–152.

Krappmann, Lothar (1971): Soziologische Dimensionen der Identität. Strukturelle Bedingungen für die Teilnahme an Interaktionsprozessen. Stuttgart.

MIWFT (Ministerium für Innovation, Wissenschaft, Forschung und Technologie des Landes Nordrhein-Westfalen) (2007): Ausbildung von Lehrerinnen und Lehrern des Landes Nordrhein-Westfalen. Empfehlungen der Expertenkommission zur Ersten Phase. Unter Vorsitz von Jürgen Baumert. Düsseldorf.
http://www.innovation.nrw.de/downloads/Broschuere.pdf [01.06.2014]

Peuckert, Rüdiger (2010): Soziale Rolle. In: Kopp, Johannes/Schäfers, Bernhard (Hg.): Grundbegriffe der Soziologie. 10. Aufl. Wiesbaden, 243–246.

Radtke, Frank-Olaf/Webers, Hans-Erich (1998): Schulpraktische Studien und Zentren für Lehramtsausbildung. Eine Lösung sucht ihr Problem. In: Die Deutsche Schule, 90, H. 2, 199–216.

Schimank, Uwe (2007): Handeln und Strukturen. Einführung in die akteurtheoretische Soziologie. 3. Aufl. Weinheim/München.

Schimank, Uwe (2011): So viel zu Akteuren! Ein Minimalkonzept zur Beantwortung einer Vorfrage soziologischer Erklärungen. In: Lüdtke, Niko & Matsuzaki, Hironori (Hg.): Akteur –Individuum – Subjekt. Fragen zu ,Personalität' und ,Sozialität'. Wiesbaden, 23–43.

Schubarth, Wilfried (2010): Lohnt sich Kooperation? – Erste und zweite Phase der Lehrerbildung zwischen Abgrenzung und Annäherung. In: Erziehungswissenschaft 21, H. 40, 79–88.

Weyland, Ulrike/Wittmann, Eveline (2011): Expertise Praxissemester 1. Phase im Rahmen der Hessischen Lehrerbildung. Frankfurt am Main.

Renate Schüssler und Saskia Schicht

3 Das Praxissemester beginnt schon vor der Schule –Vorbereitung und Begleitung durch Universität und Studienseminar

Eintauchen in die Praxis und den ganzen Universitätsalltag vergessen? Weit gefehlt. Denn das Praxissemester ist kein *stand alone*, sondern wird als Studienelement – zumindest an den meisten Standorten – universitär vorbereitet, begleitet und reflektiert. Darüber hinaus spielen häufig die Studienseminare eine tragende Rolle bei der Betreuung der Studierenden. Und auch die Studierenden selbst können eine Menge tun, um *ihr* Praxissemester – bereits bevor es ernst wird – so gut wie möglich zu planen.

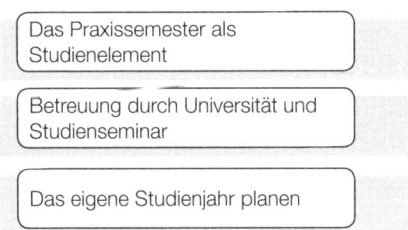

Das Praxissemester als Studienelement

Betreuung durch Universität und Studienseminar

Das eigene Studienjahr planen

Abb. 3.1: Überblick über Kapitel 3

3.1 Von der Theorie zur Praxis und zurück – Das Praxissemester als Studienelement

Das Praxissemester bietet den Studierenden die Möglichkeit, eine lange Praxisphase noch während des Studiums zu absolvieren – aber warum überhaupt? Im Folgenden wird es darum gehen, welchen Mehrwert ein Praxissemester im Studium bringen kann.

Im Unterschied zum Vorbereitungsdienst handelt es sich beim Praxissemester um ein *Studienelement*. Das heißt, es ist sowohl zeitlich, formal und strukturell als auch inhaltlich in das Lehramtsstudium eingebettet.

Zeitlich ist das Praxissemester – wie der Name schon nahelegt – noch im Studium verortet. Es hebt sich damit deutlich in seinen Zielen und seiner konzeptionellen Ausrichtung von den kürzeren Praxisphasen im Studium, aber auch vom Vorbereitungsdienst, ab. In den meisten Konzeptionen ist es eingebettet in das Masterstudium, also in den fortgeschrittenen Studienverlauf. Intentional sollten somit – auch wenn das immer mal wieder anders proklamiert wird – weniger Fragen der Eignung für den Lehrerberuf im Vordergrund stehen, als vielmehr die Anbahnung und Unterstützung der Professionalitätsentwicklung der Studierenden. Die Verortung im späten Studienverlauf birgt die Chance, dass die Studierenden sich in den vorangegangenen Semestern eine gewisse theoretische Basis erarbeitet haben, die nun mit der schulischen Praxis in Berührung gebracht werden kann (vgl. Weyland 2012).

Formal und strukturell bedeutet die universitäre Einbettung, dass die Studierenden bestimmte Studienleistungen erbringen und Prüfungen absolvieren müssen. Als Studienelement ist das Praxissemester in den Bachelor- und Master-Studiengängen auch mit Leistungspunkten versehen. Der Workload bewegt sich derzeit, je nach Konzeption, in einer Spanne von 20–30 Leistungspunkten und kann so, bei einer Verortung im Master, bis zu einem Viertel der gesamten Masternote ausmachen. Der Anteil erhöht sich noch einmal, wenn man die vorbereitenden und nachbereitenden Studienelemente hinzu rechnet.

Wichtiger aber noch als diese eher formalen Fragen ist die *inhaltliche* Dimension. Die Studierenden haben die Möglichkeit, sich der Schulpraxis auf Grundlage eines bereits abgeschlossenen Bachelorstudiums zu nähern. So sollten die Studierenden in die Lage versetzt sein, sich die Praxis mittels universitär vorbereiteter und begleiteter Fragestellungen zu erschließen. Im Praxissemester haben sie die Gelegenheit, diese in einer permanenten wechselseitigen Verknüpfung von schulischer und universitärer Theorie und Praxis zu bearbeiten und Fragen, die sich in der Schulpraxis stellen, auch wieder zurück in ihr weiteres Studium zu tragen. Beispielsweise können sie diesen Fragestellungen im Rahmen ihrer Masterarbeit weiter nachgehen oder auf verschiedene theoretische Ansätze zurückgreifen, um die erlebte und beobachtete Praxis theoriegeleitet zu reflektieren. Denkanstöße, Irritationen oder

Interessen, die sich daraus ergeben, können wiederum in der Abschlussphase des Studiums thematisiert werden.

Zur Weiterarbeit: Was habe ich? Was brauche ich?
Verschaffen Sie sich zunächst einen Überblick über die Inhalte Ihres bisherigen Studiums: Welche Inhalte können besonders nützlich sein für das Praxissemester? Nehmen Sie dann in den Blick, welche Inhalte in den Vorbereitungs- und Begleitveranstaltungen fokussiert werden. Überlegen Sie, was Sie davon im Selbststudium vertiefen oder erweitern wollen.

Diese Sammlung, die sukzessive ergänzt und überarbeitet wird, kann hilfreich sein bei der Planung und Durchführung Ihrer studentischen Forschungsvorhaben ebenso wie bei der theoriegeleiteten Auseinandersetzung mit den Erfahrungen aus dem Handlungsfeld Schule. In Kapitel 3.3 erhalten Sie zudem Anregungen zur Strukturierung und Planung *Ihres* persönlichen Praxissemesters.

Am Ende oder nach dem Praxissemester besteht in den meisten Konzeptionen die Möglichkeit, die theoriegeleitete Erschließung von schulischer Praxis in eigens dafür vorgesehenen Angeboten abschließend zu reflektieren. Auch hierfür gibt es einen breiten Strauß an Möglichkeiten.

Idealerweise entsteht so ein spiralcurricular angelegter Lernprozess, von dem nicht nur die Studierenden, sondern auch die Lehrenden und Betreuenden im Praxissemester profitieren können. Das kann zum Beispiel die Neu-Konzipierung der Veranstaltungen und Begleitformate für weitere Durchgänge betreffen, die Intensivierung der Beratung der Studierenden oder die Nutzung der Befunde aus studentischen Forschungsvorhaben als Startpunkt für das Design neuer Fragestellungen (→ Kapitel 6). Oder es entstehen aus der Abstimmung der Begleitung und Betreuung durch Universität, Studienseminar und Schule Impulse für die weitere Kooperation.

3.2 Wer macht was bei Vorbereitung, Begleitung und Reflexion?

Je nach Bundesland und Standort sind verschiedene Institutionen und ihre Akteure mit je eigenen Aufgabenprofilen an der Konzipierung, Planung und Begleitung des Praxissemesters beteiligt. Akteure aus den Institutionen Universität und Schule, manchmal auch aus dem Studienseminar, betreuen die Studierenden über das Praxissemester und seine vor- und nachbereitenden Elemente hinweg. Dabei ist es für die Studierenden sinnvoll, Auftrag und Stärken der jeweiligen Institution und ihrer Akteure einschätzen zu können.

Ein Praxissemester – viele Formen der Einbettung
Nachfolgend wird anhand einiger Beispiele gezeigt, wie vielfältig die Einbettung des Praxissemesters ausgestaltet sein kann. Die Beispiele erheben keinerlei Anspruch auf Vollständigkeit, sondern sollen für die Vielfalt der Konzeptionen sensibilisieren. In *Bremen* wird das Praxissemester zum Wintersemester 2014/15 eingeführt; es findet im 2. Semester des Masterstudiums statt. Das Praxissemester wird sowohl von den Fachdidaktiken als auch von den Erziehungswissenschaften vorbereitet, begleitet und nachbereitet. Die Universität Bremen verantwortet das Praxissemester, die Durchführung erfolgt in direkter Abstimmung und Kooperation mit den Schulen. Das Studienseminar (Landesinstitut für Schule) ist über die in Zusammenarbeit mit der Universität durchgeführten Begleitveranstaltungen in das Praxissemester eingebunden.

In *Niedersachsen* wird das Praxissemester zum Wintersemester 2014/15 eingeführt. Es wird für Studierende des Grundschul- und Sekundar-I-Lehramts angeboten und als Institutionen sind vor allem Universität und Schule mit der Begleitung betraut. Die Fachseminarleitungen der zweiten Ausbildungsphase werden über Lehraufträge in der gesamten Praxisphase (Vorbereitung, Begleitung, Besuche der Studierenden in der schulischen Praxisphase und Nachbereitung) mitwirken und erhalten dafür Entlastungsstunden.

In *Nordrhein-Westfalen*, wo das Praxissemester an dem meisten Standorten im Februar 2015 an den Start geht, sind die Universitäten verantwortlich für das Praxissemester. Sie führen es in Kooperation mit den Zentren für schulpraktische Lehrerausbildung (ZfsL = Studienseminare) und den Schulen durch. Als Studienelement ist das Praxissemester, das im 2. oder 3. Mastersemester absolviert wird, eingebettet in ein berufsfeldbezogenes Studienjahr. Die schulische Praxisphase wird hier gerahmt durch ein vorbereitendes Semester, in dem besondere fachdidaktische und bildungswissenschaftliche Veranstaltungen angeboten werden. Während der schulischen Praxisphase gibt es Begleitangebote von Universität und Studienseminar. Nach dem Praxissemester finden ebenfalls an vielen Standorten Reflexionsangebote (Veranstaltungen oder Beratungstermine) statt, in denen die schulpraktischen Erfahrungen und die Erkenntnisse aus dem Schulforschungsteil vorgestellt und reflektiert werden. Die Abschlussprüfung erfolgt in universitärer Verantwortung.

In *Schleswig-Holstein* wird mit der Einführung des Praxissemesters in Flensburg im Herbst 2014 begonnen – die Standorte Kiel und Lübeck folgen. Die Universität verantwortet das Praxissemester, ein Teil der Begleitung wird durch das IQSH (Institut für Qualitätsentwicklung an Schulen Schleswig-Holstein), in dem die Studienseminare gebündelt sind, geleistet. Das Praxissemester wird in Kooperation mit den Schulen durchgeführt. Das Flensburger Praxissemester findet als Studienelement im 3. Semester des Masterstudiums statt und wird durch Veranstaltungen aus der Schulpädagogik und den beiden Studienfächern begleitet. Die Forschungsarbeit wird als einzige Leistung bewertet.

In *Hessen* wird das Praxissemester ab dem Wintersemester 2015/16 an mehreren Standorten und jeweils bezogen auf unterschiedliche Lehrämter in einem Modellversuch erprobt. Dort wird es, ähnlich wie schon seit Jahren am *Standort Jena* (Thüringen) (vgl. Kleinespel 2014), aber im Gegensatz zu den bisher genannten Konzeptionen bereits in einer frühen Phase des Studiums (3./4. Semester) stattfinden. Zudem ist es in den weiterhin bestehenden grundständigen Staatsexamensstudiengang eingebunden. Anders als beispielsweise in Bremen und Nordrhein-Westfalen baut das Praxissemester in Hessen nicht auf vorausgehenden kürzeren Praxisphasen auf, sondern es soll diese komplett ersetzen. Die Studienseminare werden nicht in die Begleitung der Studierenden involviert sein.

Zur Weiterarbeit:
Wie sieht's bei Ihnen aus mit der Zuständigkeit?
Schauen Sie doch mal in die Praxissemesterkonzeption an Ihrem Standort.

- In welcher Phase des Studiums findet das Praxissemester statt und welche Ziele stehen primär im Vordergrund?
- Wie ist es in die modulare Struktur oder den Lehrplan eingebettet?
- Welcher Akteur (Universität, Schule, gegebenenfalls Studienseminar) ist mit welchen Aufgaben zuständig für Ihre Betreuung?

Zum Weiterlesen: Wie werden Studierende von den Schulen betreut?
Neben Universität und Studienseminar spielen natürlich auch die Schulen eine wichtige Rolle in der Begleitung, Betreuung und Beratung der Studierenden im Praxissemester. Die Unterstützungsangebote der Schulen werden in Kapitel 4 näher beleuchtet. Hier in Kapitel 3 geht es zur Verdeutlichung der theoretischen Einbettung ausschließlich um die Vorbereitung und Begleitung durch Universität und Studienseminar.

3.2.1 Betreuung durch die Universität

Das Praxissemester wird idealerweise im Sinne einer universitären Einbettung durch die Universität vorbereitet, begleitet und nachbereitet. Dies kann auf un-

terschiedliche Weise geschehen: in Form von Veranstaltungen, Einzel- oder Klein-
gruppenberatungen, angeleiteten Peer Learning Acitivities oder Blended Learning.
Diese Formate der universitären Betreuung sind nicht ausschließend, sondern können kombiniert angeboten werden.

Überblick

Die Universität trägt in aller Regel die Gesamtverantwortung für das Studienelement Praxissemester. Wenngleich es hier natürlich Variationen in den einzelnen
Konzeptionen gibt, können die Zuständigkeiten und Aufgaben folgendermaßen
auf den Punkt gebracht werden:

- Konzipierung und curriculare Einbettung des Praxissemesters als Studienelement,
- Anbahnung der Kooperation mit den anderen beteiligten Institutionen sowie
  Aufbau und Bereitstellung entsprechender Voraussetzungen und Strukturen,
- Vorbereitung der Studierenden auf das Praxissemester, meist in den gewählten
  Kombinationen der Unterrichtsfächer und in den Bildungswissenschaften,
- Begleitangebote in Form von Begleitveranstaltungen und/oder Beratung der Stu-
  dierenden in der Schule,
- Unterstützung der Reflexion der im Praxissemester gemachten Erfahrungen,
- Betreuung sowie Abnahme von Studienleistungen, Abschlussberichten und Prü-
  fungen,
- Eröffnung vielfältiger Unterstützungsangebote: Information und Beratung (so-
  wohl überfachlich als auch fachlich), Sprechstunden, Anleitung von Peer Learning und Portfolioarbeit etc. (→ Kapitel 4).

 Zur Weiterarbeit: Wie bekomme ich einen Praktikumsplatz?
Die Praktikumsplätze für das Praxissemester an den Schulen der Region werden
zumeist nicht individuell von den Studierenden eingeworben, sondern in einem
zentralen Verfahren durch die Zentren für Lehrerbildung bzw. Professional Schools of Education vergeben. Die zentralen Vergabeverfahren arbeiten mit festen Terminen und Fristen.
Erkundigen Sie sich frühzeitig, wo Sie sich an Ihrem Universitätsstandort anmelden können
und welche Fristen und Formalia dabei einzuhalten sind.

Inhaltlich sind die Lehrenden aus der Universität zuständig für die Unterstützung
einer gelingenden wechselseitigen ‚Verknüpfung' von Theorie und Praxis. Ein besonderes Herzstück der universitären Betreuung liegt in der Förderung und Vorbereitung Forschenden Lernens – zumindest in jenen Fällen, in denen dies grundle-
gender Bestandteil der Praxissemesterkonzeption ist. Hier werden die Studierenden
bei der Vorbereitung, Durchführung und Reflexion ihrer Forschungsvorhaben in
vielfältiger Form unterstützt (→ Kapitel 6). Durch die Betonung einer forschungs-

orientierten Annäherung an die schulische Praxis wird intendiert, dass das Praxissemester zur Professionalisierung der Studierenden beiträgt.

Vorbereitung

Oftmals geht dem Praxissemester ein vorbereitendes Semester voraus. Hier werden die Studierenden durch bildungswissenschaftliche und fachdidaktische Seminare auf das Praxissemester vorbereitet. In ihnen sollten inhaltliche und methodenbezogene Grundlagen für die unterschiedlichen Anforderungen im Praxissemester geschaffen werden. Es ist möglich, dass – sofern mit Universität und Studienseminar zwei Institutionen an der Vorbereitung beteiligt sind – diese auch je unterschiedliche Schwerpunkte wählen. Beispielsweise kann die Universität vordringlich die studentischen Forschungsvorhaben anbahnen, während die Studienseminare eher das unterrichtliche Handeln im Praxissemester fokussieren. Die Aufgabenverteilung kann je nach Standort und Konzeption, aber auch je nach den inhaltlichen Schwerpunkten der betreuenden Lehrenden, selbstredend auch ganz anders aussehen.

Zur Weiterarbeit:
Do it yourself! – Selbststudium anknüpfend an die Vorbereitung
Welche Inhalte der universitären Vorbereitung sind bzw. waren neu für Sie? Welche Inhalte wollen Sie im Selbststudium vertiefen? Ist es eventuell sinnvoll, sich von den Lehrenden zur Auswahl der Materialien für das Selbststudium beraten zu lassen?

Begleitung

Während des Praxissemesters findet in vielen Konzeptionen eine Betreuung in Form von Begleitveranstaltungen und Beratungsgesprächen statt. So kann zum Beispiel ein Tag pro Woche als sogenannter Studientag reserviert sein, an dem die Studierenden nicht in die Schule gehen. Ebenso wie die vorbereitenden Elemente werden auch die universitären Begleitangebote häufig sowohl in den Bildungswissenschaften als auch den Fachdidaktiken angeboten. Teilweise finden sie in enger Zusammenarbeit oder zumindest in Abstimmung mit Akteuren der zweiten Phase und/oder den Lehrkräften an den Schulen statt.

Zum Beispiel: Praxissemestererfahrungen zum Thema machen
In der fünften Woche des Praxissemesters haben Jannik und Alina zusammen eine Unterrichtsstunde in ihrem Unterrichtsfach Mathematik gestaltet. Dabei wurden sie gefilmt. Für das universitäre Begleitseminar haben sie kurze Filmsequenzen zu Schlüsselszenen ausgewählt, die sie zum Gegenstand der Beratung machen möchten. Inhaltlich geht es um das Erklären eines Lösungswegs für ein mathematisches Problem und die darauf folgende Umsetzung durch die SchülerInnen. Zunächst dürfen sie selbst Stellung beziehen, danach geben ihre Mitstudierenden und die Dozentin ein Feedback.

Jonas berichtet von einer problematischen Situation auf dem Pausenhof. In einem gewalttätigen Konflikt zwischen zwei Schülerinnen musste er intervenieren, wurde danach allerdings von der eigentlichen Pausenaufsicht gerügt, dass er nicht entschiedener und mit Erfolg den Streit schlichten konnte. Er stellt diese Situation im Begleitseminar zur Diskussion und holt sich eine Absicherung zu seiner Rolle als Praktikant.

Luna schließlich präsentiert ihr aktualisiertes Untersuchungsdesign und berichtet vom Stand der Vorbereitungen ihres Forschungsvorhabens. Die Erhebungen sollen in der nächsten Woche beginnen. Durch Fragen und Kommentare der Mitstudierenden merkt sie, dass sie an ihrem Interviewleitfaden noch kleine Änderungen vornehmen muss und dass sie die Anzahl der InterviewpartnerInnen um die Hälfte reduzieren sollte.

In Abhängigkeit von den vorhandenen Ressourcen und nach Absprache ist mancherorts auch eine Beratung der Studierenden durch Lehrende der Universität an den Praktikumsschulen vor Ort möglich. Wahrscheinlich ist auch für den schulischen Teil mit einer großen Bandbreite an Betreuungsformaten zu rechnen.

Abschluss und Reflexion

Gegen Ende oder nach Abschluss der Praxisphase steht vielerorts die abschließende Reflexion der Erfahrungen im Vordergrund. Sie kann vielgestaltig ausfallen in Form von Beratungsgesprächen, Einzel- oder Gruppengesprächen, Seminarsitzungen, E-Portfolio, fachübergreifenden Reflexionstagen etc.

Die abschließenden Sitzungen können auch dazu genutzt werden, um Lernprozesse und Ergebnisse der Forschungsvorhaben vorzustellen und gemeinsam mit Peers und Lehrenden zu reflektieren.

Zum Beispiel: Reflexionsseminar im Fach Deutsch

Im Praxissemester waren die Studierenden im Unterricht tätig, haben erste Unterrichtsphasen, Unterrichtsstunden oder Unterrichtssequenzen geplant, umgesetzt und ausgewertet (→ Kapitel 7). Für die abschließende Reflexionssitzung wurden sie beauftragt, eine in diesem Zusammenhang entstandene Unterrichtsskizze mitzubringen und von ihren Erfahrungen mit deren Umsetzung zu berichten. Da im Studienelement Praxissemester nicht die Fähigkeit zum (kompetenten) Unterrichten im Vordergrund stehen sollte, sondern die Wahrnehmung der unterrichtlichen Erfahrungen aus einer erkenntnisgeleiteten Perspektive, spiegelt sich dies auch in der Art der Fragen wider, die im Reflexionsseminar eine Rolle spielen. Diese sind weniger der folgenden Logik verhaftet: Was lief nach Plan, wo waren Abweichungen erforderlich, was hat gut geklappt, welchen Verbesserungsbedarf sehe ich noch? Sondern mehr: Wie habe ich mich im Unterricht in meiner Rolle als zukünftige Lehrkraft erlebt? Welchen Beitrag haben die erlernten theoretischen Ansätze zur Planung und Durchführung des Unterrichts geleistet? Was fehlte noch, mit welchen Themenstellungen oder didaktischen Ansätzen müsste ich mich auf der Folie der Erfahrungen nochmal vertiefend beschäftigen? Welche Fragestellungen kann ich aus der erlebten Praxis zurück mit in mein Studium nehmen? Was nehme ich mir für mich persönlich im Rahmen meiner weiteren berufsbiografischen Entwicklung vor?

Zudem haben einige Studierende ihr studentisches Forschungsvorhaben im Fach Deutsch realisiert und stellen ihren Forschungsprozess und die Ergebnisse ihrer Arbeit vor. Wenngleich einige der Ergebnisse bedeutsam sein können, stehen auch diese hier nicht im Vordergrund, sondern vor allem der persönliche Erkenntnisprozess der Studierenden: Was lerne ich persönlich aus den erhobenen Befunden, was ist *für mich* neu daran? Inwiefern war das Forschungsdesign nützlich, wo haben sich Abweichungen ergeben, mussten Fragestellung oder Methoden angepasst oder erweitert werden? Wie hat es mit der eigenständigen Umsetzung des Forschungsprozesses geklappt?

Das Reflexionsseminar ist als eintägige Blockveranstaltung angelegt. Es beginnt mit einer Gruppenarbeitsphase zu den im Praxissemester gewonnenen Erfahrungen aus erkenntnisgeleiteter Perspektive. Gegebenenfalls stellen einige Studierende im Rahmen von kurzen Präsentationen ihre studentischen Forschungsvorhaben vor. Die oben genannten Fragestellungen stellen eine kleine Auswahl möglicher Leitfragen dar. Im Peer-Austausch wird die eigene Rolle und der eigene Erkenntnisprozess in der entsprechenden Situation reflektiert und kriteriengeleitet ausgewertet.

Das Seminar wird abgeschlossen mit einer materialgestützten Einzelarbeit, um aus den Erfahrungen des Praxissemesters heraus Perspektiven für das weitere Masterstudium zu entwickeln (→ Schlusskapitel) sowie einer Austauschrunde im Plenum.

Der universitären Reflexion geht oft auch schon eine Abschlussreflexion, teilweise auch eine Zwischenbilanzierung am Lernort Schule, voraus. Idealerweise sind Abschluss- und Reflexionselemente auch so konzipiert, dass Akteure aus Universität, Studienseminar und Schule zusammen mit den Studierenden an der Bilanzierung arbeiten.

Auch die Prüfungen, die mit dem Praxissemester bzw. dem berufsfeldbezogenen Studienjahr verbunden sind, fallen in aller Regel in die Abschlussphase. Hier hat jede Universität ihre eigenen Regelungen, über die sich Studierende frühzeitig informieren sollten.

Zur Reflexion: Use what you have –
Planung des weiteren Studiums im Anschluss an die Praxisphase

Nach der Praxisphase an der Schule am liebsten abtauchen und nie wieder über die Zeit nachdenken? Oder sofort wieder in die Schule zurück – was soll man nun noch an der Uni?

Beides klingt erst einmal verlockend und nachvollziehbar. Die systematische Reflexion der Eindrücke und Erfahrungen ermöglicht es, produktiv mit ihnen umzugehen und den eigenen Professionalisierungsprozess voranzutreiben.

So können Sie auch die Erkenntnisse aus den Reflexionsveranstaltungen nutzen, um Ihren weiteren Studienverlauf zu planen. Hier können Ihnen zum Beispiel folgende Fragestellungen hilfreich sein:

- Welche praktischen Erfahrungen möchte ich noch einmal theoretisch vertiefen?
- An welchen Stellen fehlte mir theoretisches (Hintergrund-)Wissen?
- Wo sehe ich noch eigenen Bedarf in meiner berufsbiografischen Entwicklung?

3.2.2 Betreuung durch das Studienseminar

In manchen Konzeptionen betreut auch das Studienseminar die Studierenden im Praxissemester, in aller Regel *während* der schulischen Praxisphase. Darüber hinaus sind manchmal auch vorbereitende oder einführende Elemente durch die Studienseminare vorgesehen. Unter Umständen arbeiten die Studienseminare auch mit den Universitäten im Rahmen der Vorbereitungsseminare, Begleitangebote und Reflexionselemente zusammen, sodass einiges von dem, was weiter oben beschrieben ist, auch für die Begleitung durch die Studienseminare relevant sein dürfte.

Je nach Konzeption zählen zu den Betreuungsangeboten der Studienseminare Begleitveranstaltungen und Beratungstermine. An einigen Standorten sind auch mit Beginn der Praxisphase eine Einführungswoche bzw. andere geblockte Einführungsveranstaltungen vorgesehen. Idealerweise sind diese Veranstaltungen mit der Universität curricular abgestimmt, eventuell werden sie auch in Kooperation mit Lehrenden der Universität durchgeführt. Praxisberatungen, Besuche im Unterricht und Beratungen zum unterrichtlichen Probehandeln können hinzu kommen. Dies kann in Form von Einzelgesprächen oder Gruppenhospitationen erfolgen. Gegebenenfalls werden unterstützend Videoanalysen eingesetzt.

Das inhaltliche Gewicht der Begleitung durch die Studienseminare liegt vielerorts sicher auf der Unterstützung der Studierenden bei der Planung, Umsetzung und Auswertung des unterrichtlichen Probehandels, also der gemeinsamen oder eigenständigen Gestaltung von Unterricht (→ Kapitel 7). Im Sinne eines Professionalisierungsprozesses ist es wichtig, dass diese unterrichtspraktischen Tätigkeiten immer durch die MentorInnen der Schulen begleitet werden. Zu den unterrichtlichen Erfahrungen gehören auch Instrumente der Leistungsdiagnose und -beurteilung. Ferner können die Studienseminare auch die Auseinandersetzung mit den im Praxissemester gewonnenen Beobachtungen und Erfahrungen, z.B. mit Erziehungsfragen oder Schulentwicklungsthemen, unterstützen.

Wichtig ist die Reflexion und möglichst kooperative Auswertung der Schul- und Unterrichtserfahrungen. Hier können sowohl die Fachleitungen der Studienseminare als auch die Lehrkräfte der Schulen, meist in Kooperation, zuständig sein. Gegebenenfalls sind an diesen Reflexions- oder Bilanzierungsgesprächen in der Schule auch die Lehrenden aus der Universität beteiligt.

Zum Beispiel: Studienseminare unterstützen die Reflexion
In Nordrhein-Westfalen erfolgt die Reflexion in Form eines sogenannten *Bilanz- und Perspektivgesprächs* in den letzten Wochen des Praxissemesters. Beteiligt sind die begleitenden Akteure aus Studienseminar, Schule und gegebenenfalls Universität. Ein wichtiges, diesen Gesprächen zugrundeliegendes Instrument ist das Portfolio, welches in Kapitel 4 dieses Studienbuches näher beschrieben wird.

3.2.3 Orientierung verschaffen – aber wie?

Damit das hier Beschriebene nicht nur zufällig den Lernprozess der Studierenden im Praxissemester prägt, macht es Sinn, sich von Anfang an mit den Zuständigkeiten und verschiedenen Unterstützungsangeboten der Akteure aus Universität, Studienseminar und Schule auseinander zu setzen.

 Zur Weiterarbeit: Unterstützung optimal nutzen
Um Unterstützungsangebote optimal nutzen zu können, gilt es, sich zunächst zu orientieren. Folgende Leitfragen können Ihnen dabei helfen:

Welche Art von Hilfestellung bieten mir …

- MitarbeiterInnen aus den Zentren für Lehrerbildung bzw. den Professional Schools of Education für die Vermittlung von Praktikumsplätzen sowie für fachübergreifende Information und Beratung?
- Lehrende der Universität in der Vorbereitung, Begleitung und Reflexion des Praxissemesters?
- Fachleitungen der Studienseminare in der Begleitung und Reflexion, eventuell auch in der Vorbereitung des Praxissemesters?

Darüber hinaus:

- Wer ist zuständig für die Prüfung und Benotung des Studienelements Praxissemester?
- Welche Leistungen werden überhaupt benotet: unterrichtliche Aktivitäten, Forschungsvorhaben etc.?
- Welche bewertungsfreien Leistungen müssen bzw. können erbracht werden?
- Welche Art von weiteren Hilfestellungen gibt es: Portfolio, Vorlage für Unterrichtsskizzen, Handreichungen für Forschungsvorhaben etc.

Folgende Quellen können Ihnen bei Ihrer Orientierung im Feld von Nutzen sein:

- Informationsveranstaltungen,
- Beratungstermine,
- Websites, eventuell auch Broschüren, Flyer oder Handreichungen, die Ihnen von den Zentren für Lehrerbildung bzw. Professional Schools oder den Fakultäten zur Verfügung gestellt werden,
- Fachschaften; idealerweise sind VertreterInnen der Studierenden bei der Konzipierung, Planung und Umsetzung des Praxissemesters in sogenannten Fachgruppen oder Fachverbünden beteiligt,
- Modulbeschreibungen, Praktikums- bzw. Praxissemesterordnungen,
- Handreichungen, Instrumente, Vorlagen für Unterrichtsskizzen, Forschungsdesigns o.ä.,
- Grafiken, Poster oder weitere Planungshilfen, die Aufschluss über den Ablauf und die einzelnen Elemente des Praxissemesters geben.

Nach dieser Übersicht über die Institutionen, ihre Aufgaben und die Möglichkeiten der Nutzung ihrer Angebote, wird nun der Fokus darauf gelegt, wie das Praxissemester strukturiert werden kann. Im Folgenden werden Planungshilfen vorgestellt, mit denen die Studierenden aus dem Praxissemester *ihr* Praxissemester machen können.

3.3 Das eigene Studienjahr planen: Was habe ich? Was brauche ich? Was will ich?

Das Praxissemester ist nicht die erste Herausforderung im Laufe des Studiums – und wohl auch nicht die letzte. Aber es stellt besondere Anforderungen an die eigenen Lern- und Arbeitsstrategien: Akteure unterschiedlicher Institutionen haben unterschiedliche Erwartungen, die zu einer hohen Komplexität führen. Zudem ist das Praxissemester zeitlich dicht getaktet durch die Anwesenheitszeiten in der Schule, eine verhältnismäßig starke Betonung der unterrichtspraktischen Tätigkeit und der parallel dazu stattfindenden Arbeit an den studentischen Forschungsvorhaben. Aus diesen Gründen ist es wichtig, sich frühzeitig aktiv mit den eigenen Lern- und Arbeitsstrategien und -routinen auseinanderzusetzen. Dieses Kapitel konzentriert sich im Folgenden auf Möglichkeiten, sich in diesem ‚Dschungel der Anforderungen‘ zurechtzufinden und zu organisieren.

Zur Reflexion: Yes, you can … – Die eigenen Lern- und Arbeitsroutinen
Es kann sinnvoll sein, sich mit den eigenen Lern- und Arbeitsroutinen auseinanderzusetzen. Folgende Fragen können dabei hilfreich sein:

* Welche Lern- und Arbeitsstrategien habe ich im Verlauf meines bisherigen Studiums und vielleicht schon in meiner Schulzeit kennengelernt?
* Welche Strategien nutze ich selbst?
* Wo sehe ich noch Anpassungsbedarf?
* Welchen Aufgaben räume ich höhere Priorität ein? Was schiebe ich auf?

 Zum Weiterlesen: Das weite Feld der Arbeitstechniken
Das weite Feld der Arbeitstechniken im Studium kann hier nicht umfassend behandelt werden. Es gibt aber umfangreiche Literatur zur Arbeits- und Lernorganisation. Beispielhaft genannt seien:

Franck, Norbert/Stary, Joachim (2011): Die Technik wissenschaftlichen Arbeitens. Eine praktische Anleitung. 16. Aufl. Stuttgart.

Boeglin, Martha (2012): Wissenschaftlich arbeiten Schritt für Schritt. Gelassen und effektiv studieren. 2. Aufl. München.

Passig, Kathrin (2008): Dinge geregelt kriegen – ohne einen Funken Selbstdisziplin. Berlin.

Schauen Sie auch nach fachspezifischer Literatur.

Zum Beispiel: Ran an die Tomaten!
Kim nutzt die *Pomodoro*-Technik, um seine Lernzeiten zu strukturieren. Diese Technik ist nach dem tomatenförmigen Küchenwecker benannt. *Pomodori* sind 25-minütige Arbeitsblöcke mit jeweils fünfminütiger Pause. Nach vier *Pomodori* macht Kim eine 20-minütige Pause.

Zu Beginn der Lernzeit schreibt er sich in einem Notizbuch auf, wie viele *Pomodori* er insgesamt schaffen will. Danach teilt er den einzelnen *Pomodori* Aufgaben zu, die im Rahmen von 25 Minuten erledigt werden können. Umfangreichere Aufgaben werden auf mehrere *Pomodori* aufgeteilt.

So sieht dann zum Beispiel ein Arbeitstag aus, der nach der *Pomodoro*-Technik gestaltet ist:
- Arbeitsplanung
- Lektüre des Kapitels „Klassenführung" (vgl. Helmke 2012)
- Fortführung der Lektüre
- Exzerpt der zentralen Thesen des gelesenen Textes
  Pause
- Recherche nach weiteren Texten zum Thema
- Weiterführung der Recherche
- Kopieren von relevanter Literatur

Zum Weiterlesen: Noch mehr Tomaten
Cirillo, Francesco (2013): The Pomodoro Technique. Berlin
Nöteberg, Staffan (2011): Die Pomodoro-Technik in der Praxis. Heidelberg.

3.3.1 Ein Phasenmodell für das Praxissemester

Das Praxissemester ist mehr als die Zeit in der Schule. Die vorbereitenden Elemente sollten ebenso mit in den Blick genommen werden wie die Reflexionsveranstaltungen. Zudem gehören zum Praxissemester auch die Prüfungsanforderungen, die zum Teil erst nach der Zeit in der Schule geleistet werden. Das kann zum Beispiel die schriftliche Ausarbeitung des studentischen Forschungsvorhabens oder eine mündliche Prüfung sein. Ein wichtiger Aspekt bei der Planung des *eigenen* Praxissemesters ist, dass der Rhythmus der Schule vielmals (Ferienzeiten etc.) abweicht vom gewohnten Rhythmus der Universität. Eine Möglichkeit, die Zeitspanne inhaltlich und flexibel zu strukturieren, ist ein Phasenmodell.

Einige Universitäten haben Phasenmodelle für das Praxissemester im Rahmen ihrer konzeptionellen Ausgestaltung erarbeitet.

Die Universität Jena zum Beispiel hat ein Modell entwickelt, das das Praxissemester in drei Phasen einteilt:

- Einführungsphase,
- Unterrichtsphase und
- Diagnose- und Evaluationsphase.

Abb. 3.2: Phasenmodell der Universität Jena

Ein weiteres Beispiel für ein Phasenmodell hat die Universität Bielefeld erstellt. Es unterteilt die fünfmonatige Praxisphase an der Schule in drei Phasen:

- Einführungsphase,
- Kernphase und
- Abschlussphase.

Dieses Modell nimmt das Praxissemester im Kontext eines berufsfeldbezogenen Studienjahrs in den Blick und bildet so zusätzlich eine Vorbereitungs- und eine Nachbereitungsphase der eigentlichen Praxisphase mit den entsprechenden Veranstaltungen und Prüfungen ab.

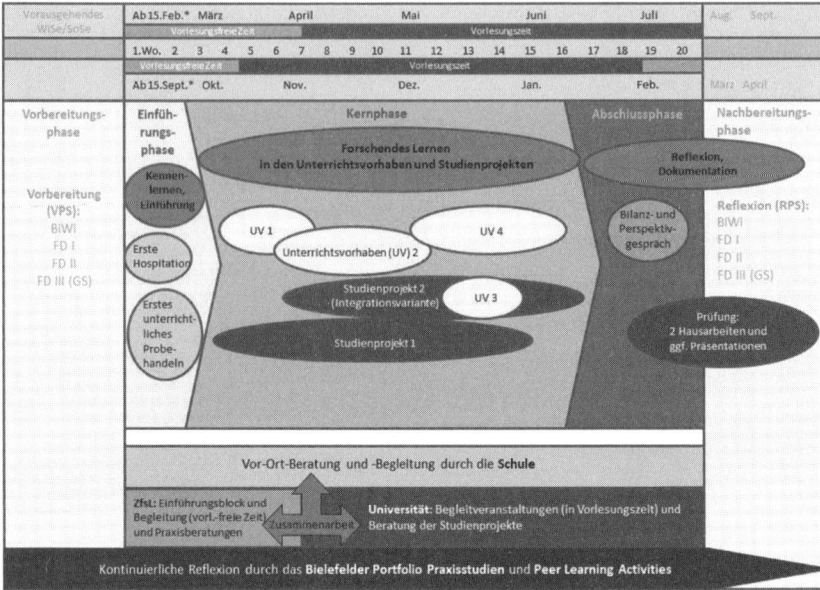

Abb. 3.3: Phasenmodell der Universität Bielefeld

Die Phasenmodelle bilden neben der zeitlichen Verortung der Tätigkeiten am Lernort Schule auch die Begleitung durch die Akteure Universität, Studienseminar und Schule ab.

Phasenmodelle haben den Vorteil, dass sie durch die Phasierung inhaltliche Sinnabschnitte setzen. Zudem ermöglichen sie die Darstellung von gleichzeitigen Abläufen. Nachteilig an Phasenmodellen ist hingegen, dass sie sehr komplex und die Informationen sehr verdichtet sind. Sie erschließen sich so nicht unbedingt auf den ersten Blick.

Zur Weiterarbeit:
Es ist alles nur eine Phase – Das eigene Phasenmodell
Recherchieren Sie, ob es an Ihrer Universität bereits ein Phasenmodell zum Praxissemester gibt. Dies kann als Grundlage für Ihr eigenes Phasenmodell dienen. Erstellen Sie auf Basis der bisher gesammelten Informationen zum Praxissemester an Ihrem Standort ein individuelles Phasenmodell.

Vorbereitung	Praxisphase	Abschluss
Tragen Sie hier die betreffenden Monate ein		
Tragen Sie hier die entsprechenden Vorbereitungselemente wie Seminare etc. ein	Planen Sie hier die Tätigkeiten in der Schule wie Unterrichtsvorhaben und studentische Forschungsvorhaben	Tragen Sie hier die Reflexionsveranstaltungen, -gespräche etc. ein
	Tragen Sie die entsprechenden Begleitveranstaltungen ein	Tragen Sie hier die zu erbringenden Prüfungsleistungen ein

Abb. 3.4: Phasenmodell zum Ausfüllen

3.3.2 Weitere Strukturierungsmöglichkeiten

Neben einem Phasenmodell gibt es weitere Möglichkeiten, das umfang- und anforderungsreiche ‚Großprojekt Praxissemester' zu untergliedern. Im Folgenden sollen beispielhaft zwei Möglichkeiten der persönlichen Planung vorgestellt werden:

• Tabelle und
• Mind Map.

Auch diese Modelle haben, ähnlich wie das Phasenmodell, unterschiedliche Stärken und Schwächen. Deshalb sind sie nicht als sich ausschließende Techniken zu betrachten, sondern sie können sich ergänzen und je nach individuellen Bedürfnissen und Lerntyp verwendet und abgewandelt werden.

Zur Weiterarbeit: Alles im Blick
Sie können Ihre Tabelle, Mind Map oder Ihr Phasenmodell in entsprechender Größe auch an Ihrem Schreibtisch aufhängen und als Metaplanwand benutzen. So können Sie mit farbigen Karten, Beschriftungen und Klebezetteln arbeiten und bei entsprechendem Platz auch Kopien o.ä. anpinnen.

Tabelle

Eine Tabelle zur Arbeitsplanung kann zum Beispiel so aussehen:

Phase	Zeit-planung	Anforderungen	To do	Weitere Klärungsbedarfe
Vorbereitung	Oktober bis Februar	• Besuch der Vorbereitungsseminare in Bildungswissenschaften und meinen zwei Unterrichtsfächern	• Auseinandersetzung mit quantitativen Forschungsmethoden • Einlesen zu Unterrichtsmethoden	• Abstimmung mit meiner Chefin (Nebenjob)
Praxisphase insgesamt	Februar bis Juli	• 4 Unterrichtsvorhaben • 2 studentische Forschungsvorhaben • 70 Stunden Unterricht unter Begleitung • …	…	• Welche Lehrenden betreuen meine Forschungsvorhaben?
Beginn meiner Praxisphase	Februar	• Hospitation	…	…
…	…	…	…	…
…	…	…	…	…
Abschluss der Praxisphase	…	…	…	…
Reflexion	…	…	…	• Weitere Studienplanung

Abb. 3.5: Tabelle zur Arbeitsplanung im Praxissemester

Die Strukturierung des Praxissemesters in Form von Tabellen ist sehr übersichtlich. Eine Tabelle bildet eine feste Struktur, in der unterschiedliche Aspekte gebündelt werden können. Der Nachteil einer tabellarischen Übersicht kann sein, dass sie visuell eine recht strenge Abfolge nahelegt und Gleichzeitigkeit kaum adäquat abbilden kann.

Zur Weiterarbeit: Die eigene Tabelle
Erstellen Sie eine eigene Tabelle, in der Sie zum Beispiel die Anforderungen, den zeitlichen Rahmen und Ihre persönlichen Ziele abbilden.

Phase	Zeit-planung	Anforderungen	To do	Weitere Klärungsbedarfe

Abb. 3.6: Die eigene Tabelle zur Arbeitsplanung im Praxissemester

Mind Map

Eine Mind Map zur Arbeitsplanung hebt anders als eine Tabelle Linearität visuell auf. In einer Mind Map können verschiedene inhaltliche Schwerpunkte parallel dargestellt und gegebenenfalls durch Pfeile, Ergänzungen etc. miteinander verknüpft werden. Zudem ist sie an jeder Stelle beliebig erweiterbar.

Zum Beispiel:

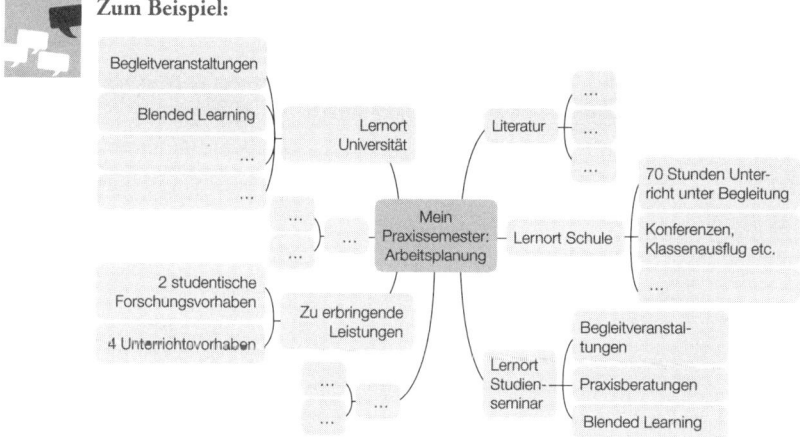

Abb. 3.7: Mind Map zur Arbeitsplanung im Praxissemester

Zur Weiterarbeit:
Gebündelt in Form einer Mind Map
Erstellen Sie eine eigene Mind Map für Ihr Praxissemester.

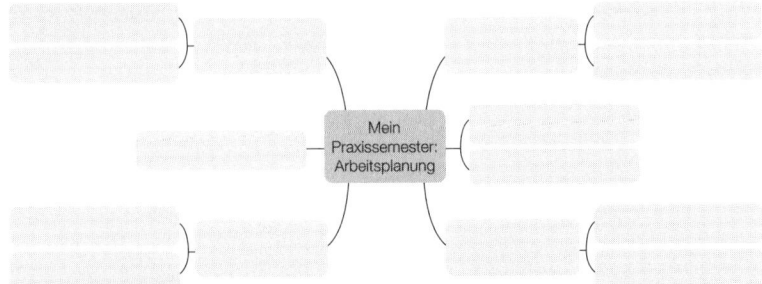

Abb. 3.8: Die eigene Mind Map zur Arbeitsplanung im Praxissemester

Zeitliche Abläufe bildet eine Mind Map nicht ohne Weiteres ab. Sie eignet sich eher, um die unterschiedlichen mit dem Praxissemester verbundenen Themen und Anforderungen gebündelt zu sammeln, darzustellen und Querverbindungen transparent und unmittelbar sichtbar zu machen.

Zum Weiterlesen: Let's mindmap!
Unterschiedliche Bücher beschäftigen sich mit den Möglichkeiten, Gestaltungsformen und Einsatzgebieten von Mind Maps und können so Anregungen für die eigene Arbeit mit Mind Maps geben.

Hertlein, Margit (2001): Mind Mapping – die kreative Arbeitstechnik. Spielerisch lernen und organisieren. 4. Aufl. Reinbek bei Hamburg.

Müller, Horst (2013): Mind Mapping. 4. Aufl. Planegg/München.

Nückles, Matthias/Gurlitt, Johannes/Pabst, Tobias/Renkl, Alexander (2004): Mind Maps & Concept Maps. Visualisieren, organisieren, kommunizieren. München.

An vielen Universitäten gibt es zudem Workshops und Kursangebote zum Einsatz von Visualisierungen im eigenen Lern- und Arbeitsprozess.

Zwischenruf: Mach nur einen Plan…

Ja, mach nur einen Plan
Sei nur ein großes Licht
Und mach dann noch 'nen zweiten Plan
Gehn tun sie beide nicht.

Bertolt Brecht: Die Dreigroschenoper

Pläne sollen unterstützend wirken, Ihnen helfen, Anforderungen und Ziele im Auge zu behalten und eine realistische Zeitperspektive zu entwickeln. Pläne sind allerdings kein Selbstzweck und man ist nicht verpflichtet, ihnen ‚sklavisch' zu folgen. Ergänzen, erweitern, überarbeiten und streichen Sie, wo es nötig und sinnvoll ist!

Blick zurück nach vorn:
Zwischenfazit und Ausblick auf Kapitel 4

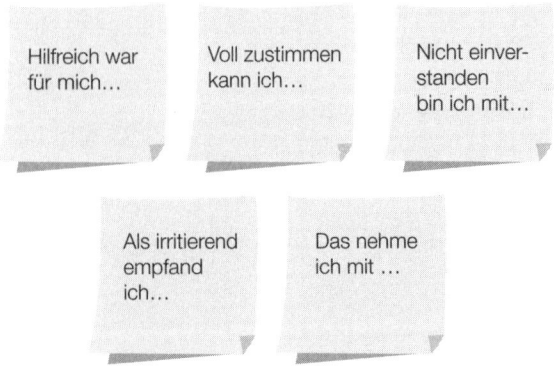

Wer den Begriff *Praxissemester* hört, denkt erst einmal an die ‚heiße Phase' in der Schule. Diese Praxisphase ist aber nur *ein Teil* des Praxissemesters. Das Praxissemester als Studienelement beginnt bereits vor der eigentlichen Praxisphase mit der Vorbereitung in der Universität durch fachdidaktische und bildungswissenschaftliche Veranstaltungen. Und auch in der Zeit in der Schule sind die Studierenden nicht auf sich allein gestellt, sondern werden von der Universität, den Studienseminaren und der Schule in unterschiedlicher Form begleitet. Das Wahrnehmen der unterschiedlichen Angebote kann zu einem guten Gelingen des Praxissemesters beitragen und die Professionalitätsentwicklung der Lehramtsstudierenden fördern.

Nach so vielen Vorüberlegungen geht es nun aber *Ran an den Ball*. Das folgende Kapitel 4 zeigt vielfältige Unterstützungs- und Reflexionsmöglichkeiten im Praxissemester auf.

Literatur

Helmke, Andreas (2012): Unterrichtsqualität und Lehrerprofessionalität. Diagnose, Evaluation und Verbesserung des Unterrichts, 4. überarb. Aufl., Seelze.

Kleinespel, Karin (Hg.) (2014): Ein Praxissemester in der Lehrerbildung – Konzepte, Befunde und Entwicklungsperspektiven am Beispiel des Jenaer Modells. Bad Heilbrunn.

Weyland, Ulrike (2012): Expertise zu den Praxisphasen in der Lehrerbildung in den Bundesländern. Landesinstitut für Lehrerbildung und Schulentwicklung. Hamburg.

Nicole Valdorf, Volker Schwier und Renate Schüssler

4 You'll never walk alone –
Unterstützung und Reflexion im Praxissemester

You'll never walk alone: das gilt – übrigens ganz unabhängig davon, wie man zur vermeintlich schönsten Nebensache der Welt steht auch für das Praxissemester.
So wird es in diesem Kapitel um vielfältige Angebote der Unterstützung und Reflexion *während* des Praxissemesters gehen.
Anknüpfend an die in Kapitel 3 beschriebenen Vorbereitungs- und Begleitangebote der Universität und der Studienseminare wird in diesem Kapitel zunächst das Augenmerk auf die Begleitung durch schulische Akteure gelenkt. Im Blick sind hier jene Personen an den Praktikumsschulen, die die Studierenden betreuen, unterstützen und beraten. Außerdem geht es um die gegenseitige Unterstützung unter Studierenden in Form von Peer Learning Activities. Näher eingegangen wird auch auf die Portfolioarbeit im Praxissemester, die helfen soll, die eigene berufsbiografische Kompetenzentwicklung fortlaufend zu reflektieren – nicht ohne auch einen kritischen Blick auf solche Formen der *Selbsttechniken* (Foucault) zu werfen. Gerade an den Nahtstellen von Theorie und Praxis und somit rund um die schulischen Praxisphasen wird immer wieder die Frage aufgeworfen, in welcher Phase des eigenen Professionalisierungsprozesses man sich gerade befindet. Deswegen geht das Kapitel abschließend auf Beratungsangebote zur individuellen Kompetenzentwicklung von Studierenden ein.

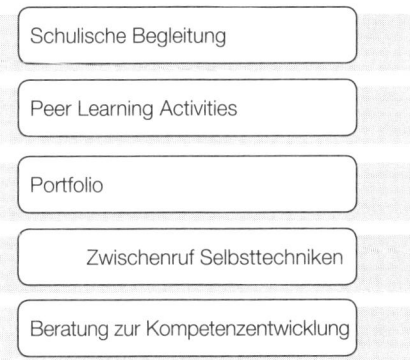

Schulische Begleitung

Peer Learning Activities

Portfolio

Zwischenruf Selbsttechniken

Beratung zur Kompetenzentwicklung

Abb. 4.1: Überblick über Kapitel 4

4.1 Begleitung durch die Schule

Den schulischen Akteuren kommt eine ganz besondere Rolle bei der Begleitung und Betreuung von Studierenden während des Praxissemesters zu. Dabei ist die Schule nicht als homogener Block einheitlich denkender und handelnder Lehrkräfte zu betrachten, sondern sie setzt sich zusammen aus vielen verschiedenen Individuen, die in der Organisation Schule unterschiedliche Funktionen und Aufgaben übernehmen und ausgestalten. Besonders relevant für Studierende im Praxissemester sind dabei wohl:

- die MentorInnen in den jeweiligen Unterrichtsfächern,
- die Praktikumsbeauftragten und
- die Schulleitungen.

Je nach Situation und Anforderung im Praxissemester können darüber hinaus auch noch weitere Beschäftigte für die Studierenden von Bedeutung sein (z.B. Beschäftigte im Ganztag, in der Schulsozialarbeit, im Sekretariat, in der Schulcafeteria oder in der Hausmeisterei).

 Zur Weiterarbeit: Die Lehrkräfte beim Namen nennen
Je nach Bundesland und Universitätsstandort gibt es variierende Bezeichnungen für die hier beschriebenen Personengruppen.

Machen Sie sich schlau:
Welche Bezeichnungen sind an Ihrem Universitätsstandort üblich für

- die Lehrkräfte, die Studierende im Unterricht betreuen, also zum Beispiel MentorInnen, Betreuungslehrkräfte, fachliche MentorInnen, Besuchsschullehrkräfte, Praktikumsbegleitende Lehrkräfte etc.? In diesem Studienbuch wird die Bezeichnung *MentorInnen* benutzt.
- die Lehrkräfte, die bezüglich der Betreuung von Studierenden koordinierend tätig sind, also zum Beispiel Praktikums- oder Ausbildungsbeauftragte, PraktikumskoordinatorInnen etc.? In diesem Studienbuch wird die Bezeichnung *Praktikumsbeauftragte* benutzt.

Gedanklich können Sie nun in den folgenden Ausführungen die an Ihrem Universitätsstandort gebräuchlichen Begrifflichkeiten einsetzen.

MentorInnen in den Unterrichtsfächern

Bei den MentorInnen handelt es sich um jene Lehrkräfte, die die Studierenden im Unterricht begleiten – und die ihrerseits wiederum von den Studierenden begleitet werden. Da sich der Großteil der schulischen Praxisphase des Praxissemesters im Fachunterricht abspielt, sind es an der Institution Schule gerade die MentorInnen in den Unterrichtsfächern, die entscheidenden Einfluss auf die inhaltliche Ausgestaltung des Praxissemesters ausüben. Mit ihnen verbringen die Studierenden die meiste Zeit, von ihnen werden sie im (unterrichtlichen) Alltag vornehmlich betreut und unterstützt. Die MentorInnen sind also ‚nah dran' an den Studierenden und spielen so an der Institution Schule eine sehr wichtige beratende Rolle.

Darüber hinaus üben sie eine Vorbildfunktion aus: Lernen am Modell ist auch im Praxissemester ein sicher nicht zu vernachlässigender Wirkmechanismus. Dies bringt Chancen mit sich, weil Studierende im Unterrichts- und Schulalltag vieles am praktischen Beispiel der MentorInnen lernen können. Nützlich für die eigene Professionalisierung kann dies dann sein, wenn die Studierenden ihre strukturierten oder unstrukturierten Beobachtungen auf der Folie ihres bis dahin erworbenen allgemein- und fachdidaktischen Wissens einordnen und reflektieren und dazu mit den Lehrkräften und Mitstudierenden immer wieder ins Gespräch kommen. Gleichzeitig birgt dieses Abbild-Lernen auch Schwierigkeiten. So hat eine Evaluation des früheren Halbjahrespraktikums in Bremen ergeben, dass sich Studierende möglicherweise auch an weniger günstigen Vorbildern orientieren:

> „Denn es kann sein, dass die Studierenden – eine längere Zeit in die Alltagsroutine gestellt und unter Druck, unter den vorfindlichen Bedingungen zu funktionieren – sich an Beispielen weitgehend frontal erteilten Unterrichts orientieren und die an der Universität behandelten innovativen Methoden als wenig brauchbar, da in der beobachteten Realität nicht gut zu verwenden, auf die Seite schieben" (Hoeltje et al. 2004, 176).

Im Zentrum der Begleitung durch MentorInnen steht die Unterstützung des unterrichtlichen Probehandelns der Studierenden und der damit verbundenen Reflexion. Dazu zählen insbesondere die fachliche und (fach-)didaktische Beratung und die organisatorische Unterstützung bei der Vorbereitung, Durchführung und Nachbereitung von Unterrichtsphasen, Unterrichtsstunden und Unterrichtssequenzen (→ Kapitel 7).

Zur Weiterarbeit: Unterrichtsberatung im Alltag

Im Praxissemester sind je nach Konzeption ein oder mehrere Beratungstermine, beispielsweise zu den Erfahrungen im Unterricht, vorgesehen. Hier sind in der Regel Ihre MentorInnen beteiligt, gegebenenfalls ergänzt durch Fachleitungen aus dem Studienseminar bzw. Lehrende aus der Universität.

Trotzdem macht es Sinn, nicht allein auf die vorgesehenen Beratungstermine zu setzen, sondern das Gespräch zum eigenen Unterricht in kleinen Häppchen in den Alltag zu integrieren. Auch 5–10 Minuten können schon hilfreich sein, nicht um Unterrichtsskizzen umfassend zu besprechen, sondern um sich zu konkreten Gelenkstellen des Unterrichts, zu erlebten Irritationen oder offenen Fragen ersten Rat zu holen. Überlegen Sie sich dafür im Vorfeld:

- Was sind ausgewählte Gelenkstellen Ihres Unterrichts, die Sie besprechen möchten? Beispielsweise kann es dabei um Impulse oder Fragestellungen zur Gestaltung von Übergängen im Unterrichtsverlauf gehen (z.B. vom Einstieg in die Erarbeitungsphase, von der Erarbeitung in die Ergebnissicherung).
- Was beschäftigt Sie besonders, wo sind Sie sich unsicher?
- Gibt es konkrete Hinweise oder Tipps, die Ihnen die begleitende Lehrkraft angesichts des aktuell durchgeführten Unterrichts geben kann?

Es schadet also nichts, wenn Sie von Zeit zu Zeit aktiv das Gespräch suchen. Sie sollten sich allerdings nicht zurückgesetzt fühlen, wenn es mal nicht passen sollte. Auch Ihre betreuenden Lehrkräfte sind nur Menschen, an die vielfältige Anforderungen nicht selten zeitgleich gerichtet werden. Hilfreich ist sicher auch, wenn Sie sich bei diesen Alltagsgesprächen auf das absolut Wesentliche konzentrieren und wenn Sie versuchen, Ihr Anliegen auf den Punkt zu bringen.

Zum Weiterlesen:
Unterrichten – eine Lernaufgabe im Praxissemester
Anregungen zur Planung, Umsetzung und Auswertung von Unterricht im Praxissemester finden Sie in Kapitel 7 dieses Studienbuches.

Darüber hinaus haben die MentorInnen auch großen Einfluss auf die Umsetzung der studentischen Forschungsvorhaben. Es ist wichtig, dass dafür die notwendigen Spielräume und Voraussetzungen geschaffen werden und ideal, wenn die Studierenden auch in ihren forschenden Tätigkeiten durch ihre MentorInnen unterstützt werden. Dabei kann es zum Beispiel um die Präzisierung der Forschungsfragestellung gehen, die möglicherweise an den vorgefundenen Schul- oder Unterrichtskontext angepasst werden muss. Gegenstand dieser Forschungsfragestellung kann sowohl der eigene Unterricht der Studierenden als auch jener von Peers oder MentorInnen sein.

Praktikumsbeauftragte

Bei den Lehrkräften, die an den Schulen koordinierend oder übergreifend zuständig sind für Ausbildungsfragen, laufen die Fäden zusammen. Als Praktikumsbeauftragte fungieren sie als zentrale Ansprechpersonen für die Studierenden über das gesamte Praxissemester hinweg.
So sind die Praktikumsbeauftragten meist zuständig für:
- die Einführung in die Besonderheiten der jeweiligen Schule (Schulprofil, Schulprogramm, Organisationsaspekte, wechselseitige Vorstellung von Studierenden und Kollegium, Inklusion, Ganztag etc.),
- die Fächer- und Klassenzuordnung,
- das Ermöglichen von Peer Learning,
- die Motivation zur Portfolioarbeit und
- überfachliches Feedback, Beratung und Bilanzierung.

Zum Weiterlesen: Der begleitete Einstieg in die Schule
In Kapitel 5 dieses Studienbuches können Sie eine Vorstellung davon bekommen, wie Ihnen Praktikumsbeauftragte und andere schulische Betreuungslehrkräfte den Einstieg in die Schule erleichtern können.

Bei der Planung und Umsetzung studentischer Forschungsvorhaben, die sich nicht direkt auf den Unterricht beziehen, wie zum Beispiel Projekte zu Schulentwicklungsfragen, zum Ganztagsprogramm, zu besonderen Profilschwerpunkten der Schule oder zu Teamentwicklungsfragen, können die Praktikumsbeauftragten eine wichtige Rolle spielen: was ist an der Schule dabei zu beachten, wer ist wie einzubeziehen, welche Anliegen eignen sich überhaupt als thematische Schwerpunkte etc.?

Die Praktikumsbeauftragten fungieren darüber hinaus als kommunikative Schnittstelle zur Schulleitung und in Richtung der außerschulischen Akteure aus Studienseminar und Universität. Ferner sind sie in Absprache mit der Schulleitung in aller Regel erste Anlaufstelle, wenn (schwerwiegende) Konflikte oder Krisen auftreten.

Schulleitung

Im Rahmen ihrer Gesamtverantwortung für die Schule, die Zusammenarbeit im Kollegium, die Steuerung von Schulentwicklungsprozessen und die Umsetzung bildungspolitischer Vorgaben hat die Schulleitung zumeist einen erheblichen Einfluss auf das schulische Klima und die Qualität der schulischen Arbeit. Sie muss u.a. Überblick über die organisatorischen Abläufe, die Erwartungen im Rahmen der Lehrerausbildung und über die pädagogische Arbeit an ihrer Schule haben – und in diesem Zusammenhang auch über viele Belange, die die Studierenden betreffen. Je nach Größe und Organisationsform der Schule kann die Schulleitung aus einer einzelnen Person (und Stellvertretung) bestehen oder auch weiter ausdifferenziert sein (z.B. Didaktische Leitung oder Jahrgangsstufenleitung). Über studentische Forschungsvorhaben muss die Schulleitung immer informiert sein und deswegen frühzeitig direkt von den Studierenden selbst oder indirekt über die Praktikumsbeauftragten konsultiert werden. Sie hat auch einen erheblichen Einfluss darauf, in welchem Maß ein forschungsoffenes Klima an der Schule ausgeprägt ist und studentische Forschung ermöglicht wird. Zusammen mit den Praktikumsbeauftragten hat die Schulleitung auch eine zentrale Verantwortung für den Fall, dass (schwerwiegende) Probleme oder Krisen auftreten.

Und darüber hinaus …

Beeinflusst wird das Lernen und Erleben im Praxissemester auch von den anderen Beschäftigten der Schule, den SchülerInnen und ihren Familien sowie den Mitstudierenden, die an der gleichen Schule ihr Praxissemester absolvieren. Daneben spielen auch das zwischenmenschliche Klima und der Umgang miteinander, die soziokulturelle Zusammensetzung, die an der Schule maßgeblichen pädagogischen Konzepte, das Schulprogramm und das Schulprofil eine nicht unerhebliche Rolle (→ Kapitel 8). So übt das komplette schulische Umfeld einen Einfluss darauf aus, ob sich die Studierenden an ihrer Praktikumsschule willkommen und wohl fühlen. Und dies hat in aller Regel Implikationen für ihre Wahrnehmung des Praktikums, für Erfolgs- oder Misserfolgserlebnisse und für die damit verknüpften Lerneffekte.

Dabei können Fragen wie die folgenden eine Rolle spielen: Gibt es an der Schule eine spezielle Begrüßungskultur für Neuankömmlinge? Finden Studierende ihren Platz im Lehrerzimmer und auf dem Pausenhof, bei Exkursionen und Ausflügen, in Projektwochen und bei Ganztagsangeboten? Welches Schulklima herrscht vor? Wie ist das Verhältnis zu und zwischen den SchülerInnen? Wie wird mit Heterogenität umgegangen und inwiefern wird Inklusion umgesetzt? Wie sind jene Beschäftigten integriert, die nicht als Lehrkraft tätig sind? Ist Schulentwicklung eine Angelegenheit von Einzelnen oder wird sie im breiten Konsens getragen? Wird das Forschende Lernen an der Schule unterstützt, sind Schulleitung und Kollegium grundsätzlich aufgeschlossen für Aktivitäten Forschenden Lernens?

Diese teils voraussetzungsvollen Fragen sind nicht in ihrer Gesamtheit abprüfbar. Sie haben aber doch einen wichtigen Einfluss auf das Erleben und Lernen im Praxissemester.

Zur Reflexion: Einflüsse des schulischen Umfelds
Fragen Sie sich selbst, welche Einflüsse das schulische Umfeld auf den Verlauf Ihres Praxissemesters ausübt.

- Gibt es die Möglichkeit, solche Fragen zu erörtern, beispielsweise in der Schule selbst mit den Praktikumsbeauftragten oder im Rahmen der Begleitveranstaltungen?
- Vielleicht bietet sich ja die eine oder andere Fragestellung sogar als Ausgangspunkt für mein studentisches Forschungsvorhaben an?

Nach dem Blick auf die unterstützenden Angebote aus der Schule, werden im Folgenden verschiedene Formen des gemeinsamen Lernens unter Peers beleuchtet. Damit eröffnen sich idealerweise weitere Möglichkeiten, um die Herausforderung Praxissemester besser bewältigen zu können.

4.2 Kooperativ und kollegial – Peer Learning im Praxissemester

Auch wenn Bildungsprozesse immer an einzelne Personen gebunden bleiben, tragen nicht nur die Lektüre von Fachliteratur, die Teilnahme an Seminarveranstaltungen oder die Erprobung von Unterrichtsideen dazu bei, die eigene Professionalisierung im Praxissemester voranzutreiben. Einen – zunächst weniger markanten, aber gleichwohl – sehr bedeutsamen Stellenwert können *Peer Learning Activities* einnehmen. Peer Learning Activities, also das Lernen in Gruppen von Studierenden in vergleichbarer (Aus-)Bildungssituation, ermöglichen gemeinsame Lernprozesse untereinander, d.h. auch jenseits der im Ablauf des Praxissemesters vorgesehenen Veranstaltungen an der Universität, im Studienseminar oder an der Praktikumsschule. Denn obgleich Studierende sich in den Veranstaltungen mehr oder weniger regelmäßig wieder treffen, sind die Gespräche und Diskussionen zumeist auf allgemeine und übergreifende Aspekte bezogen und es ist schwer, dabei jeweils den vielfältigen Erfahrungen und Einschätzungen aller Rechnung zu tragen.

Eine der Gefahren, die sich aus den Anforderungen des Praxissemesters ergeben kann, ist die der *Vereinzelung*: Zwar werden Studierende im Praxissemester so manche Hilfestellung und Unterstützung erhalten. Gleichwohl sind feste Bezugsgruppen mit Peers eher die Ausnahme. Dabei können viele Erfolge des Praxissemesters eben auch davon abhängen, inwieweit es gelingt, Ideen mit anderen gemeinsam zu entwickeln und zu erproben oder eigenes Handeln aus der Perspektive grundsätzlich vertrauenswürdiger, wohlmeinender Anderer gespiegelt zu bekommen. Ebenso ist es wichtig, jemanden zu treffen, der in vergleichbarer Situation ein offenes Ohr hat und von ähnlichen oder eben ganz anderen Erfahrungen berichten kann.

Zum Weiterlesen: Pieces of Peer Learning
Veröffentlichungen zum Peer Learning beziehen sich oftmals auf Gruppen von ‚Gleichaltrigen' und im Blickpunkt stehen dabei besonders Kinder und Jugendliche. Eine Übertragung auf die Situation und Anforderungen im Praxissemester ist deshalb nötig, aber in vielen Aspekten auch leicht möglich. Beiträge zur Bedeutung des Peer Learning in unterschiedlichen pädagogischen Handlungsfeldern finden sich z.B. in folgenden Sammelbänden:

de Boer, Heike/Deckert-Peaceman, Heike (Hg.) (2009): Kinder in der Schule. Zwischen Gleichaltrigenkultur und schulischer Ordnung. Wiesbaden.

Harring, Marius/Böhm-Kasper, Oliver/Rohlfs, Carsten-Rolf/Palentien, Christian (Hg.) (2010). Freundschaften, Cliquen und Jugendkulturen. Peers als Bildungs- und Sozialisationsinstanzen. Wiesbaden.

Opp, Günther/Teichmann, Jana (Hg.) (2008): Positive Peerkultur. Best Practices in Deutschland. Bad Heilbrunn.

Kritisch-konstruktive Peer-Kultur

Wenn es gelingt, Peer Learning Activities als ein durchgängiges Prinzip in allen Phasen des Praxissemesters zu etablieren, erhöht sich die Chance, Ausmaß und Intensität wechselseitiger Beratungs- und Reflexionsprozesse unter den Studierenden zu erweitern. Als solche können Peer Learning Activities zur Unterstützung des Forschenden Lernens in Unterrichtsprojekten und studentischen Forschungsvorhaben (forschende Grundhaltung, Fähigkeit zur Distanznahme, Reflexivität, Rückmeldekultur, kriteriengeleitete Beobachtungen etc.) beitragen. Potenziale zur Professionalitätsentwicklung begründen sich aus ihrer besonderen Bedeutung für Reflexionsprozesse: Eine kritisch-konstruktive Peer-Kultur kann förderliche Rahmenbedingungen schaffen, um die Entwicklung überindividueller Handlungsfähigkeit in schulischen Praxisfeldern zu unterstützen. Im Zentrum stehen dabei Prozesse der Selbstsozialisation, ein kontinuierlicher Perspektiv- und Rollenwechsel, kooperative Lernprozesse, die gemeinsame Bewältigung von Praxisanforderungen, informeller Kompetenzerwerb und die wechselseitige Akzeptanz, Anerkennung und Unterstützung zwischen den Studierenden.

Ein solcher – nach Möglichkeit regelmäßiger – Austausch unter Peers lässt sich aber weder vorab gezielt planen, noch verbindlich organisieren oder gar verordnen. Dennoch kann er unterstützt und gefördert werden: Zum einen durch die Studierenden selbst, die aktiv Ausschau nach anderen Studierenden halten, zu denen ‚die Chemie' stimmt – auch wenn diese womöglich andere Fächer studieren oder gar an einer anderen Praktikumsschule tätig sind. Zum anderen können auch die Veranstaltenden jeweils Phasen in ihre Lehrveranstaltungen und Begleitangebote integrieren, bei denen Studierende Gelegenheit erhalten, sich kennenzulernen und wechselseitige Erfahrungen auszutauschen.

Je nach Situation, vor allem aber je nach Einstellung und Bereitschaft der Beteiligten ergeben sich Chancen auf Peer Learning Activities, die von Studierenden(-teams) genutzt und gemeinsam ausgestaltet werden können. Die Zusammensetzung der Teams muss *in jedem Fall freiwillig* erfolgen. Für die Motivation ist es hilfreich, wenn sich ein Team aus zwei bis maximal fünf Studierenden zusammensetzt, die nach Möglichkeit an einer Praktikumsschule tätig sind. Wenn Studierende ihr Praxissemester allein an einer Schule absolvieren, ist ebenso eine praktikumsschulübergreifende Teambildung sinnvoll möglich. Zudem besteht – die Bereitschaft der Beteiligten vorausgesetzt – auch die Gelegenheit, an der Praktikumsschule tätige LehramtsanwärterInnen in die Teams zu integrieren.

Zur Weiterarbeit:
Bildet Banden – konkrete Anregungen für Peer Learning Activities
Im Folgenden werden Ideen zur Ausgestaltung Ihrer Peer Learning Activities im Praxissemester vorgestellt. Es handelt sich um Anregungen, die durchaus in Kombination vorstellbar sind. Sie können sie gegebenenfalls auch als Vorarbeiten bzw. Teilelement für die Portfolioarbeit, für Unterrichtsprojekte und/oder studentische Forschungsvorhaben nutzen:

- Im Team können Sie Aspekte des Praxisfeldes Schule als Transkript, podcast, Video etc. dokumentieren (gegebenenfalls vorab die Zustimmung der Beteiligten und/oder der Schulleitung einholen!). Dies können z.B. kurze (!) Unterrichtsphasen, Beratungssituationen, Erfahrungen mit Unterrichtsmaterialien, Beobachtungen von SchülerInnen oder auch Präsentationen aus dem Schulleben sein. In der Folge werden diese gemeinsam analysiert, (schriftlich) reflektiert und können zu einem Gegenstand Forschenden Lernens in Teams werden.
- Sie können verabreden, gegenseitig auf ca. einer halben Druckseite einen konstruktiv-kritischen Kommentar zu ein bis zwei beobachteten oder schriftlichen Unterrichtsskizzen eines oder einer Mitstudierenden zu verfassen.
- Sie können sich als Peers die Aufzeichnungen oder Daten aus den beobachteten Stunden gegenseitig zur Verfügung stellen.
- Sie haben unter Umständen die Möglichkeit, gemeinsam ein studentisches Forschungs-vorhaben zu entwickeln, z.B. zu Fragen der Inklusion, individuellen Förderung oder Schulentwicklung.
- Im Rahmen von (gegebenenfalls gemeinsamen) studentischen Forschungsvorhaben können Sie sich auch gegenseitig beim Unterrichten beobachten und beraten.

Lernen über Fachgrenzen hinweg

Die in der Regel unterschiedlichen (unterrichts-)fachlichen Hintergründe der Studierenden erhöhen in allen Fällen die Chance, schulpraktische Erfahrungen diszi-plinübergreifend zu kommunizieren und unterstützen auch damit den Anspruch, eine forschende (d.h. immer auch fragende, erläuternde, hypothesenentwickelnde, evaluierende etc.) Grundhaltung gegenüber dem Praxisfeld Schule einzunehmen. Peer Learning Activities finden vermutlich nicht ausschließlich in den Praktikums-schulen statt, sondern auch im Café oder an anderen Orten, die eine entspannte, anregende und konstruktive Atmosphäre ausstrahlen. Grundsätzlich ist auch ein Austausch über E-Learning, chat-rooms, soziale Netzwerke und dergleichen vor-stellbar. Die mutmaßliche Vielschichtigkeit und Komplexität der Kommunikati-onssituationen lassen es insgesamt als ratsam erscheinen, davon allenfalls in sehr begrenztem Maße Gebrauch zu machen und vielmehr die Gelegenheiten zur direk-ten face-to-face-Kommunikation zu ergreifen und zu nutzen.

Zur Reflexion: Peer Learning Activities – was bringt's?
Im Idealfall kommt es zur Entstehung sozialer Räume, indem Sie sich zusammen mit an-deren Studierenden durch Peer Learning Activities ein überschaubares und geschütztes Forum mit hoher sozialer Verbindlichkeit schaffen. Sie können es nutzen, etwa um …

- Anregungen auszutauschen,
- Ideen, Planungen, Alternativen zu erproben,
- Konsequenzen und Wirkungen abzuschätzen,
- Überzeugungen zu vertreten und Meinungen auszubilden,
- Unterstützung, Ermutigung und konstruktive Kritik zu erfahren und
- professionsbezogene Beziehungen aufzubauen und auszugestalten.

Im Zentrum können so die wechselseitigen Reflexionen Ihrer professionsbezogenen Erfahrungen im Praxissemester stehen: Sie speisen sich mindestens aus …

- den innerhalb wie außerhalb des Hochschulstudiums erworbenen fachwissenschaftlichen, fachdidaktischen und bildungswissenschaftlichen Fähigkeiten, Fertigkeiten, Wissensbeständen, Einstellungen und Haltungen,
- dem in der Praktikumsschule situativ Erlebten,
- den Anregungen und Rückmeldungen durch die Betreuenden und vor allem
- der (teilweisen) Verantwortungsübernahme für Planung, Steuerung, Ausgestaltung, Evaluation, Anpassung und Reflexion eigener Lernprozesse in weitgehend selbstbestimmten und gleichberechtigten Kommunikations- und Lernarrangements.

Stolpersteine

Im wenig wünschenswerten Fall ist es allerdings ebenso vorstellbar, dass Gruppenprozesse im Rahmen der Peer Learning Activities zur Ausbildung und Dynamisierung von Verhaltensweisen beitragen, die den erwünschten Zielen abträglich sind (z.B. Profilierungs- oder Konkurrenzverhalten, wechselseitiges Hochschaukeln, Mobbing). Es soll nicht verschwiegen werden, dass Peer Learning Activities in dieser Hinsicht auch Probleme und Risiken bergen. Sie sind nicht per se geeignet und auch nicht in jeder Situation und für alle ein probates Mittel, um den Anforderungen des Praxissemesters zu begegnen.

Peer Learning Activities vollziehen sich zumeist als *informelle Kommunikationsprozesse* zwischen den Studierenden und so sind sie dem beobachtenden, dokumentierenden, beratenden Zugriff der begleitenden Akteure aus Schule, Studienseminar und Universität weitgehend entzogen. Auch wenn eben das ihr besonderes Lernpotenzial ausmacht, wird damit zugleich die grundsätzliche Frage nach ihrem möglichen Beitrag an Erfolgen und Misserfolgen der schulischen Praxisphase aufgeworfen. Im Gegensatz dazu kann aber auch das Problem einer *sozialtechnologischen Instrumentalisierung* bedeutsamer sozialer Prozesse zwischen Studierenden bestehen: Wenn die Autonomie ihrer Reflexions- und Handlungsspielräume – durch Vorgaben, Entwicklungsaufgaben, Beobachtung, Bewertung usw. – eher eingeschränkt wird, statt diese auszuweiten. An die Stelle von Lern- und Reflexionsbereitschaft, der Ermutigung zum Erproben eigener Ideen, der gegenseitigen Unterstützung und der grundsätzlichen Offenheit der Studierenden für wechselseitig konstruktive Kritik könnten (latente) Widerstände und die Abwehr gegen entsprechende Zumutungen und eine derartige Überwältigung stehen.

Umso wichtiger ist es, dass Studierende in der Einführungsphase zum Praxissemester sowohl für Chancen und Potenziale, aber eben auch für mögliche Probleme und Risiken von Peer Learning Activities sensibilisiert werden. So können Studierende freiwillig abwägen und entscheiden, ob und – in Absprache mit den jeweiligen PartnerInnen – in welcher Form Peer Learning Activities genutzt und erprobt werden.

Durchaus vorstellbar ist es, einzelne aus den Peer Learning Activities hervorgegangene Ideen zu verschriftlichen und zu dokumentieren. Weil die Studierenden im Praxissemester jedoch ohnehin mit einer Vielzahl an unterschiedlichen Anforderungen konfrontiert werden, scheint es wenig ratsam, noch weitere, zusätzliche Aufgaben zu ergänzen. Ein in den Konzepten einiger Bundesländer bzw. Hochschulstandorte vorgesehenes Portfolio für das Praxissemester kann jedoch eine Möglichkeit darstellen, ohnehin vorgesehene Aufgaben mit den hier vorgeschlagenen Anregungen zur Nutzung von Peer Learning Activities zu verbinden. Je nach Art des Portfolios kann es sich als durchaus geeignet erweisen, Aufzeichnungen mit zu integrieren, die im Rahmen von Peer Learning Activities entstanden sind (→ Kapitel 4.3).

Zur Weiterarbeit: Bildet Banden II –
Weitere Anregungen für Peer Learning Activities
Es gibt mannigfaltige Möglichkeiten, wie Peer Learning Activities im Praxissemester umgesetzt werden können. Als Ergänzung der bereits weiter oben genannten Vorschläge können folgende Ideen dienen:

- Wie wäre es mit einem Essay in Form einer gemeinsam verfassten persönlichen Stellungnahme zu einem für Sie interessanten Aspekt schulischer Praxis. Beziehen kann es sich z.B. auf ein Thema aus den zurückliegenden Peer Learning Activities oder auf professionsbezogene Wünsche oder Vorhaben für Ihre eigene Zukunft (als StudentIn der Masterphase, LehramtsanwärterIn oder Lehrkraft).
- Im Team können Sie eine ca. einseitige Bewertung oder Stellungnahme zu Ihrem gemeinsamen Lernprozess innerhalb der Praxisphase schreiben. Diese können Sie als Grundlage für weitergehende Beratungs-, Bilanzierungs- und Perspektivgespräche mit Ihren MentorInnen nutzen.
- Sie können im Team einen ca. einseitigen ‚Brief an die Nachfolgenden' verfassen, in dem Sie für die Studierenden, die nach Ihnen das Praxissemester absolvieren, Ihre eigenen Erfahrungen und die Bedeutung von Peer Learning Activities im Praxissemester thematisieren.
- Sie können gemeinsam einen Spickzettel für künftige Studierende erstellen. Dafür bietet sich die Form einer *To-Do*-Liste oder einer *Not-To-Do*-Liste an.
- Sie können im Team einzeln und gemeinsam Bilanz ziehen, indem Sie frei assoziieren oder sich auf vorgegebene Kategorien beziehen. Überlegen Sie dabei: Was haben die Peer Learning Activities mir bzw. uns gebracht?
- …

Neben den genannten Möglichkeiten, Unterstützungsangebote durch die schulischen Akteure im Praxissemester sowie durch die Peers zu erhalten, tragen auch die überwiegend *selbstgesteuerten* Aktivitäten der Studierenden dazu bei, schulische Praxisphasen für sich persönlich bedeutungsvoll nutzen zu können. Als ein Beispiel wird im Folgenden das Instrument Portfolio und sein Einsatz im Praxissemester vorgestellt.

4.3 Portfolio als reflexiver Zugang zur Schulpraxis

Vor allem (selbst-)reflexiven Ausbildungselementen wird unterstellt, dass sie die Qualität und Nachhaltigkeit von Schulpraxis und Theorie verknüpfenden Praxisphasen positiv beeinflussen können. So konstatiert Terhart:

> „Insbesondere die selbstkritische, reflektierende Rückwendung auf das eigene Handeln, auf die eigene berufliche Entwicklung ist ein zentraler Motor für die Weiter(!)-Entwicklung professioneller Fähigkeiten" (Terhart 2013, 68).

Ein Instrument, welches in diesem Zusammenhang in den letzten Jahren verstärkt Einzug in die Hochschuldidaktik gefunden hat, ist das *Portfolio*. Mit einem Portfolio sollen dabei vor allem auch die Selbstlernphasen unterstützt werden, die im Studium in der Regel einen großen Raum einnehmen. Ein Studium mit seinen unterschiedlichen Ausbildungsabschnitten erfolgreich zu durchlaufen, hängt nicht unerheblich davon ab, was sich unter dem Begriff ‚Selbstlernkompetenz' fassen lässt und was zum selbstgesteuerten Lernen befähigt. Die Portfolioarbeit lässt sich zu den Lehr-/Lernformen rechnen, die selbstgesteuertes Lernen fördern sollen und über das bloße Erfassen von Lern*ergebnissen* hinausgehen, indem sie den Lern*prozess* selbst in den Blick nehmen. Das Portfolio kann fortdauernd ergänzt und erweitert werden. Studierende bearbeiten es in dieser Form in erster Linie zum eigenen Nutzen und nicht für Dritte.

Unter den Begriff Portfolio lässt sich eine Vielfalt an Konzepten fassen, die zum Teil unterschiedliche Zielsetzungen verfolgen.

 Zum Weiterlesen: Portfolio in der Lehrerausbildung
Viele Lehramtsstudierende werden mit der großen Bandbreite an bestehenden Portfoliobegriffen und -konzepten bereits in Berührung gekommen sein, kommen Portfolios doch seit vielen Jahren – häufig als Entwicklungs- und/oder Leistungsbeurteilungsinstrument – auch in der Schule zum Einsatz.
Die folgenden Literaturempfehlungen geben einen Einblick in unterschiedliche Portfoliokonzepte, sowohl in der Lehrerbildung als auch in der Schule:
Brunner, Ilse/Häcker, Thomas/Winter, Felix (2011): Das Handbuch Portfolioarbeit. Konzepte, Anregungen, Erfahrungen aus Schule und Lehrerbildung. 4. Aufl. Seelze.
Koch-Priewe, Barbara/Leonhard, Tobias/Pineker, Anna/Störtländer, Jan Christoph (Hg.) (2013): Portfolio in der LehrerInnenbildung. Konzepte und empirische Befunde. Bad Heilbrunn.

Im Kontext der Ausbildung von Lehrkräften lässt sich gleichwohl ein Trend ausmachen, bei dem die *Dokumentation* sowie die *theoriegeleitete Reflexion* – bezogen auf die eigene berufsbiografische (Kompetenz-)Entwicklung – im Vordergrund stehen.

In diesem Zusammenhang wird das Portfolio von den Studierenden in der Regel ausbildungsbegleitend und orientiert an den zu erwerbenden Standards und Kompetenzen geführt.

Zur Reflexion: „Da war doch was" – Ihre Erfahrungen mit Portfolioarbeit
Überlegen Sie doch einmal, auf welche Erfahrungen mit (unterschiedlichen) Portfolios Sie bereits zurückgreifen können:

• Welche unterschiedlichen Portfoliokonzepte kenne ich bereits?
• In welchem Zusammenhang habe ich diese Portfolios kennengelernt: als SchülerIn, als StudentIn, als PraktikantIn (…)?
• Welche Erfahrungen habe ich mit diesen verschiedenen Portfolios schon gemacht?

Zum Beispiel:
Das Portfolio in der nordrhein-westfälischen Lehrerausbildung
Mit dem Lehrerausbildungsgesetz 2009 wird das Portfolio als verpflichtender Bestandteil in die nordrhein-westfälische Lehrerausbildung integriert. In der Regel wird das Portfolio ab Beginn des Eignungspraktikums bis zum Ende des Vorbereitungsdienstes geführt. Es soll sich somit wie ein roter Faden durch die Ausbildung ziehen. Im Praxissemester – so die Erwartung – dokumentieren und reflektieren die Studierenden mithilfe des Portfolios ihre Erfahrungen und Lernprozesse am Lernort Schule. Dies umfasst auch die Erfahrungen bei der Planung und Umsetzung ihrer Forschungsvorhaben und des Unterrichts unter Begleitung. Im abschließenden *Bilanz- und Perspektivgespräch* ist das Portfolio Grundlage einer dialogischen Reflexion.

Die von einer standortübergreifenden *Arbeitsgruppe Portfolio Praxiselemente* unter ministerieller Leitung entwickelten Reflexionsbögen können Studierende dabei unterstützen, ihre individuelle Kompetenzentwicklung – im Hinblick auf die zu erwerbenden Standards – zu reflektieren.

Ausschnitt aus dem Reflexionsbogen für das Praxissemester in Nordrhein-Westfalen
Standard 4: Die Absolventinnen und Absolventen des Praxissemesters verfügen über die Fähigkeit, theoriegeleitete Erkundungen im Handlungsfeld Schule zu planen, durchzuführen und auszuwerten sowie aus eigenen Erfahrungen in der Praxis Fragestellungen an Theorien zu entwickeln.
Einführung in den Standard: Im Praxissemester führen Sie theoriegeleitete Erkundungen durch […]. Dabei geht es um eine systematische und forschungsorientierte sowie selbstreflexive Auseinandersetzung mit Schule und Unterricht. […].
Schreib- und Reflexionsanregungen: Setzen Sie bei Ihrer Reflexion Schwerpunkte gemäß Ihrer konkreten Erfahrungen im Praxissemester. Sie können sich dabei entscheiden, ob Sie sich bei den folgenden Reflexionsanregungen exemplarisch auf eine ausgewählte oder auf alle von Ihnen durchgeführten Erkundungen beziehen.

- Erörtern und begründen Sie, ob und inwiefern sich Ihr Untersuchungsdesign (theoretische Einbettung, Eingrenzung der Fragestellung, Untersuchungsmethoden) als hilfreich erwiesen hat, um die von Ihnen ausgewählte Frage-/Problemstellung zu bearbeiten.
- [...]
- Wie beurteilen Sie die Ergebnisse Ihrer Erkundung(en) nicht nur unter schulpraktischen, sondern auch theoretischen Gesichtspunkten?
- Welche Frage-/Problemstellungen nehmen Sie aus den Anforderungen der Praxis mit zurück in Ihr Studium/an theoretische Modelle, Erklärungen, Ansätze?

Materialien zur Dokumentation: Bitte prüfen Sie, mit welchen Belegen Sie Aspekte Ihrer theoriegeleiteten Erkundungen als Teil des Portfolios dokumentieren können. Dies könnten sein: Untersuchungsdesign, Untersuchungsinstrumente und/oder Untersuchungsergebnisse.

Ein Portfolio, das die Entwicklung der individuellen Kompetenzen in den Blick nimmt, stellt den Prozesscharakter der eigenen Professionalisierung in den Vordergrund und unterstreicht die Bedeutung einer selbstgesteuerten Entwicklungsarbeit. Die konkrete Portfolioarbeit kann dabei üblicherweise über die folgenden Tätigkeitsfelder abgebildet werden:

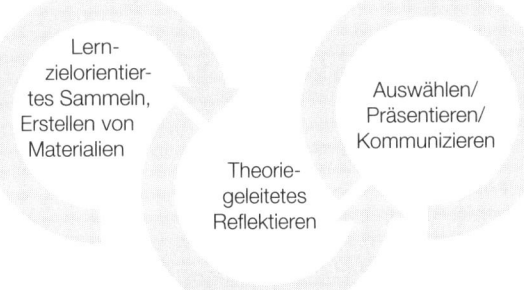

Abb. 4.2: Tätigkeitsfelder der Portfolioarbeit

Um eine (theoriegeleitete) Reflexion zu unterstützen, können *reflexive Schreibübungen* genutzt werden. Sofern an einer Hochschule bereits ein Portfoliokonzept entwickelt wurde, werden diese Schreibübungen oftmals gezielt in Lehrveranstaltungen eingesetzt oder den Studierenden über vorgegebene Portfolioeinlagen zur Verfügung gestellt.

Zum Beispiel: Perspektivwechsel
Kreative und reflexive Schreibübungen, wie sie an folgendem Beispiel verdeutlicht werden, eignen sich gut für die Portfolioarbeit:

Denken Sie an Ihren ersten Tag im Praxissemester. Versetzen Sie sich in einen Schüler, den Sie an diesem Tag kennengelernt haben. Schreiben Sie auf, was der Schüler nachmittags seinen Eltern von Ihnen erzählt haben könnte.

Auszug aus dem Portfolio von Laura, Lehramtsstudentin im 7. Semester:
Heute war eine Laura Sowieso bei uns im Unterricht dabei, weiß nicht genau, ich habe ihren Nachnamen nicht verstanden, weil die anderen so laut waren. Frau Müller hat gesagt, dass sie Praktikantin ist und uns jetzt häufiger mal besuchen wird und auch selbst unterrichten möchte. Das kann ja was werden, in der Englischstunde habe ich sie etwas gefragt und sie wusste die Antwort auch nicht. Aber sie will später auch andere Fächer unterrichten, ich glaube Physik und Sport – oder war es Bio? Weiß nicht genau. Heute saß sie jedenfalls erst einmal hinten in der Klasse und hat auf ihrem Block geschrieben – auch wenn Frau Müller gar nichts gesagt hat. Ich habe mich gefragt, was sie da schreibt. Vielleicht frage ich sie morgen mal.

Sie können derartige Schreibübungen zunächst selbstständig bearbeiten und anschließend im Rahmen von Peer Learning Activities diskutieren – in diesem Fall etwa vor dem Hintergrund der Rollenerwartungen im Praxissemester. Neben reflexiven Texten können Ihnen auch andere kreative Formen der Portfolioarbeit einen Blick auf den eigenen Professionalisierungsprozess eröffnen. Denkbar sind beispielsweise Videoaufnahmen einer eigenen Unterrichtsstunde, Notizen zu einem Elterngespräch, die in Form einer Mind Map strukturiert und festgehalten sind oder Zeichnungen von möglichen Sitzordnungen in einem Klassenraum.

Portfolioarbeit knüpft bevorzugt an konkrete schulische Praxiserfahrungen an. Diese dienen dann als Ausgangspunkt einer bewussten und lernzielorientierten Reflexion. Eine theoriegeleitete Reflexion stellt dabei heraus, dass diese konkreten Praxiserfahrungen als Beispiele für theoretische Modelle und Erklärungen sowie Forschungsbefunde betrachtet werden können – dass also bei der Portfolioarbeit konkrete Erfahrungen mit dem bisher Erlernten in Beziehung gesetzt werden. In diesem Zusammenhang lässt sich auch das Forschende Lernen (→ Kapitel 6) idealerweise mit der Portfolioarbeit verknüpfen, beispielsweise dann, wenn sich für die Studierenden aus dem individuellen Reflexionsprozess heraus weitere Fragestellungen ergeben, die anschließend von ihnen wissenschaftlich bearbeitet werden.

Zum Beispiel „Vorher habe ich immer gedacht…" –
Reflexive Schreibübung zur Leistungsbeurteilung
Welche Erfahrungen haben Sie mit Blick auf unterschiedliche Beurteilungssituationen im Lehrerberuf gemacht? Haben Sie z.B. eher Bestätigung Ihrer Erwartungen oder Diskrepanzen erfahren?

Auszug aus dem Portfolio von Tobias, Lehramtsstudent im 8. Semester:
Vor allem meine Rolle als Beurteilender hat mich im Praxissemester stark beschäftigt. Ich hatte die Gelegenheit, die Deutscharbeiten aus der Klasse meiner Mentorin vorab alleine zu bewerten und das später gemeinsam mit der Mentorin zu besprechen. Ich habe gemerkt, wie schwer mir dies bei den Schülern gefallen ist, die ich schon etwas besser kannte. Vorher habe ich immer gedacht, da hat man doch Kriterien und hakt das ab und dann kommt eine Note dabei raus. Aber in der realen Situation habe ich dann oft immer die einzelne Person vor Augen gehabt und so gedacht: *Ach, der Pepe hatte doch aber gestern so eine gute Hausaufgabe, das war doch jetzt bestimmt nur ein Ausrutscher, dass die Arbeit nicht so gut ist.* Oder: *Die Lisa, die hat bestimmt von Anja abgeschaut, das habe ich nämlich schon einmal beobachtet, das muss ich etwas strenger bewerten.* Das hat mich an ein Seminar erinnert, das ich an der Uni mal besucht habe, da ging es um Beurteilungsfehler; es gab zum Beispiel Sympathie-Antipathie-Effekte, den Logischen Fehler oder Strenge-Milde-Effekte. Jetzt kann ich tatsächlich erkennen, dass ich auch solche Beurteilungstendenzen habe und dass es wichtig ist, dass ich reflektiere, was auf meine Bewertung Einfluss nimmt.

Die Schulpraxis weist für Studierende in der Regel eine starke Anziehungskraft auf: Hier bewegen sie sich in einem besonderen Praxisfeld, hier können sie sich ausprobieren und sich am Modell Handlungsweisen abschauen – wobei diese sowohl förderliche als auch ungünstige Merkmale aufweisen können. Vielfach erhoffen sich Studierende von den schulpraktischen Ausbildungsphasen erprobte und zweckdienliche Handlungstipps, die sie zukünftig selbst direkt umsetzen können (Rezeptwissen). Viele der Verhaltensweisen, die Studierende an Lehrkräften beobachten, wirken so zunächst gekonnt, überzeugend und professionell. Erfahrungen allein garantieren jedoch kein Lernen; im Gegenteil: Nicht selten verstellen gerade alltägliche Rituale und Routinen auch den Blick für die Besonderheit pädagogischer Situationen. Für die Lehrenden selbst sind solche Routinen vielfach nötig und unumgänglich, denn sie wirken komplexitätsreduzierend und ermöglichen ihnen erst Handlungsfähigkeit in (Entscheidungs-)Situationen zu denen es auch immer Alternativen gibt. Für Studierende erscheint es in diesem Zusammenhang aber bedeutsamer, das Nachdenken über erlebte Praxis zu fördern und die Konsequenzen zu reflektieren, die sich aus einer Vielfalt an Deutungs- und Handlungsalternativen heraus jeweils ableiten lassen (vgl. Hascher 2005; 2011). Möglichkeiten zur Initiierung und Ausweitung entsprechender Reflexionsprozesse können sich aus der Arbeit mit dem Portfolio ergeben.

Der *dialogische Charakter* eines Portfolios ist besonders hervorzuheben, da hierdurch unterstützend zur selbstständigen Bearbeitung regelmäßig Anlässe geschaffen werden, sich ein *Feedback* zum eigenen Lernprozess einzuholen. Über spontane Feedbacksituationen hinaus, die mehr oder weniger zwischen Tür und Angel praktiziert werden und eine eigene Berechtigung haben, sollen so Räume geschaffen und genutzt werden, um sich mit *Fremdwahrnehmungen* auseinanderzusetzen. Geeignete

ReflexionspartnerInnen finden sich beispielsweise in der Gruppe der begleitenden Akteure in der Praxis (MentorInnen, Praktikumsbeauftragte), an der Universität (Lehrende der Begleitveranstaltungen) oder unter Peers. Im Austausch mit anderen bietet sich die Chance, anhand der angebotenen Fremdwahrnehmungen aus einer anderen Perspektive heraus auf die eigenen Erkenntnisse und Fragestellungen zu blicken und möglicherweise zu alternativen Interpretationen und Handlungsoptionen zu gelangen. In der Vorbereitung auf Feedbackgespräche können Studierende Einlagen des Portfolios – wie z.B. standardbezogene Reflexionsbögen, Beobachtungsnotizen aus einer Unterrichtsstunde, Aufgabenblätter, Kopien aus dem Heft einer Schulerin – auswählen. Dies kann helfen, diese Gespräche zu strukturieren und eigene Anliegen zu fokussieren.

Zur Reflexion: Feedback einholen

Um (portfoliogestützte) Feedbackgespräche oder Reflexionsanlässe im Praxissemester gezielt zu planen, können Sie überlegen, welche Unterstützungsmöglichkeiten für Sie in Frage kommen:

- Gibt es die Möglichkeit, dass eine von mir durchgeführte Unterrichtsphase oder -stunde per Videokamera aufgenommen wird, um die Aufzeichung in einer Nachbesprechung mit Peers und/oder MentorInnen zu nutzen?
- Welche Feedback-Methoden (z.B. Blitzlicht, Fünf-Finger-Feedback) kenne ich bereits? Welche kann ich verwenden, um mir von den SchülerInnen eine Rückmeldung einzuholen, z.B. zu einer durchgeführten Unterrichtsphase oder -stunde oder zu eingesetzten Aufgabenblättern etc.?
- Finden regelmäßige Reflexionsgespräche mit meinen MentorInnen oder anderen Akteuren im Praxissemester statt? Welches Anliegen habe ich an diese Gespräche und wie kann ich mich darauf vorbereiten?
- Welche Materialien in meinem Portfolio möchte ich für Feedbackgespräche nutzen?
- Welche für mich bedeutsamen Fragestellungen bilden diese Materialien ab; z.B. Welche Lernziele habe ich erreicht? Wobei habe ich mich unsicher gefühlt?

Die am nordrhein-westfälischen Beispiel aufgezeigte flächendeckende und ausbildungsbegleitende Einführung eines Portfolios zeigt die hohen Erwartungen, die an dieses Instrument geknüpft sind. Dabei darf allerdings nicht unterstellt werden, dass ein Portfolio für alle Studierenden gleichermaßen gut geeignet ist, um den eigenen Professionalisierungsprozess voranzutreiben und ihn reflexiv zu unterstützen. Ohne dass Studierende ein Lernbedürfnis haben oder erkennen und ohne dass sie das Portfolio als ein sinnvolles Instrument der (selbstgesteuerten) Begleitung und Unterstützung verstehen, wird die Anziehungskraft eines verbindlich vorgegebenen Mediums zur Reflexion möglicherweise gering sein. Eine kontinuierliche Arbeit mit und an einem Portfolio erfordert die Bereitstellung eigener Ressourcen – sowohl zeitlicher als auch fähigkeitsbezogener – und wird letztlich nur für diejenigen attraktiv sein, die sich auch einen Nutzen davon versprechen. Allein der Umstand, dass Portfolioarbeit – trotz der Möglichkeit dialogische Komponenten und kooperative Reflexionsübungen einzubeziehen – im Kern Reflexion durch *Schreiben* meint, wird nur einen Teil der Zielgruppe zum regelmäßigen Gebrauch motivieren.

Überdies können die reflexiven Schreibübungen als zusätzliche Anforderung empfunden werden, die in einem unangemessenen Verhältnis zu dem wahrgenommenen Nutzen steht. Für andere wiederum kann das Portfolio (z.B. in den verschiedenen Phasen des Praxissemesters) jedoch auch als eine willkommene Unterstützung wahrgenommen werden, beispielsweise

- bei der Planung und Strukturierung der Praxisphase mit individuellen Zielsetzungen (Was möchte ich lernen?),
- begleitend bei einer (durch Verschriftlichung transparenten) Dokumentation des eigenen Lernprozesses und
- nachbereitend bei der Evaluation oder einem Ausblick auf kommende Ausbildungsabschnitte (weiteres Studium, Einstieg in den Vorbereitungsdienst).

Zur Reflexion: Portfolioarbeit im Praxissemester

Erkundigen Sie sich danach, welche Bedeutung der Portfolioarbeit an Ihrem Hochschulstandort zugeschrieben wird.

- Gibt es an meiner Hochschule ein Portfoliokonzept? Falls ja, ist das Portfolio verpflichtender Bestandteil der Ausbildung bzw. des Praxissemesters oder optional? Wird es in ‚Papierform‘ oder als E-Portfolio bearbeitet? Oder sind beide Optionen möglich?
- Wer betreut das Portfolio im Praxissemester? An wen kann ich mich bei Fragen wenden?
- Welche Reflexionsanregungen kann ich nutzen, um mir meiner eigenen Lernprozesse bewusst zu werden? Gibt es vorgegebene Portfolioeinlagen (wie z.B. die Reflexionsbögen in NRW), die ich verwenden kann?
- Gibt es an meiner Hochschule Einrichtungen, die mich bei Schreibprozessen begleiten und unterstützen können (z.B. Schreiblabore)?
- Wo kann ich mir darüber hinaus Anregungen und Unterstützung holen, z.B. bei Studierenden früherer Semester, Fachschaften, Studiengruppen?

Auch unabhängig von den vorgegebenen oder fehlenden Anforderungen an die Portfolioarbeit an Ihrem Hochschulstandort lohnt es, sich mit dem Instrument ein wenig vertraut zu machen, um auf Basis dieser Erfahrungen abzuwägen, welchen Stellenwert Sie selbst der Portfolioarbeit einräumen wollen.

4.4 Zwischenruf: Fremd- und Selbststeuerung – das Portfolio als ambivalente Selbsttechnik

> „Mehr und mehr interessiere ich mich für die
> Interaktion zwischen einem selbst und anderen
> und für die Technologien individueller Be-
> herrschung, für die Geschichte der Formen, in
> denen das Individuum auf sich selbst einwirkt,
> für die Technologien des Selbst."
>
> (Foucault 2007, 290)

Das Instrument Portfolio und die damit einhergehenden Aufforderungen zur kontinuierlichen Selbstreflexion und Selbstoptimierung können auch als Symbol einer neuen Lern- und Leistungskultur betrachtet werden, in denen – einmal mehr – das Subjekt in den Fokus rückt. Im Rahmen dieser aktuellen Subjektorientierung (vgl. Lehmann-Rommel 2004) werden die Individuen als eigenverantwortliche und selbstreflexive Lehrende und Lernende adressiert, die ihren Subjektstatus mittels Evaluation, Selbstoptimierung und Flexibilität bezeugen und untermauern sollen. Dahinter steht der „Glaube an das rationale, disziplinierte, eigenverantwortliche und partizipierende Individuum" (ebd., 261) als "ebenso zentraler wie unhinterfragter Topos in den gegenwärtigen Diskursen der Bildungs- und Schulreform" (ebd.).

Neu daran ist, dass die lernenden Individuen scheinbar nicht mehr fremdbestimmt werden, sondern mittels Selbstreflexion und Selbststeuerung ihre Lernwege eigenverantwortlich gestalten und letztlich die Verantwortung für ihren eigenen Lernerfolg übernehmen. Kontrolle, Rationalisierung und Organisation von Lernprozessen werden zunehmend an die Subjekte selbst delegiert. Dabei werden den Individuen Techniken zur Verfügung gestellt, die es ihnen erlauben, kontinuierlich auf sich einzuwirken, sich zu verändern und sich aktiv selbst zu steuern. Mit Foucault kann in diesem Zusammenhang von *Technologien des Selbst* bzw. *Selbsttechniken* gesprochen werden.

Foucault zeigt auf, wie moderne Selbsttechniken nicht als Gegenpol zu Fremdbestimmung zu betrachten sind, sondern vielmehr als Ankerpunkt für eine neue Generation von indirekten Herrschaftstechniken. Übertragen auf Methoden der Evaluation, der Selbsterfassung und Selbstdokumentierung wie sie in Portfolios, Lerntagebüchern oder Kompetenzpässen zum Ausdruck kommen, dienen diese nicht nur der Selbstkonstitution, sondern auch der Fremdverfügung. Zwar wird das Handeln und Denken durch solche Techniken nicht determiniert. Allerdings sind die Formen und Instrumente mit denen die Individuen auf sich selbst einwirken, um sich zu verändern, anzupassen und zu gestalten (vgl. Foucault 1994) eben nicht ihre eigenen, autonom entstandenen Produkte, sondern diese werden gesellschaftlich vermittelt und hergestellt.

Auf diese Weise sollen auch die Studierenden ihr Verhalten selbst steuern, jedoch in Rückgriff auf gesellschaftlich normierte Praktiken. Das bedeutet nicht – wie oft unterstellt – dass die Orientierung am Subjektbegriff aufgegeben wird, vielmehr wird dieser in den der Subjektivierung überführt. So wird auch begrifflich unterstrichen, dass das Subjekt nicht einfach gegeben, sondern immer Ergebnis eines Prozesses ist, der sich aus den Wechselwirkungen zwischen Selbst- und Fremdsteuerung speist. Auch wenn die Anwendung von bestimmten Selbsttechniken nicht direkt erzwungen wird, so ist doch nicht zu übersehen, dass diese institutionell angestoßen, nahegelegt und gefördert werden.

Selbststeuerung wird oft in einem Atemzug genannt mit Selbstbestimmung oder einer vermeintlichen Autonomie der lernenden Subjekte. Dieser Vorstellung aber liegt, intendiert oder nicht, ein Missverständnis zugrunde. Selbsttechniken sind für Foucault weder ein Ausdruck reiner Freiheit noch ein Medium reiner Unterwerfung. Vielmehr realisiert sich hier Herrschaft über Freiheit. Gerade dadurch, dass die Subjekte nun freiwillig das tun, was von ihnen erwartet wird, werden Selbst- und Herrschaftstechniken aneinander gekoppelt. Die aus der Vergangenheit bekannten Entgegensetzungen von Herrschaft versus Freiheit oder Macht versus Subjekt greifen so nicht mehr zur Beschreibung gesellschaftlicher Realität. Um dieses spezifische Machtverhältnis zu beschreiben, führt Foucault den Begriff der *Gouvernementalität* ein: „Diese Verbindung zwischen den Technologien der Beherrschung anderer und den Technologien des Selbst nenne ich ‚Gouvernementalität‘"(Foucault 2007, 290).

 Zum Weiterlesen: Gouvernementalität und Selbsttechniken
Aus der Fülle von Veröffentlichungen von und zu Foucault eignen sich zur Vertiefung der skizzierten Inhalte:
Bröckling, Ulrich/Krasmann, Susanne/Lemke, Thomas (Hg.) (2000): Gouvernementalität der Gegenwart: Studien zur Ökonomisierung des Sozialen. Frankfurt/Main.
Foucault, Michel (2007): Ästhetik der Existenz. Schriften zur Lebenskunst. Frankfurt/Main.

Angewandt auf pädagogische Handlungsfelder verdeutlicht der Gedanke der Gouvernementalität, dass Bildung zu eigenständigem, kreativem und kritischem Denken nicht unbedingt der Emanzipation dienen muss. So werden die Individuen einerseits aktiv als Subjekte angesprochen und eingebunden, andererseits aber wird eine ganz bestimmte Form von Subjektivität vorgeben. Dadurch erfahren sich die Lernenden nicht als ausgeliefert und fremdbestimmt, sondern als selbstbestimmt handlungsfähig. Die Subjekte wirken so selbst aktiv daran mit, den von außen gesetzten Zwecken und Zielen nachzukommen.

Zur Reflexion: Kommt Ihnen das bekannt vor?
Die Aktivierung des Selbst trifft nicht nur auf das Instrument Portfolio zu, sondern auch auf andere pädagogische Handlungsfelder, beispielsweise Schulentwicklungsprozesse. Welche Analogien lassen sich hier ziehen? Können Sie auch noch in anderen Lebensbereichen bzw. pädagogischen Feldern Selbsttechniken wie die hier beschriebenen identifizieren?

Bildungstheoretisch hat diese Ambivalenz zwischen Selbst- und Fremdbestimmung zu einer „gewissen Ratlosigkeit" (Lehmann-Rommel 2004, 262) geführt, denn infrage gestellt wird damit eine der traditionellen Grundannahmen des Bildungsverständnisses der Moderne: dass das mit Vernunft ausgestattete kritikfähige Bildungssubjekt eine Quelle des Widerstands gegen Entmündigung und Fremdbestimmung darstellt und auf eine Ausweitung an Emanzipation und Selbstbestimmung hin orientiert ist.

Zum Weiterlesen:
Gouvernementalität und Selbsttechniken im pädagogischen Diskurs
Mit Bezug auf pädagogische Handlungsfelder sind besonders folgende Sammelbände empfehlenswert:

Ricken, Norbert/Rieger-Ladich, Markus (Hg.) (2004): Michel Foucault: Pädagogische Lektüren. Wiesbaden.

Wrana, Daniel (2006): Das Subjekt schreiben. Reflexive Praktiken und Subjektivierung in der Weiterbildung – eine Diskursanalyse. Baltmannsweiler.

Pongratz, Ludwig/Wimmer, Michael/Nieke, Wolfgang/Masschelein, Jan (Hg.) (2004): Nach Foucault. Diskurs- und machtanalytische Perspektiven der Pädagogik. Wiesbaden.

In Bezug auf das Portfolio und andere, selbst aktivierende Techniken, Praktiken und Instrumente, lässt sich dieses grundsätzliche Dilemma nicht überwinden, aber Studierende sollten sich der beschriebenen Ambivalenzen zumindest bewusst sein. Elemente der Selbststeuerung sollten nicht mit Selbstbestimmung verwechselt werden. Thomas Häcker, der sich seit Jahren mit dem Portfolio in der Lehrerbildung beschäftigt, erfüllt diese Einsicht mit Sorge:

> „Wie – so fragt sich – kann vermieden werden, dass Portfolioarbeit Teil eines neoliberalen Programms in der Pädagogik wird, das unter der Etikette der ‚Stärkung der Eigenverantwortung im Lernen' eine individualistisch verkürzte Rückdelegation der Verantwortung für Erfolge und Misserfolge an die Lernenden betreibt" (Häcker 2012, 224).

Es macht sicher Sinn, beispielsweise zur Reflexion der eigenen Kompetenzentwicklung, Kenntnis zu erlangen von Instrumenten wie dem Portfolio, manchmal sind sie ohnehin obligatorisch vorgesehen. Aber dabei sollte ihre Intention und Reichweite kritisch mit reflektiert werden. Keineswegs dürfen Techniken und Instrumente dazu führen, die Verantwortung für Erfolg oder Misserfolg einseitig an die Lernenden zu delegieren und beispielsweise auf gelungene oder misslungene Reflexion und Selbstoptimierungstechniken zurückgeführt werden. So lässt sich in Anlehnung an Häcker schlussfolgern: „Wenn mit dem Portfolio vor allem Aspekte der Selbststeuerung fokussiert werden, werden Potenziale zur Realisierung selbstbestimmten Lernens nicht genutzt" (Stiller et al. 2014). Dies hieße zum Beispiel, dass Studierende versuchen können, sich eine gewisse Eigensinnigkeit in der Gestaltung des eigenen Lernprozesses zu erhalten. Ratsam wäre auch, im Lernprozess immer wieder mal innezuhalten und zu hinterfragen, was eigene Lerninteressen sind und welche die individuell passenden Herangehensweisen. Auflösbar sind die beschriebenen Ambivalenzen jedoch nicht.

Zur Reflexion: Rolle rückwärts – Portfolio zwischen Fremd- und Selbststeuerung?
Nehmen Sie sich doch einen Moment Zeit und fragen Sie sich, was Sie von dem Gelesenen halten?

- Wo kann ich zustimmen, wo würde ich widersprechen?
- Wie würde ich selbst meine Arbeit am Portfolio verorten?
- Welche Konsequenzen ergeben sich für mich daraus, dass selbstgesteuertes und selbstbestimmtes Lernen nicht unbedingt gleichbedeutend sind?
- Welche Bedeutung kann diese Einsicht für meine weiteren Lernprozesse im Praxissemester und in den weiteren Ausbildungsphasen haben?

4.5 Beratungsangebote zur individuellen Kompetenzentwicklung

Insbesondere in den Phasen der Ausbildung, in denen Studierende sich selbst praktisch erproben können, werden viele von ihnen – auch durch Portfolioarbeit – dazu angeregt, die eigene Kompetenzentwicklung fortlaufend zu reflektieren. Eine Bereitschaft, sich mit den eigenen Entwicklungsfeldern auseinanderzusetzen, trägt einerseits dazu bei, sich einzugestehen, dass man selbst als eine sich in der Ausbildung befindende Person noch besonderen Lern- und Entwicklungsbedarf hat. Diese Einsicht kann zunächst helfen, Gefühle von Resignation und Überforderung zu vermeiden. Andererseits rückt die Notwendigkeit in den Blick, den weiteren berufsbezogenen Professionalisierungsprozess selbstverantwortet mit auszugestalten. Die Reflexion der persönlichen Kompetenzentwicklung sollte anhand eines oder mehrerer Bezugsrahmen erfolgen. Hierfür bieten sich neben den Standards und Kompetenzen, die eventuell für die jeweilige Praxisphase formuliert sind (→ Kapitel 4.3), auch die Standards für die Lehrerbildung der Kultusministerkonferenz (KMK) an. Diese, aus bildungspolitischer Perspektive heraus formulierten Standards, sollten bekannt sein, um sie in die eigene Ausbildung mit Blick auf den individuellen berufsbiografischen Entwicklungsprozess konstruktiv einbeziehen zu können.

Zum Weiterlesen: Standards der Lehrerbildung

Die Kultusministerkonferenz hat 2004 „Standards für die Lehrerbildung: Bildungswissenschaften" und 2008 „Ländergemeinsame inhaltliche Anforderungen für die Fachwissenschaften und Fachdidaktiken in der Lehrerbildung" beschlossen. Die Standards für die Bildungswissenschaften bilden überfachliche Anforderungen an zukünftige Lehrkräfte in den vier Kompetenzbereichen *Unterrichten*, *Erziehen*, *Beurteilen* und *Innovieren* ab. Sie sind als Ausdruck eines politisch (nicht allein pädagogisch) erzielten Kompromisses zu verstehen. Die Standards können in ihrer aktuellen Fassung von 2014 online eingesehen werden unter:

http://www.kmk.org

Konkret mit Blick auf Praxisphasen erarbeitet die Bundesarbeitsgemeinschaft Schulpraktische Studien (BaSS) gerade *Standards für Schulpraktische Studien*, die explizit für die Kompetenzentwicklung im Rahmen von Praxisphasen eine Orientierung bieten können. Die Veröffentlichung dieser Standards ist für 2015 geplant. Ein Blick könnte lohnenswert sein unter:

http://www.schulpraktische-studien.de/index.html

Es ist erforderlich, dass Studierende sich mit der persönlichen Bedeutung dieser von außen gesetzten und normativen Ziele auseinandersetzen und sich auch fragen, welchen Nutzen sie sich selbst von einer Erreichung dieser Kompetenzen versprechen. Darüber hinaus kann es ratsam sein, eigene Entwicklungsziele auszuwählen –

die sich spezifischer auf den individuellen Professionalisierungsprozess beziehen lassen und somit subjektiv bedeutsam werden.

 Zum Beispiel:
Da will ich hin – Entwicklungsziele
Individuell formulierte Entwicklungsziele könnten etwa sein:

- Ich möchte lernen, wie ich die unterschiedlichen Lernvoraussetzungen und Interessen der SchülerInnen stärker als bislang in die Erarbeitung meiner Unterrichtsmaterialien einbeziehen kann.
- Ich möchte erfahren, an welchen Bezugsnormen (individuell, sozial, kriteriumsorientiert) sich die Lehrkräfte an meiner Praktikumsschule bei der Leistungsbeurteilung orientieren, ob es je nach Beurteilungssituation Unterschiede gibt und welche Begründungen dafür herangezogen werden.
- In einem Seminar haben wir Handlungsoptionen für den Fall entwickelt, dass SchülerInnen bei einer Aufgabenbearbeitung den Anschluss an den vorgegebenen (Zeit-)Rahmen verlieren. Manche dieser Handlungsoptionen möchte ich bei passender Gelegenheit gerne erproben.

In der Auseinandersetzung mit der eigenen Kompetenzentwicklung können sich *Fremd*wahrnehmungen als hilfreich erweisen, die *Selbst*wahrnehmung zu ergänzen. Je nach Konzeption des Praxissemesters sollten diese Fremdwahrnehmungen allerdings weniger den Charakter einer grundsätzlichen Kompetenzfeststellung einnehmen, sondern eine kritisch-konstruktive, aber unterstützende Ausrichtung haben. Einschätzungen zum eigenen berufsbezogenen Handeln und zu den eigenen Kompetenzen lassen sich beispielsweise von anderen Studierenden (→ Kapitel 4.2), von LehramtsanwärterInnen, von MentorInnen oder von den Fachleitungen aus den Studienseminaren einholen bzw. werden von diesen an einen herangetragen.

Onlinegestützte Selbsterkundungsverfahren
Onlinegestützte Selbsterkundungsverfahren haben in den letzten Jahren vermehrt Verbreitung gefunden. Sie verfolgen – berechtigt oder nicht – den Anspruch, Anhaltspunkte für die Reflexion der individuellen Kompetenzentwicklung zu liefern. Sie werben damit, Einblicke in das Anforderungsprofil von Lehrkräften zu geben und einen Abgleich der beruflichen Anforderungen mit den eigenen Einstellungen und Eigenschaften zu ermöglichen. Um eine Einschätzung zu erhalten, bearbeiten die Teilnehmenden je nach Verfahren unterschiedliche Persönlichkeits- und Interessentests und erhalten im Anschluss eine automatisch generierte Auswertung. Es ist empfehlenswert, die Ergebnisse nicht für sich stehen zu lassen, sondern mit anderen Formen der Selbst- und Fremdeinschätzung in Beziehung zu setzen – zumal die beiden aufgeführten Verfahren divergierende Einschätzungen liefern können (Köller et al. 2012).

Ein Missverständnis wäre es auch, die Ergebnisse als Prognose einer mutmaßlichen Berufseignung zu interpretieren. Eigene Lern- und Entwicklungsprozesse, die erst im Verlauf von erster und zweiter Ausbildungsphase angebahnt und entfaltet werden, würden damit in ihrer Bedeutung weitgehend negiert.

Zum Beispiel: Selbsterkundungsverfahren im Test
Wohlwissend um diese Vorbehalte können Sie sich anhand folgender Beispiele einen ersten Eindruck verschaffen:

Fit für den Lehrerberuf
http://www.vbe.de/angebote/potsdamer-lehrerstudie/fit-fuer-den-lehrerberuf.html
CCT – Career Counselling for Teachers
http://www.cct-germany.de/

Einen am konkreten Lehrerhandeln orientierten Reflexionsanlass bietet der Selbsterkundungstest zum Lehrerberuf mit Filmimpulsen (SeLF) der Ludwig-Maximilians-Universität München. Hier bietet sich die Möglichkeit, über Kurzfilme einen Einblick in den schulischen Alltag von Lehrkräften zu erhalten und eine eigene Haltung zu dem Gesehenen zu formulieren. Zur Unterstützung der persönlichen Reflexion der Studien- und Berufswahl erhalten Teilnehmende dazu ein Feedback mit vertiefenden Informationen. Dieses Feedback können Studierende dann in den Beratungsgesprächen mit ihren Lehrenden oder Praktikumsbeauftragten zum Thema machen. Zum Zeitpunkt dieser Veröffentlichung lagen noch keine Evaluationsergebnisse zu diesem Beratungstool vor.

SeLF – Selbsterkundungstest zum Lehrerberuf mit Filmimpulsen
http://www.self.mzl.lmu.de

Das im Beispielkasten genannte Selbsteinschätzungsverfahren *Fit für den Lehrerberuf* wurde als Unterstützungsangebot aus der Belastungsforschung heraus entwickelt. Schaarschmidt plädiert vor dem Hintergrund einer hohen Beanspruchung im Beruf und einer somit erforderlichen starken Ausprägung der eigenen Belastbarkeit für eine frühzeitige Auseinandersetzung mit günstigen und ungünstigen Voraussetzungen für den Lehrerberuf. Im Rahmen der Potsdamer Lehrerstudie (2000 bis 2006) hat er berufsbezogene Merkmale von Lehramtsstudierenden untersucht – mit dem Ergebnis, dass etwa ein Viertel der befragten Studierenden wenig Selbstbewusstsein, eine geringe Frustrationstoleranz und Widerstandskraft sowie Defizite im sozial-kommunikativen Bereich mitbringt (vgl. Schaarschmidt 2005, 152).

Zum Weiterlesen: Umgang mit Belastungen im Lehrerberuf
Aufbauend auf den Ergebnissen der ersten Etappe der Potsdamer Lehrerstudie (2000–2003) wurden in einer zweiten Etappe (2003–2006) Unterstützungsangebote zur Reduzierung von Belastungen ausgearbeitet und veröffentlicht:

Schaarschmidt, Uwe/Kieschke, Ulf (Hg.) (2007): Gerüstet für den Schulalltag. Psychologische Unterstützungsangebote für Lehrerinnen und Lehrer. Weinheim.

Durch den Einsatz von Portfolios und Verfahren zur Selbsteinschätzung werden beträchtliche Teile der Verantwortung für den eigenen Lernerfolg auf die Studierenden selbst übertragen (→ Kapitel 4.4). Die dadurch trainierte Selbstreflexionsfähigkeit ist eine zentrale Kompetenz, die Lehrkräfte benötigen, um ihren Unterricht erfolgreich planen und durchführen zu können. Dabei müssen aber auch die Ausbildungsinstitutionen in die Pflicht genommen werden, geeignete Modelle für eine kontinuierliche Begleitung und Unterstützung der Reflexionsprozesse zu entwickeln.

Zum Beispiel: Unterstützung der individuellen Kompetenzentwicklung an der Universität Bielefeld
Lehramtsstudierende an der Universität Bielefeld haben mit den Angeboten von BI:Train (*Beratung – Information – Training. Angebote zur persönlichen Kompetenzentwicklung für angehende Lehrerinnen und Lehrer*) die Möglichkeit, sich studienverlaufsbegleitend mit dem komplexen Anforderungsprofil von Lehrkräften sowie mit der eigenen Kompetenzentwicklung auseinanderzusetzen. Beispielsweise können sie in der *PeerBeratung* gemeinsam mit KommilitonInnen ihre Erfahrungen in pädagogischen Handlungssituationen reflektieren, im *Stimmtraining* lernen, ihre Stimme zu entwickeln und gesund zu erhalten, in der *Portfolio-Sprechstunde* Möglichkeiten des reflexiven Schreibens ausprobieren und im *Beobachtungstraining* ihre Beobachtungskompetenzen schulen. Regelmäßige Befragungen der Studierenden liefern dem Projekt Einschätzungen, die in die Konzeption von Angeboten zur Unterstützung der Entwicklung überfachlicher Kompetenzen einfließen.
http://www.bised.uni-bielefeld.de/bitrain

Zur Weiterarbeit:
Beratungs- und Unterstützungsangebote an Ihrer Universität
Hören und schauen Sie sich um: Vielleicht gibt es ja an Ihrer Universität ganz ähnliche oder vergleichbare Angebote zur Unterstützung Ihrer eigenen Kompetenzentwicklung und zur Begleitung Ihres Professionalisierungsprozesses?
Einen Versuch ist es sicher mal wert, eines der bestehenden Angebote auszuprobieren.

Blick zurück nach vorn:
Zwischenfazit und Ausblick auf Kapitel 5

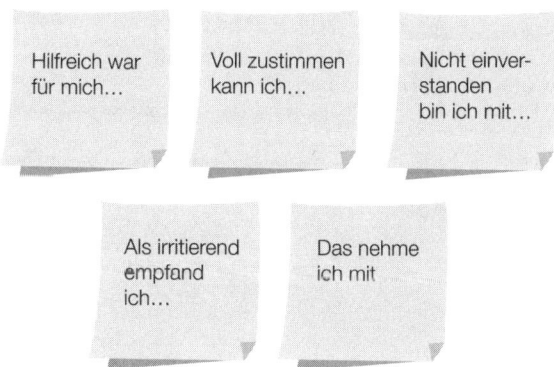

Zum Glück muss niemand das Praxissemester allein bewältigen. Womöglich kann das Praxissemester sogar eine Plattform für Teamplayer bieten. Diverse Unterstützungsangebote und Instrumente sind verfügbar. Vielfältige Hilfestellungen für unterschiedliche Aspekte des Praxissemesters können sich gerade am Lernort Schule eröffnen. Insbesondere die kooperative Zusammenarbeit mit Mitstudierenden kann ein hohes Potenzial bergen. Trotz aller Anstrengungen werden aber gleichwohl auch Unwägbarkeiten bleiben, auf die Studierende selbst wenig oder keinen Einfluss haben. Weil der eigene Lern- und Professionalisierungsprozess mit dem Praxissemester aber keineswegs abschließt, kann eine andere geflügelte Fußballweisheit vielleicht einen ebenso herausfordernden wie tröstenden Blick in die Zukunft öffnen: *Nach dem Spiel ist vor dem Spiel.*

Ausgestattet mit dieser Orientierung über unterschiedliche Beratungs- und Unterstützungsmöglichkeiten, die während des Praxissemesters angeboten werden, können sich die Studierenden für den Start ins Praxissemester einigermaßen gerüstet fühlen.

Und so kann es nun heißen: *Raus aufs Spielfeld!* Das folgende Kapitel beinhaltet mit einem Fokus auf den ersten Tagen und Wochen in der Schule viele Anregungen, die den Studierenden den unmittelbaren Einstieg in die schulische Praxisphase erleichtern können.

Literatur

Foucault, Michel (2007): Ästhetik der Existenz. Schriften zur Lebenskunst. Frankfurt/Main.

Foucault, Michel (1994): Das Subjekt und die Macht. In: Dreyfus, Hubert/Rabinow, Paul (Hg.): Michel Foucault. Jenseits von Strukturalismus und Hermeneutik. Weinheim, 243–264.

Häcker, Thomas (2012): Portfolio – ein Medium zur Optimierung und Humanisierung des Lernens. In: Fitzner, Thilo/Kalb Peter E./Risse, Erika (Hg.): *Praxishandbuch Pädagogik*. Bad Heilbrunn, 221–232.

Hascher, Tina (2011): Vom „Mythos Praktikum". … und der Gefahr verpasster Lerngelegenheiten. In: journal für lehrerinnen- und lehrerbildung, 11, H. 3, 8–16.

Hascher Tina (2005): Die Erfahrungsfalle. In: journal für lehrerinnen- und lehrerbildung, 5, H. 1, 41–46.

Hoeltje, Bettina/Oberliesen, Rolf/Schwedes, Hannelore/Ziemer, Thomas (2004): Evaluation des Halbjahrespraktikums für Lehramtsstudierende in Bremen. Befunde, Problemfelder, Empfehlungen. Abschlussbericht der Evaluation 2000–2003. http://www.idn.uni-bremen.de/pubs/2004HalbjahrespraktikumBericht.pdf [21.06.2014]

Köller, Michaela/Klusmann, Uta/Retelsdorf, Jan/Möller, Jens (2012): Geeignet für den Lehrerberuf? Self-Assessments auf dem Prüfstand. In: Unterrichtswissenschaft, 40, 121–139.

Lehmann-Rommel, Roswitha (2004): Partizipation, Selbstreflexion und Rückmeldung: gouvernementale Regierungspraktiken im Feld Schulentwicklung. In: Ricken, Norbert/Rieger-Ladich, Markus (Hg.): Michel Foucault: Pädagogische Lektüren. Wiesbaden, 261–284.

Schaarschmidt, Uwe (Hg.) (2005): Halbtagsjobber? Psychische Gesundheit im Lehrerberuf – Analyse eines veränderungsbedürftigen Zustandes. 2. Aufl. Weinheim/Basel.

Stiller, Theo/Schüssler, Renate/Langhorst, Stephanie (2014): Tutorielle Portfolio-Beratung im Kontext veränderter Lehrerbildung. In: journal für lehrerinnen- und lehrerbildung, 14, H. 3 (im Erscheinen).

Terhart, Ewald (2013): Erziehungswissenschaft und Lehrerbildung. Münster.

Anke Schöning und Volker Schwier

5 Wieder ein erster Schultag –
Einstiege in die schulische Praxisphase

Der Beginn schulischer Praxisphasen ist für Lehramtsstudierende häufig durch ambivalente Gefühle gekennzeichnet. Zu der Freude, endlich in der Praxis anzukommen und sich dort in der zukünftigen Rolle als LehrerIn erproben zu können (→ Kapitel 2), mischen sich Sorgen und Zweifel. Wie werde ich in der Schule aufgenommen? Gelingt mir der Kontakt mit den KollegInnen? Finde ich einen Zugang zu den SchülerInnen? Bin ich den Herausforderungen der Praxisphase und des Berufs überhaupt gewachsen? Solche und ähnliche Fragen gehen den Studierenden wohl durch den Kopf, wenn sie an ihre ersten Tage und die Praxisphase insgesamt denken. Die Unsicherheiten sind vielleicht nicht allein darin begründet, sich in einer fremden Institution zurechtfinden zu müssen. Die mit Praxisbegegnungen oft intendierten Ziele der Berufswahlüberprüfung und Vorbereitung auf Kompetenzanforderungen und Belastungen im Beruf der LehrerIn (vgl. Topsch 2004) können diese Unsicherheiten noch verstärken.

Wie Studierenden der Einstieg in das schulische Umfeld gelingen kann, welche Aufgaben sich ihnen dabei stellen und wie sie den vielschichtigen Herausforderungen begegnen können, ist Gegenstand dieses Kapitels.

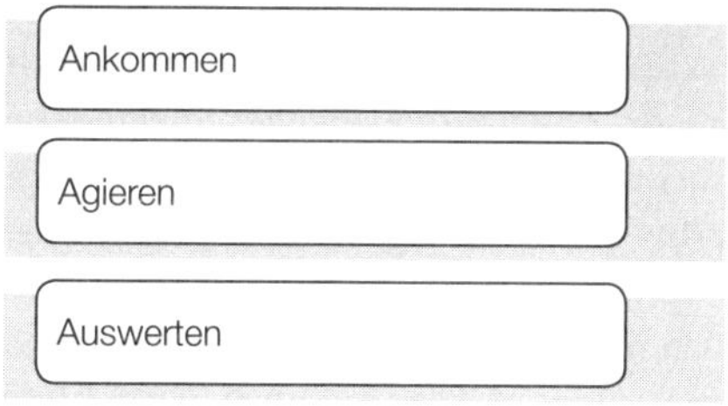

Ankommen

Agieren

Auswerten

Abb. 5.1: Überblick über Kapitel 5

5.1 Ankommen

Universität und Studienseminar bereiten die Studierenden auf das Praxissemester vor und begleiten sie (→ Kapitel 3). Von besonderer Bedeutung für die Studierenden werden ebenfalls die Praktikumsschulen sein. Auch dort erfahren sie Anregungen, Hilfe und Unterstützung (→ Kapitel 4). Die Schulen werden der Lernort sein, an dem sie mutmaßlich den größten Teil der Zeit verbringen, die für das Praxissemester vorgesehen ist. Hier werden sie hospitieren, beobachten, forschen, planen, organisieren, unterrichten, reflektieren und evaluieren.

Seite wechseln

In den allermeisten Fällen ist die Praktikumsschule im Praxissemester nicht die Schule, die die Studierenden selbst während der eigenen Schulzeit besucht haben. Der erste Besuch in der Praktikumsschule offenbart neben Neuem aber vermutlich auch Bekanntes. Die erste Begegnung wird bei einigen Studierenden womöglich ähnliche Gefühle hervorrufen, wie viele sie noch aus ihrer Erinnerung an den ersten Schultag kennen: Ein Gemenge aus vielerlei Erwartungen und die Vorfreude darauf, in neuen Situationen zu bestehen, steht einer Anspannung angesichts der vermeintlich vielfältigen Anforderungen und der Skepsis vor Unbekanntem gegenüber.

Dazu kommt eine weitere Unsicherheit, die sich aus der Rolle als PraktikantIn begründet. Bei den meisten Personen, die sich in der Schule aufhalten, ist eines – wenn auch nur vermeintlich – gewiss: Sie sind entweder da, um selbst zu lernen (SchülerInnen) oder aber um das Lernen anderer zu ermöglichen und zu fördern (LehrerInnen eben). Dass es sich bei dieser Zuschreibung nicht nur um eine sehr grobe, sondern vielfach auch verkürzte Vorstellung handelt, die in der Realität nicht selten in ihr Gegenteil verkehrt wird, ändert allerdings nichts daran, dass sie in der allgemeinen Wahrnehmung gleichwohl Bestand hat.

Bei LehramtsanwärterInnen, insbesondere aber bei Studierenden, die sich im Rahmen des Praxissemesters oder anderer Praxisphasen nur über eine begrenzte Zeit an einer Schule aufhalten, sind entsprechende Zuschreibungen eher uneindeutig oder diffus: LehrerInnen sehen in ihnen nicht selten junge, noch unfertige KollegInnen, womöglich gar so eine Art SchülerInnen, denen gegenüber sie dann selbst aus nachvollziehbaren Gründen in die ihnen angestammte Rolle als Lehrende fallen. Für SchülerInnen sind die Studierenden nicht nur neu und dementsprechend vielleicht erst einmal kritisch zu beäugen, sondern irgendwie auch noch keine richtigen LehrerInnen: Sie tun nicht das, was LehrerInnen gemeinhin tun (also z.B. selbstständig unterrichten, beraten, beurteilen, organisieren und entscheiden) und damit nicht das, was SchülerInnen von ihnen erwarten, sondern sie sind ‚irgendwie anders‘.

Für Studierende ist dieser Umstand keineswegs nebensächlich. Im Verlauf des Praxissemesters wird es immer wieder Situationen geben, in denen sie ihre Rolle gegenüber Anderen aktiv herausstellen müssen: Im Gespräch und Austausch mit anderen Lehrenden sind sie eben keine SchülerInnen, die gesonderter pädagogischer Interventionen bedürfen; wohl aber KollegInnen in einer frühen Phase ihrer Ausbildung. Als solche sind sie dankbar für Anregungen, Hinweise und auch Ratschläge, aber diese sollten und werden sie vor dem Hintergrund der eigenen bildungs- und berufsbiografischen Erfahrungen einordnen.

Gegenüber SchülerInnen wird es für die Studierenden entsprechend darum gehen, zu verdeutlichen, dass sie (sehr wohl) Lehrende sind – in einer anfänglichen Phase ihrer berufsbiografischen Entwicklung. Obwohl sich Studierende deshalb von anderen KollegInnen in mancher Hinsicht unterscheiden – z.B. in der Eigenständigkeit bei der Ausgestaltung von Unterricht, der Art der Sanktionsmöglichkeiten und den Routinen in Auftreten und Äußerungen –, sollten sie sich in ihrem Verhältnis zu den SchülerInnen klar positionieren. Es kann weder darum gehen, sich den SchülerInnen anzubiedern ('guter Kumpel'), noch darum, allein auf die Rollenautorität als LehrerIn zu vertrauen. Dass es im schulischen Praxisfeld situationsabhängig meist um Aushandlungsprozesse geht, für die es keine Ratschläge mit Gelingensgarantie gibt, ist offensichtlich. Bedeutsam wird aber die professionsbezogene *Haltung* der Studierenden sein, die jeweils zum Ausdruck kommt: Inwieweit hat sie Anteil daran, dass sich die SchülerInnen von der bzw. dem Studierenden in der Situation respektiert und ernstgenommen fühlen. Und umgekehrt: wie reagieren Studierende darauf, wenn sie sich selbst von SchülerInnen als nicht ernstgenommen und respektiert wahrnehmen? Eine hier eingeforderte professionelle Haltung ist niemandem per se verfügbar. Sie wird vielmehr erst aus der Konfrontation mit schulischen Praxisanforderungen heraus und – idealerweise – durch reflektierte Teilhabe an Schulpraxis angebahnt und fortentwickelt (vgl. Bulmahn 2008). Verorten lässt sich eine solche Haltung in einem Kontinuum von Freundlichkeit, Offenheit, Nachsicht und Wertschätzung auf der einen und von Selbstsicherheit, Bestimmtheit, Distanziertheit und Stringenz auf der anderen Seite.

Zum Beispiel: Praxisbegleitung

Die mit der Ausbildung und Begleitung von PraktikantInnen beauftragten KollegInnen an den Schulen – in der Regel Praktikumsbeauftragte und MentorInnen – haben vor allem die Aufgabe, Ihnen diejenigen Lerngelegenheiten zu eröffnen, die Ihnen helfen können, die mit der Praxisphase verknüpften Ziele zu erreichen und die damit verbundenen Aufgaben zu erledigen (vgl. Arnold et al. 2011). Dabei kann es – auch aus dienstrechtlicher Sicht – nicht darum gehen, Ihnen Standardaufgaben zu übertragen, für die Sie noch nicht qualifiziert sind, wie z.B. Vertretungsunterricht oder Pausenaufsichten. Die damit einhergehenden Überforderungen bergen das Risiko, dass Sie ein pragmatisches Planungs- und Unterrichtsverhalten einüben und unreflektiert Routinen aufgreifen (vgl.

ebd.). MentorInnen sorgen vielmehr für lernförderliche Lerngelegenheiten, indem sie Ihnen z.b. Gelegenheit zur Unterrichtshospitation, zur (Mit-)Gestaltung und zur Auswertung und Reflexion von Unterricht geben. Sind mit der Praxisphase studentische Forschungsvorhaben verknüpft (→ Kapitel 6), sind die MentorInnen auch KooperationspartnerInnen bei der Umsetzung dieser Vorhaben. Dabei profitieren sie selbst idealerweise durch eine neue Sichtweise auf Schule und Unterricht und die Möglichkeit der eigenen Kompetenzerweiterung (vgl. Haß et al. 2008).

Auch für Schulen können Sie als Studierende bzw. als Studierender demnach eine Bereicherung darstellen.

> „Insgesamt gesehen bilden sie [die Studierenden, Anm. die Verf.] eine große potenzielle Ressource für Unterrichts- und Schulentwicklung. Ihr Vorteil gegenüber den z.T. seit 20 und mehr Jahren im Dienst befindlichen Lehrkräften – cum grano salis: Sie sind auf der Höhe der fachwissenschaftlichen und fachdidaktischen Diskussion und noch nicht im Besitz eingeschliffener Routinen […]" (Daschner 2005, 7).

Zu Beginn des Praxissemesters wird der Schwerpunkt der Mentorenarbeit in Ihrer Einführung in die Praktikumsschule liegen. Sie sind Ihre Ansprechpersonen bei Fragen, stellen Kontakte zum Kollegium, zur Schulleitung, zu Klassen und Kursen her. Im weiteren Verlauf wird jedoch die beratende Funktion der MentorInnen zunehmend wichtiger, indem sie Ihnen durch gezieltes Feedback Impulse für Ihre weitere Kompetenzentwicklung geben können (vgl. Haß et al. 2008).

Die vielfältigen an die Studierenden herangetragenen Erwartungen und Vorstellungen der unterschiedlichen Akteure im Praxissemester sowie mögliche Strategien im Umgang mit diesen sind bereits in Kapitel 2 ausführlich dargestellt worden. An dieser Stelle wird es mit den spezifischen formalen Besonderheiten weiter gehen, die der Aufenthalt an einer Praktikumsschule mit sich bringt.

Formale Rahmenbedingungen beachten

Während der schulischen Praxisphase werden die Studierenden auch von Umständen und Zusammenhängen erfahren, die nicht öffentlich sind und an Situationen teilhaben, die Vertraulichkeit erfordern. Gleich zu Beginn des Aufenthalts an der Praktikumsschule werden die Studierenden darum in aller Regel von einem Mitglied der Schulleitung bzw. der oder dem schulischen Praktikumsbeauftragten auf ihre *Verschwiegenheitspflicht* hingewiesen. Dies bedeutet, dass Studierende dazu verpflichtet sind, über die ihnen durch das Praxissemester bekannt gewordenen personenbezogenen Daten Verschwiegenheit zu bewahren und die Bestimmungen des Datenschutzes zu beachten. Insbesondere gilt dies auch für die Verpflichtung zur Anonymisierung sämtlicher personenbezogener Daten in den Praktikumsdokumentationen. Zudem sind weitere (rechtliche) Hinweise für die Durchführung der schulischen Praxisphase zu beachten.

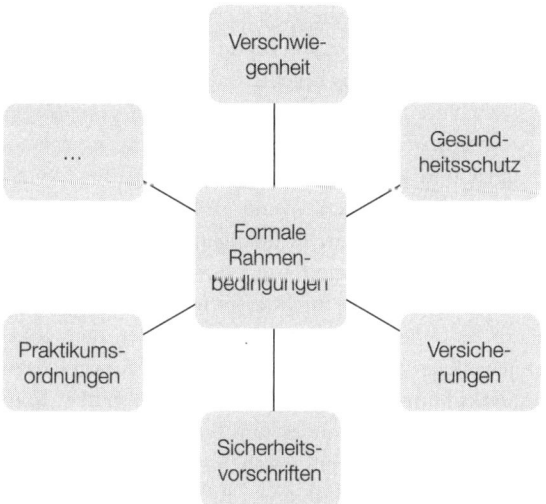

Abb. 5.2: Formale Rahmenbedingungen schulischer Praxisphasen

In der Schule stehen die LehrerInnen, SchülerInnen, PraktikantInnen sowie das weitere Personal täglich in engem Kontakt miteinander. Dies begünstigt die Übertragung von Krankheitserregern, die bei Risikogruppen (z.B. bei Kindern) schwere Krankheitsverläufe verursachen können. In den meisten Bundesländern müssen Studierende daher zu Beginn des Praxissemesters an ihrer Praktikumsschule eine Bescheinigung über die Belehrung zum Infektionsschutzgesetz vorlegen. Das am 1. Januar 2001 in Kraft getretene *Infektionsschutzgesetz* (IfSG) regelt die gesetzlichen Pflichten zur Verhütung und Bekämpfung von Infektionskrankheiten. Mit seinem Leitsatz „Prävention durch Information und Aufklärung" setzt es insgesamt sehr stark auf Eigenverantwortung sowie Mitwirkung und Zusammenarbeit der Beteiligten.
Ebenso relevant sind Fragen des Versicherungsschutzes. Insofern das Praxissemester ein konstitutives Studienelement ist, besteht für Studierende während ihrer Praxisphase *gesetzlicher Unfallschutz* nach Maßgabe des § 2 Sozialgesetzbuch (SGB), Siebtes Buch (VII). Haftungsrechtlich können Studierende während der Praxis-

phase jedoch persönlich zur Verantwortung gezogen werden, wenn aus ihrem Verschulden Dritten ein Schaden entsteht und das Risiko nicht anderweitig abgedeckt ist. Sinnvoll ist daher der Abschluss einer privaten *Haftpflichtversicherung*. Mit der Versicherung sollte im Vorfeld geklärt werden, ob diese ausreichend ist, da nicht ausgeschlossen werden kann, dass die Versicherung etwaige Schadensfälle im Praktikum nicht dem privaten, sondern dem beruflichen Bereich zuordnet.

Studierende sollten darüber hinaus beachten, dass für bestimmte Fachräume (z.B. in den Naturwissenschaften, Sport, Kunst und Musik) *gesonderte Sicherheits- und Unfallverhütungsvorschriften* und Regelungen zum Umgang mit Geräten, Instrumenten, Werkzeugen und Gefahrstoffen o.ä. gelten. Außerdem gibt es in vielen Schulen zusätzliche Bestimmungen. Wenn beispielsweise für SchülerInnen ein Handy-/Smartphone-Verbot gilt, ist es unangemessen, wenn Studierende in Gegenwart von ihnen ihre Geräte nutzen, um z.B. eingehende tweets zu checken.

Ganz allgemein empfiehlt es sich für Studierende, sich nach Möglichkeit schon im Vornherein um besondere *rechtliche Bedingungen* in dem jeweiligen Bundesland und an den jeweiligen Standorten zu kümmern. Hinweise dazu finden sich in der Regel in den Praktikumsordnungen der Universitäten bzw. in den gesetzlichen Bestimmungen und Erlassen der Länder zum Praxissemester. Sollten dennoch Unklarheiten oder Nachfragen bestehen, empfiehlt es sich, sich gleich zu Beginn der schulischen Praxisphase an die Praktikumsbeauftragten zu wenden.

Schule kennenlernen

In den ersten Tagen kann darüber hinaus vor allem die eigene Orientierung der Studierenden in der *Organisation Schule* im Mittelpunkt stehen. Es geht aber nicht nur um die Ausstattung und Erreichbarkeit der Räume innerhalb der Schule, sondern auch um Unterrichts- und Pausenzeiten, schulinterne Abläufe (Vertretungspläne, Konferenzen, Verfahren bei Verletzungen oder Erkrankungen etc.) und die Begegnung mit den anderen an der Schule tätigen Personen.

Zur Weiterarbeit: ‚Schule von A bis Z'
Gemeinsam mit den Praktikumsbeauftragten, den MentorInnen oder anderen schulischen Ansprechpersonen sollten Sie sich zunächst umfassend über Ihre Praktikumsschule informieren. Als mögliche Anleitung kann dabei die nachfolgende Auflistung dienen. Obwohl sie vorgibt, eine 'Schule von A bis Z' in den Blick zu nehmen, muss sie situationsspezifisch erweitert oder reduziert und auch auf die Besonderheiten und Zielsetzungen des jeweiligen Praxissemesters hin angepasst werden. Die hier gewählten Aspekte geben einen Einblick in die Vielgestaltigkeit der Institution Schule, um Ihnen einen mehrperspektivischen Blick auf diese zu ermöglichen.

Schule	kennen gelernt (✓)	Meine Notizen
Ausstattung (Lehrmittel, Fachräume)		
Beratungsangebote (BeratungslehrerInnen, Schulsozialarbeit, SchulpsychologInnen, Eltern- und Schülersprechtage)		
Förderungsangebote (Angebote, AG's, Projekte, Wettbewerbe)		
Besonderheiten der Schülerschaft (FahrschülerInnen, Anteil der SchülerInnen mit Migrationshintergrund, Geschlechterverhältnis, SchülerInnen mit besonderem Förderbedarf)		
Gebäude (Lehrerzimmer, Sekretariat, Hausmeisterei, Schulleitung, Toiletten, Sanitätsraum, Schulhof, Aula)		
Hausordnung (Absprachen und Regelungen)		
Informationen (Aushänge, Schwarzes Brett, Stundenpläne, Newsletter, Apps, Homepage)		
Klassen/Kurse (Auswahl von Klassen für die Hospitation und den Unterricht)		
Kollegium (FachkollegInnen, Zuständigkeiten im Kollegium, z.B. SV-LehrerInnen, Lehrerrat, Team der LehramtsanwärterInnen)		
Lernorte (Klassen-/Kursräume, Bibliothek, Sportanlagen, Schulgarten, Computerraum, Selbstlernzentrum)		
Medien (Arbeitsplätze, Kreide, Scan-/Kopiergeräte, Whiteboards, mobile Laptops, Beamer, Overheadprojektor, Fernseher, DVD-/CD- Player)		
Organisation (Konferenzen, Aufsichten, Unterrichtsverteilung)		
Rechtliche Rahmenbedingungen (Dienstrecht, Schulgesetz, Wandererlass)		

Schulleben (Schülervertretung, Projekte, Klassen- und Studienfahrten, Kooperationspartner/-einrichtungen, Schulkultur, Sport, Feste)		
Schulprogramm (Leitbild der Schule, Ziele der Qualitätsentwicklung, Profilbildung)		
Termine (Ferien, Feiertage, bewegliche Ferientage, Schul- und Lehrerkonferenzen, Fachkonferenzen, Elternabende)		
Themen Inklusion (Konzepte, Ansätze, Strategien, Erfahrungen) Lehrergesundheit (Gelingensbedingungen, gesundheitsförderliche Maßnahmen, Evaluation der Maßnahmen)		
Unterricht (Lehrpläne, Konzepte, Praxisbeispiele, Erfahrungen)		
Verpflegung (Mensa, Cafeteria, Schülerkiosk, Automaten)		
Zeiten (Unterrichtsbeginn und -ende, Stundendauer, Pausen, Ganztag)		
…		
…		

(Tabelle in Anlehnung an Frieß 2009)

Sie können ihre Notizen im weiteren Verlauf des Praxissemesters auch für Ihre Fragestellungen im Rahmen des Forschenden Lernens (→ Kapitel 6) sowie als Grundlage für die verschiedenen Reflexionsanlässe (→ Kapitel 4 und 7) nutzen.

Nachfragen und Kontakte knüpfen

Die Schulen stellen zumeist vielfältige Informationen bereit und ein Großteil der Fragen lässt sich schon in den ersten Tagen an der Praktikumsschule abklären. Gerade zu Anfang gibt es aber vermutlich immer wieder Aspekte und Situationen, die der weiteren Erklärung bedürfen oder in denen Studierende unsicher sind, wie sie etwas einordnen oder sich verhalten können. Für die begleitenden Lehrkräfte ist vieles an der Schule meist selbstverständlich und normal und so vermögen sie vielleicht nicht immer abzuschätzen, welche Fragen sich noch ergeben. Es ist darum wichtig, als StudentIn auch aktiv Fragen zu stellen, Unklarheiten anzusprechen und gegebenenfalls nachzuhaken. Das ist nicht immer direkt und jederzeit sinnvoll möglich. Die begleitenden KollegInnen sind möglicherweise zugleich auch anderen Handlungsanforderungen verpflichtet, z.b. der Vorbereitung des Unterrichtsraums für die folgende Stunde oder einem Gesprächstermin mit Eltern. Überdies ist es nicht immer ratsam, bestimmte Fragestellungen unmittelbar und in Anwesenheit von SchülerInnen oder anderen Beteiligten zu erörtern. Studierende sollten auch mit der nötigen Sensibilität darauf reagieren, wenn ihre Ansprechpersonen auf Fragen ausweichend oder gar nicht reagieren. Dies kann z.b. der Fall sein bei Nachfragen zu Unterrichtshospitationen. So ist zwar der Nutzen von kollegialen Unterrichtsbesuchen für die Teamentwicklung und Feedback-Kultur und ganz allgemein als Teil eines professionellen Qualitätsmanagements in der Institution Schule in der Forschung bekannt. LehrerInnen tun sich damit im Schulalltag häufig schwer, da in der Lehrerbildung Unterrichtsbesuche auch einen qualifizierenden Charakter haben – z.b. im Vorbereitungsdienst – und den kollegialen Aspekt überlagern können (vgl. Kempfert/Ludwig 2008).

Die Kontaktaufnahme mit einzelnen KollegInnen wird auch wesentlich davon geprägt sein, wie viel Akzeptanz und Sympathie sich Studierende und einzelne Ansprechpersonen in der Schule wechselseitig entgegen bringen. Das mag zunächst ernüchternd klingen, unterscheidet sich aber nicht grundsätzlich von anderen sozialen Beziehungen: Hier wie dort gibt es Menschen, die stärker miteinander harmonieren als mit anderen. So lassen sich die beschriebenen Situationen für die Studierenden immer auch als Chance begreifen, um mit vielen und unterschiedlichen Menschen am Lernort Schule ins Gespräch zu kommen.

 Zur Weiterarbeit: Aktiv Kontakte knüpfen
Nicht nur jene Studierende, die sich eher zurückhaltend und abwartend verhalten, tun sich schwer damit, auf die Menschen am Lernort Schule zuzugehen. In noch weitgehend unbekannter Umgebung mit vielen neuen Eindrücken und Rollenunklarheiten fällt es wohl nur wenigen leicht, aktiv den Kontakt zu anderen zu suchen. Teilweise wird dieser Umstand dadurch durchbrochen, dass es einzelne Personen aus der Schule sind, die ihrerseits auf Sie zugehen, z.b. Ihre Praktikumsbeauftragten. Gleichwohl ist und bleibt es im Praxissemester auch eine wesentliche Anforderung an Sie als Studierende, sich aktiv um Kontakt an der Schule zu bemühen. Gerade die Fülle und Uneindeutigkeit der Ereignisse und Situationen an einer Schule eröffnen dabei vielfältige Optionen und Anknüpfungspunkte, um ins Gespräch zu kommen. Probieren Sie es immer wieder aus: Es muss dabei gar nicht nur um Fragen zu Schule und Praxissemester gehen. Die Lehrerin mit einer anderen Fächerkombination, der Mitarbeiter in der Schulverwaltung, die Lehramtsanwärterin, ein Hausmeister oder die Leiterin der Schulcafeteria – sie alle interessieren sich meist auch für ganz Alltägliches wie Ereignisse im regionalen Umfeld, Kinofilme, Sportergebnisse, Wetterprognosen und Lieblingsspeisen. Nicht selten wird es Ihnen in der Folge solcher Kontakte auch leichter fallen, weitere Ansprechpersonen für den Austausch über fachliche Fragen zu gewinnen.

Aufspüren

Im Hinblick auf die Anforderungen des *Forschenden Lernens* (→ Kapitel 6) kann insbesondere das, was bei Studierenden Fragen aufwirft, uneindeutig und zunächst vielleicht auch unverständlich ist, ein geeigneter Anlass sein, Forschungsfrage- und Problemstellungen aufzuspüren. Diesen können sie dann in der Folge systematischer nachgehen. Studierende können sich schon frühzeitig selbst Fragen stellen, wie z.B.:

- Was ist mir (noch) neu?
- Was ist auffällig, interessant oder irritierend für mich?
- Was ist 'besonders' an meiner Praktikumsschule?

So identifizieren sie womöglich zugleich auch Gegenstände für weitergehende forschend-reflektierende Auseinandersetzungen. Hilfreich kann dabei auch der Blick in das *Schulprogramm* der Schule sein. Hier ist das pädagogische Leitbild der Schule formuliert und es werden die konkreten Ziele für die Schul- und Unterrichtsentwicklung beschrieben. Den Beteiligten (Schulleitung, Lehrerkollegium, Eltern und SchülerInnen) dient es als Orientierungs- und Verständigungsrahmen für die gemeinsame Arbeit.

Zwar werden Studierende schon beim Ankommen in ihrer Praktikumsschule aktiv tätig, vermutlich aber nicht immer gleich mit einem forschenden Blick. Wie dieser zum Ausgangspunkt für die schulischen Aktivitäten der Studierenden werden kann, wird im Folgenden thematisiert.

5.2 Agieren

Das Praxissemester führt Studierende an das Berufsfeld von LehrerInnen heran, indem sie elementare Kompetenzen in den zentralen Handlungsfeldern des Lehrerberufs – Unterrichten, Erziehen, Beurteilen, Innovieren – erwerben sollen (vgl. KMK 2004). In einer forschenden Grundhaltung soll das im bisherigen Studium erworbene fachwissenschaftliche, fachdidaktische und bildungswissenschaftliche Wissen in der Schulpraxis kritisch überprüft werden. Der forschende Blick auf Schule und Unterricht muss daher mit Beginn des Praktikums weiter entwickelt und trainiert werden. Neben dem zentralen Handlungsfeld des Lehrerberufs, dem Unterrichten, rücken dabei im Praxissemester auch die weiteren Bereiche des Schulalltags in das Blickfeld: unter anderem Konferenzen, Eltern- und Schülergespräche, außerunterrichtliche Veranstaltungen wie Wandertage, Klassen- und Kursfahrten, Betriebspraktika, Kontakte mit außerschulischen Kooperationspartnern oder der Schulverwaltung. Ist das erste Ankommen in der Schule noch wesentlich durch organisatorische Aspekte und Fragen geprägt, rücken jetzt diejenigen Aktivitäten und Aufgaben in den Mittelpunkt, die schon zu Beginn der Praxisphase die Übernahme eines forschenden Blicks ermöglichen, damit der Aufenthalt an der Schule zu einer ertragreichen Lerngelegenheit werden kann.

Beobachten

Gerade zu Beginn des Praxissemesters können Studierende durch Beobachtungen ein genaueres Bild der Praktikumsschule und des Schulalltags erlangen.

> „Eine Beobachtung besteht in der Wahrnehmung eines Verhaltens oder einer Verhaltensäußerung durch einen Beobachter. Verhalten ist jedes Agieren, jede Reaktion oder Nichtreaktion, die einer Beobachtung bewusst zugänglich ist" (Jäger 2007, 52).

Sich ein eigenes Bild von Schule und Unterricht zu machen und die bisherige Sicht zu erweitern, zu differenzieren und gegebenenfalls zu modifizieren, ist dabei zielführend. Das Beobachten selbst ist kein passiver Akt, sondern wird von den Beobachtenden aktiv gesteuert, indem sie bewusst oder unbewusst auswählen, worauf sich die Aufmerksamkeit richtet. Sie fokussieren ihre Wahrnehmung auf einen Beobachtungsgegenstand. Gegenstand der Beobachtung sind z.B. Personen, Personengruppen, Situationen oder Ereignisse (vgl. Jäger 2007). Ebenso aktiv gestaltet sich die Verknüpfung des Beobachteten mit den bisherigen Erfahrungen bzw. das Vergleichen und Beurteilen des Beobachteten vor dem Hintergrund des eigenen Wissens (vgl. Anhalt 2006). Daher ist es hilfreich, sich mit einigen elementaren Beobachtungsformen vertraut zu machen.

Grad der Beteiligung / Zugriff	nicht-teilnehmend	teilnehmend
alltäglich		
professionell		

Abb. 5.3: Beobachtungsformen

Jeder Mensch erwirbt Beobachtungskompetenzen. Ohne sie wäre eine Orientierung im Alltag nicht denkbar. Unterschieden wird zwischen der naiven (vgl. Ingenkamp/Lissmann 2008) bzw. Gelegenheits- oder *Alltagsbeobachtung* (vgl. Preiser 2003) und der wissenschaftlichen bzw. *professionellen* Beobachtung.

„Eine professionelle Beobachtung kann als eine systematische Methode zur Erhebung von relevanten Daten aus der Perspektive einer spezifischen Fragestellung verstanden werden" (Preiser 2003, 309).

Gerade zu Beginn des Praxissemesters werden die Beobachtungen der Studierenden vermutlich eher ungerichtet und stärker willkürlich erfolgen. Im Vordergrund stehen das schnelle Zurechtfinden in der Schule und das Kennenlernen der spezifischen schulischen Rahmenbedingungen. Die ersten Eindrücke von den KollegInnen, die Sitzordnung im Lehrerzimmer, die anfänglichen Kontakte mit SchülerInnen gehören genauso dazu wie das subjektive Verarbeiten dieser Wahrnehmungen. Kennzeichnend für diesen alltäglichen Zugriff ist die assoziative Verknüpfung bzw. das unverbundene Nebeneinander der Beobachtungen (vgl. Anhalt 2006). Wenn die Beobachtungen situationsabhängig und zufällig erfolgen, gibt es auch keine Vorüberlegungen zu den Beobachtungsaspekten.

Die *professionelle* Beobachtung wird dagegen geplant und gezielt durchgeführt. Nach Preiser (2003) ist sie gekennzeichnet durch …

- Absichtlichkeit: Die Beobachtung erfolgt zielgerichtet unter einer bestimmten Fragestellung.
- Geplante Selektivität: Es werden ausgewählte Aspekte beobachtet. Dies impliziert, dass andere Aspekte ausgeblendet werden.
- Aufzeichnung und Auswertung: Die Beobachtungen werden systematisch registriert und dokumentiert, z.B. mit Hilfe von Mitschriften, Beobachtungsbögen oder Videoaufzeichnungen. Diese werden im Anschluss an die Beobachtung ausgewertet.

So kann ein Studierender z.B. bei seinen Unterrichtshospitationen beobachten, wie die KollegInnen ihren Unterricht binnendifferenziert gestalten. Dazu protokolliert er in den Stunden beispielsweise die Auswahl an Materialien, die Zusammensetzung der SchülerInnen bei Gruppenarbeiten, die Gestaltung von Aufgaben und

Übungsphasen etc. Seine Beobachtungen der Unterrichtsstunden, z.B. mit Hilfe eines Wortprotokolls, und deren Vergleich erfolgen gezielt unter der Fragestellung der ‚Binnendifferenzierung'.

Im Interesse ihrer Kompetenzentwicklung sollten Studierende schon in der Einstiegsphase beginnen, professionell zu beobachten, um ihre Wahrnehmungen theoriegeleitet zu steuern und auszuwerten. Denn im Rahmen der Pädagogischen Diagnostik werden hohe Anforderungen an die Beobachtungskompetenz von LehrerInnen gestellt. So werden durch Beobachtung verantwortungsvolle Beurteilungsaufgaben gelöst, wenn etwa LehrerInnen in Schülerberichten und Gutachten Stellung nehmen zum Verhalten von SchülerInnen und Prognosen über zukünftige Entwicklungen abgeben (vgl. Ingenkamp et al. 2008). Professionelles Beobachten ist somit eine wichtige Kompetenzanforderung im Lehrerberuf.

> **Zum Weiterlesen: Wissenschaftliche Beobachtungsmethoden**
> In der Forschung werden eine ganze Reihe von Beobachtungsmethoden unterschieden. Die Wahl der Methode hängt dabei auch von der jeweiligen Fragestellung ab. In Kapitel 6 wird Ihnen das wissenschaftliche Beobachten im Kontext des Forschenden Lernens ausführlich vorgestellt. Hier erfahren Sie, wie Sie die Methode des Beobachtens für Ihre Forschungsvorhaben im Praxissemester nutzen können.

Die Unterscheidung von nicht-teilnehmender und teilnehmender Beobachtung ist umstritten, da manche AutorInnen der Auffassung sind, dass eine gewisse Teilnahme immer vorliege, wenn Beobachtende mit ihren Sinnesorganen registrieren (vgl. Ingenkamp et al. 2008). Da die Unterscheidung jedoch eingeführt ist und auch für Studierende von Relevanz sein kann, wird sie im Folgenden kurz erläutert.

Bei der *nicht-teilnehmenden* Beobachtung erfolgt die Beobachtung von ‚außen'. Die Beobachtenden sind an den Handlungsabläufen, die sie beobachten, nicht selbst beteiligt (vgl. Ingenkamp et al. 2008). Insbesondere zu Beginn des Praxissemesters werden Studierende vermutlich vor allem aus dieser Perspektive heraus beobachten, wenn sie z.B. die schulischen Räumlichkeiten und Einrichtungen (Lehrerzimmer, Sekretariat, Schulbibliothek, Schulmensa, Computerräume, Aula, Schulhof etc.) erkunden oder im Unterricht hospitieren. Zu berücksichtigen ist dabei, dass schon allein die Anwesenheit von Beobachtenden Auswirkungen auf das Geschehen selbst haben kann (vgl. Anhalt 2006). Die Kollegin, die bei einem Elterngespräch beobachtet wird, führt dieses vielleicht strukturierter und umfassender durch als sonst; die SchülerInnen der Hospitationsklasse beteiligen sich vermehrt am Unterrichtsgespräch, weil sie ihren Lehrer sehr mögen und zeigen wollen, dass bei ihm im Unterricht gut mitgearbeitet wird. Bei der Auswertung der Beobachtungen sollten die Studierenden also berücksichtigen, dass schon das Wissen, beobachtet zu werden, das Verhalten der Beobachteten beeinflussen kann.

Bei der *teilnehmenden* Beobachtung übernimmt der Beobachtende dagegen unter den Personen, die er beobachtet, eine mithandelnde soziale Rolle (vgl. Ingenkamp et al. 2008). Dies ist beispielsweise der Fall, wenn Studierende im Praxissemester eine Lesung in der Schulbibliothek mit vorbereiten und durchführen oder eine Gruppenarbeitsphase im Unterricht mit gestalten. Nun wird nicht mehr von ‚außen' beobachtet, sondern die Studierenden sind zugleich aktiv in das Geschehen eingebunden und nehmen darauf auch Einfluss. Die Herausforderung besteht darin, zugleich als handelndes und beobachtendes Subjekt zu agieren, das nicht nur das Verhalten der beobachteten Personen, sondern auch das eigene Verhalten erfassen muss (vgl. Anhalt 2006). Der Grad der Beteiligung wird im Praxissemester unmittelbar dann relevant, wenn Studierende Unterrichtsphasen, -stunden oder -sequenzen selbst planen und durchführen (→ Kapitel 7). Denn Lehrende müssen zugleich das Unterrichtsgeschehen und das eigene Handeln beobachten. Gerade Studierenden fällt es als AnfängerInnen schwer, sich selbst in der Komplexität des Unterrichtsverlaufs als Teil des Geschehens und aus einer distanzierten Sicht heraus zu beobachten, so dass dies mit Beginn der ersten Unterrichtsversuche immer wieder geübt werden sollte.

Zur Weiterarbeit: Selbstbeobachtung in alltäglichen Situationen
Ausmaß und Qualität der Beobachtungen lassen sich oftmals durch gezieltes ‚Training' steigern. Indem Sie Menschen und ihre Interaktionen auch in alltäglichen Situationen häufiger und gezielter beobachten, unterstützen Sie sich selbst in der Entwicklung Ihrer eigenen Wahrnehmungsfähigkeit. Entsprechend werden auch Ihre Beobachtungen in den komplexen sozialen Situationen ‚Unterricht' und ‚Schule' zunehmend differenzierter und vielfältiger werden. Das gilt ebenso für die Selbstbeobachtung: Nach Möglichkeit beobachten Sie sich selbst immer wieder in Situationen, an denen Sie selbst handelnd teilhaben, also beim Sport oder anderen Freizeitaktivitäten, beim gemeinsamen Kochen in der WG, bei der Teilnahme am Straßenverkehr, während einer kontroversen Unterredung mit FreundInnen oder Verwandten, beim Arztbesuch o.ä. Vielleicht nehmen Sie sich im Anschluss daran später die Zeit, Ihre wesentlichen Selbstbeobachtungen zu notieren? Die Sammlung solcher Notizen über einen längeren Zeitraum hinweg und ein anschließender Vergleich Ihrer Aufzeichnungen veranschaulichen Ihnen dann im Idealfall eine Zunahme in der Differenziertheit Ihrer Beobachtungen.

Studierenden sollte bewusst sein, dass jedes Beobachten subjektiv ist.

„Beobachtungen basieren grundsätzlich auf einer Zusammenschau von Wahrnehmungen und Interpretationen durch einen menschlichen Beobachter. Befunde aus der Sozialpsychologie zeigen, dass die menschliche Wahrnehmung und Informationsverarbeitung bestimmten Tendenzen unterliegt, die das Beobachtungs- und Beurteilungsergebnis systematisch verzerren" (Preiser 2003, 315).

Individuelle Vorerfahrungen, Einstellungen, Kenntnisse und Absichten der Beobachtenden beeinflussen den Beobachtungsprozess und können daher auch zu

Fehlern in der Beobachtung führen. Im Folgenden wird eine Auswahl typischer Beobachtungsfehler und -fallen aufgeführt und mit Beispielen aus dem Schulalltag veranschaulicht (vgl. zur Auswahl Mayr et al. 2010):

- *Primacy-Effekt* (Effekt des ersten Eindrucks): Die gleich zu Beginn einer Beobachtung gemachten Eindrücke bleiben besonders stark haften. Hierbei spielen auch Sympathie und Antipathie eine Rolle. Beispiel: Ein Schüler wird beim ersten Kennenlernen als sehr zurückhaltend und scheu erlebt. Die Studierende geht davon aus, dass er generell so ist und ist nicht mehr sensibel für spätere gegenteilige Anzeichen.
- *Halo-Effekt*: Ein dominierendes Einzelmerkmal steuert die Beobachtung und den Gesamteindruck über die Person (Globaleindruck). Beispiel: Der Studierende bemerkt bei einer Schülerin, dass diese im Unterricht gerne vorliest. Daraus schließt er, dass sie generell Freude am Lesen und an Büchern hat.
- *Projektionsfehler* (Ähnlichkeits- oder Kontrastfehler). Die eigenen Eigenschaften, Persönlichkeitsmerkmale, Interessen, Wünsche, Fehler und Zielsetzungen werden auf die beobachtete Person übertragen und bewertet. Während beim Ähnlichkeitsfehler der beobachteten Person ähnliche Wesenszüge zugeschrieben werden wie der eigenen Person, sind es beim Kontrastfehler entgegengesetzte. Beispiel: Die Studierende erlebt eine Schülerin als strukturiert und ordentlich – eine Eigenschaft, die sie auch sich selbst zuschreibt. In der Folge wird die Schülerin wohlwollend wahrgenommen. Der Schüler, der vorlaut und aufbrausend agiert, eine Eigenschaft, die die eher zurückhaltende Praktikantin an anderen Menschen nicht schätzt, ist ihr eher unsympathisch.
- *Logischer Fehler*: Aus der Präsenz eines Merkmals wird auf die Ko-Präsenz von anderen Merkmalen und Eigenschaften geschlossen. Beispiel: Der Studierende schließt aus den sehr guten Noten einer Schülerin im Deutschunterricht, dass diese auch in den anderen Fächern gute Leistungen erbringt.
- *Attributionsfehler*: Die beobachteten Verhaltensweisen werden auf stabile Eigenschaften der Person zurückgeführt. Beispiel: Die Studierende bemerkt, dass eine Schülerin im Unterricht häufig mit ihrem Sitznachbarn redet und stuft sie als unkonzentriert und undiszipliniert ein, obwohl das Reden vielleicht eine Ausnahme darstellt und in diesem Fall äußere Ursachen hat.
- *Erwartungsfehler*: Es werden diejenigen Ereignisse wahrgenommen, die den erwarteten Vorannahmen am ehesten entsprechen. Beispiel: Bevor der Studierende seinen ersten Unterrichtsversuch in der Klasse 6a durchführt, erhält er die Information, dass ein Schüler besonders impulsiv und aufbrausend ist. Der Studierende nimmt in der Folge nur noch die Verhaltensweisen des Schülers wahr, die dieser Vorabinformation entsprechen.

Beobachtungsfehler lassen sich nie ganz vermeiden. Eine professionelle Beobachtung zeichnet sich jedoch durch Strategien aus, die zur Vermeidung dieser Fehler beitragen (vgl. Preiser 2003). Daher ist es zum einen wichtig und hilfreich, sich der Fehler bewusst zu sein und den ersten Eindruck zu hinterfragen, z.B.:

- Wie bin ich zu diesem Eindruck gekommen?
- Welche subjektiven Theorien habe ich im Hinblick auf das beobachtete Verhalten?
- Woran mache ich meine Beobachtung fest?

Zum anderen sollten während der Beobachtung regelmäßig Notizen angefertigt werden. Beschreibung und Auswertung der Beobachtung sind möglichst getrennt vorzunehmen, damit die Erklärung für ein beobachtetes Verhalten auf eine möglichst breite Basis gestellt werden kann (vgl. Preiser 2003). Zudem kann bei der Auswertung reflektiert werden, ob bei der Beobachtung entsprechende Fehler aufgetreten sind.

Zur Weiterarbeit:
Beobachtung im Rahmen von Unterrichtshospitationen
Mit Hilfe der Aufgabenstellung sollen differenzierte und detaillierte Beobachtungen im Unterricht unterstützt und in ihrer Bedeutung erfahrbar werden.
Arbeitsaufträge
1. Erstellen Sie zunächst eine freie Beobachtungsskizze z.B. von SchülerInnen zu einer kurzen Unterrichtssequenz (max. 6 min.), indem Sie das beobachtete Verhalten beschreiben.
2. In einem nächsten Schritt geht es nun darum, einzelne der von Ihnen beobachteten Situationen auszuwählen und zu interpretieren. Nutzen Sie die vorgegebenen Elemente und konkretisieren Sie diese in Stichworten. Sie müssen nicht alle Elemente nutzen, können aber noch weitere ergänzen:

Meine Beobachtung einer Schülerin, die sich aktiv beteiligt:	Meine Beobachtung eines Schülers, der sich nicht aktiv beteiligt:
Meine Beobachtung einer Schülerin, die abgelenkt ist:	Meine Beobachtung eines Schülers, der eine Rückmeldung erwartet:
Meine Beobachtung einer Interaktion zwischen Schülerin und Lehrerin:	Meine Beobachtung einer Interaktion zwischen zwei Schülerinnen:
Meine Beobachtung einer unvorhersehbaren Situation:	Meine Beobachtung …

3. Reflektieren Sie zum Abschluss Ihre Beobachtungen und Interpretationen im Hinblick auf mögliche Beobachtungsfehler und -fallen.

Begleiten und Hospitieren

In den ersten Tagen des Praxissemesters werden die Studierenden an ihrer Praktikumsschule zunächst vor allem im Unterricht hospitieren. Die Hospitation bietet ihnen dabei die Möglichkeit, verschiedene Klassen und Kurse und vielfältige Unterrichtsstile und -methoden kennen zu lernen sowie unterschiedliche Beobachtungsperspektiven einzunehmen. So kann sich die Aufmerksamkeit zum einen auf das Handeln der Lehrenden richten, z.B.:

- Wie werden die Unterrichtsinhalte dargeboten?
- Welche Sozialformen und Unterrichtsmethoden werden ausgewählt?
- Mit welchen Impulsen wird der Unterrichtsgang gesteuert?

Zum anderen kann der Fokus auf das Handeln der SchülerInnen gelenkt werden, z.B.:

- Wie beteiligen sich die SchülerInnen insgesamt am Unterricht?
- Gibt es Unterschiede zwischen Mädchen und Jungen?
- Wie verhalten sich die SchülerInnen in den Pausen?

Darüber hinaus kann das Thema bzw. der Gegenstand des Unterrichts in den Mittelpunkt der Aufmerksamkeit rücken, z.B.:

- Wie ist der Inhalt aufgebaut und wie wird er in der Stunde entfaltet?
- Wie ist der aktuelle fachwissenschaftliche und -didaktische Stand zum Thema?

Zum Weiterlesen: Schülerjob

Was SchülerInnen während des Unterrichts tun, scheinen wir alle gut zu wissen – und zwar aus eigener Anschauung und eigenem Erleben, waren wir doch selbst lange genug als SchülerInnen in der Schule. Mit seiner ethnographischen Studie gelingt Georg Breidenstein ein ‚fremder‘ und damit ‚neuer‘ Blick auf den Unterrichtsalltag von SchülerInnen. Der *Schülerjob* wird dabei zur Metapher für jegliche Form der Tätigkeit von SchülerInnen einerseits – z.B. Drankommen-Wollen, Drangenommen-Werden, Dran-Sein, und andererseits für die Haltung, die SchülerInnen gegenüber ihrem Tun einnehmen. Die Studie erlaubt einen Einblick in die ethnographische Beobachtungsmethode und zugleich in die Schülerperspektive auf Unterricht.

Breidenstein, Georg (2006): Teilnahme am Unterricht. Ethnographische Studien zum Schülerjob. Wiesbaden.

Anschauliche Dokumentationen zum ‚Schülerjob‘ bieten darüber hinaus auch die DVDs:

Mohn, Bina Elisabeth/Amann, Klaus (Hg.) (2005): Lernkörper. Kamera-ethnographische Studien zum Schülerjob. Göttingen.

Mohn, Bina Elisabeth/Wiesemann, Jutta (Hg.) (2007): Handwerk des Lernens. Kamera-ethnographische Studien zur verborgenen Kreativität im Klassenzimmer. Göttingen.

Studierende sollten zunächst i.d.R. mit ihren MentorInnen bzw. den Praktikumsbeauftragten besprechen, welche KollegInnen sie im Unterricht begleiten können. Teamarbeit und kollegiale Kooperation sind zwar selbstverständlich wichtige Aspekte der Lehrerprofessionalität, jedoch sind LehrerInnen an einer Schule situativ ganz unterschiedlich eingebunden: Der Mathematikkollege betreut schon intensiv den Lehramtsanwärter, die Deutschkollegin bereitet ihren Kurs in den folgenden Stunden mit einem Wiederholungszyklus auf die anstehende Arbeit vor, die Klassenlehrerin der 2a muss sich in den nächsten Stunden vor allem um die beiden neuen Schüler in ihrer Klasse kümmern.

Es empfiehlt sich daher gemeinsam mit den MentorInnen einen Stundenplan für die ersten Tage an der Schule zu erstellen. Neben der Hospitation im Unterricht sollten dabei auch die weiteren schulischen Aktivitäten (AG-Angebote, Konferenzen etc.) Berücksichtigung finden. Mit der Zeit werden die Studierenden immer mehr KollegInnen ihrer Praktikumsschule kennen lernen und diese selbstständig auf die Unterrichtsbegleitung ansprechen können.

 Zur Weiterarbeit: Wann bin ich wo? – Stundenplan
Tragen Sie in den Stundenplan jeweils Klasse, Raum, Fach und LehrerIn der Hospitation (HP) sowie Ihre weiteren schulischen Aktivitäten ein.

Woche vom:

	Montag	Dienstag	Mittwoch	Donnerstag	Freitag
1.					HP Klasse 9b (NaWi-Trakt, R.7) Chemie Herr Müller
2.			HP Klasse 7c, (NaWi-Trakt, R.10) Chemie Frau Schmidt		
3.	Studientag	HP Klasse 6a (R.372) Englisch Frau Meier		HP Klasse 6a (R.372) Englisch Frau Meier	HP Klasse 7c, (NaWi-Trakt, R.10) Chemie Frau Schmidt
4.		HP Klasse 9b (NaWi-Trakt, R.7), Chemie Herr Müller			
5.					
6.					
7.		Busaufsicht nach der 6. Stunde mit Frau Klein	Mensaaufsicht mit Herrn Lang		
8.		Lehrerkonferenz		Theater-AG 8. Jahrgang (Aula)	
9.					

Verabreden Sie mit den LehrerInnen, die Sie begleiten, gegebenenfalls einen Treffpunkt. Bitte beachten Sie:

An wie vielen Tagen Sie mit welchem Zeitumfang an Ihrer Praktikumsschule anwesend sein müssen, hängt von den Vorgaben Ihrer Universität ab.

Anheften

Insbesondere in der Einstiegsphase, in der Studierende noch nicht selbst Unterricht (mit)gestalten, sollten sie die Gelegenheit nutzen, einzelne KollegInnen für einen ganzen Tag zu begleiten. Dies eröffnet ihnen die Chance, die gesamte Bandbreite und Komplexität der Aufgaben und Herausforderungen eines Schultags mit Blick auf eine einzelne Lehrkraft zu erleben:

• Wie gelingt der Wechsel von einer Lerngruppe in die nächste?
• Was muss in der Pause noch für die kommende Stunde vorbereitet werden?
• Welche SchülerInnen wenden sich nach der Stunde noch mit Fragen an die Lehrkraft?
• Wie nutzen LehrerInnen ihre Freistunden? Was tun sie im Lehrerzimmer?

Auch können nach Zustimmung Klassen, Kurse oder einzelne SchülerInnen für einen Tag begleitet werden. Ermöglicht wird so die Wahrnehmung des Schulalltags aus dem Blickwinkel der Lernenden:

• Wie gestaltet sich für die SchülerInnen der Wechsel der Unterrichtsfächer und Lehrkräfte?
• Was passiert in den Pausen?
• Wie verläuft das soziale Miteinander der SchülerInnen?
• Welche Rollen nehmen einzelne SchülerInnen ein (z.B. AnführerIn, MitläuferIn, AußenseiterIn)?

Insbesondere Inklusion und Ganztag erfordern von Lehrkräften multiprofessionelle Teamarbeit (vgl. Speck et al. 2011), d.h. die Zusammenarbeit unterschiedlicher Berufsgruppen. Für Studierende kann es also interessant sein, an einem der Praktikumstage genau dies unter die Lupe zu nehmen. Sie können z.B. das sozialpädagogische Personal der Schule begleiten: Welche Aufgaben setzen diese um? Wie werden sie von den SchülerInnen wahrgenommen? Wie gestaltet sich die Zusammenarbeit mit der Schulleitung und dem Lehrerkollegium?

Ausprobieren

Damit der Übergang von der Hospitation zur eigenen Unterrichts(mit)gestaltung möglichst fließend gelingt, ist es für Studierende wichtig, erste eigene Unterrichtsideen zu entwickeln und zu erproben. Dies gelingt am besten bei den Lehrkräften, die sie bereits im Unterricht begleiten, da sie hier Klassen und Unterrichtsinhalte bereits durch die Hospitationen kennengelernt haben. Manchmal werden die LehrerInnen die Studierenden selbst ansprechen und sie bitten, selbst im Unterricht aktiv zu werden, indem sie z.B. eine Gruppenarbeit betreuen, eine Präsentationsphase moderieren oder einen Unterrichtseinstieg gestalten. In dieser Phase geht es nicht darum, ganze Unterrichtsstunden zu planen und durchzuführen (→ Kapitel 7). Vielmehr liegt der Schwerpunkt darauf, einzelne Elemente von Unterricht mit zu planen, zu gestalten und umzusetzen.

 Zur Weiterarbeit: Erprobung eigener Handlungsmöglichkeiten
Überlegen Sie gemeinsam mit den LehrerInnen, wie Sie in deren Klassen und Kursen kleine Unterrichtssituationen gestalten können, indem Sie geeignete Handlungsfelder für Ihre Planungen und Umsetzungen identifizieren. Beispielsweise:

• *in Einzel- oder Gruppenarbeitsphasen*
Ich erläutere einem einzelnen Schüler die zu bearbeitende Aufgabenstellung.
Ich unterstütze eine Schülerarbeitsgruppe bei der Vorbereitung einer Präsentation.
Ich gebe einzelnen Schülerinnen Hilfestellung bei einem Versuchsaufbau.
…

• *im Klassenunterricht*
Ich übernehme einen Unterrichtseinstieg.
Ich moderiere ein Unterrichtsgespräch.
Ich erkläre einen Sachverhalt.
Ich erläutere eine Aufgabenstellung.
Ich führe ein Experiment durch.
Ich gestalte einen Morgenkreis.
Ich bespreche eine Hausaufgabe.
Ich leite eine Auswertungsphase ein.
…

Welche Unterrichtssituationen sich konkret für Sie anbieten, hängt von den jeweiligen Fächern, Schulstufen, Unterrichtsthemen und auch von Ihren Vorerfahrungen ab.

Gerade der Einstieg in die schulische Praxisphase ist für Studierende mit vielen unterschiedlichen Aktivitäten verbunden. Wie sie dabei bereits einen forschenden Blick auf den Unterrichts- und Schulalltag werfen können, wurde bereits thematisiert. Im nächsten Abschnitt stehen diejenigen Aktivitäten im Mittelpunkt, die den Studierenden Anregungen geben können, die Wahrnehmungen und Erfahrungen der ersten Tage für die weitere Ausgestaltung ihrer Praxisphase fruchtbar zu machen.

5.3 Auswerten

Insbesondere zu Beginn des Einstiegs in die schulische Praxisphase ist vieles neu und nicht alle Informationen sind den Studierenden jederzeit noch präsent. Vielfach fühlen sie sich von der Fülle an Abläufen, Namen, Beobachtungen und Eindrücken wie erschlagen. Das ist wenig verwunderlich, denn niemandem fällt es leicht, den Überblick über das komplexe Geschehen einer Schule zu behalten und auch nur wenigen wird dieses schon gleich zu Anfang gelingen. An Schulen finden neben dem Unterricht noch viele weitere Aktivitäten statt (→ Kapitel 8), die ‚Neuankommende‘ nicht sogleich überblicken, abschätzen und einordnen können, z.B.:

• Aufnahme- und Anmeldegespräche für neue SchülerInnen,
• Abiturvorbereitungen und -prüfungen,
• Lernstandserhebungen,
• Projekttage,
• …

Zudem können die unterschiedlichen Erwartungshaltungen, die bereits in Kapitel 2 behandelt wurden, dazu beitragen, dass sich Studierende gerade in der Einstiegsphase verunsichert fühlen. Dazu kommen die spezifischen Lernaufgaben, die während des Praxissemesters umgesetzt werden sollen. Wie Studierende an ihrer Praktikumsschule gleichsam als ‚Touristen‘ auf Entdeckungsreise gehen, den SchülerInnen sowie dem Kollegium neugierig gegenüber treten und in den unterschiedlichen schulischen Situationen die ‚Augen offen halten‘ können, wird im Folgenden beschrieben. Dabei geht es um die persönliche Auswertung der anfänglichen Erfahrungen und das ‚Aufheben‘ der bisherigen Wahrnehmungen, damit diese im Laufe der Zeit routinierter und vielfältiger werden.

Abwarten

In Gestalt von SchülerInnen, aber auch LehrerInnen, sind den Studierenden in den ersten Tagen ganz unterschiedliche Persönlichkeiten begegnet. Wie in alltäglichen Situationen auch dürfte sich der Kontakt mal schneller und einfacher, mal schwieriger gestaltet haben. Es wird Personen geben, die einem direkt sympathisch sind und wieder andere, bei denen man eher zurückhaltend und abwartend reagiert. Ist ein Zugang zu der einen Lerngruppe rasch und unkompliziert gelungen, hat eine andere Lerngruppe abweisend und unzugänglich reagiert. Der Lehrerberuf stellt hohe Anforderungen an die sozial-kommunikativen Kompetenzen. LehrerInnen müssen sich in unterschiedlichen Bezugssystemen und -gruppen beziehungsorientiert verhalten. Im Rahmen ihrer Professionalitätsentwicklung sollten Studierende ihre ersten Erfahrungen dahingehend auswerten, z.B.:

- Bei welchen Personen und in welchen Situationen (Unterricht, Pausen, Lehrer-zimmer, Konferenzen, Elterngespräche u.a.) verhalte ich mich eher zurückhal-tend und abwartend?
- In welchen Situationen fühle ich mich wohl, in welchen eher unwohl?
- Wie begegne ich jüngeren SchülerInnen, wie den älteren?

Abgleichen

Durch ihr Studium haben Studierende bereits sowohl pädagogische Theorien und Konzepte wie auch Instrumente und Methoden der Schul- und Unterrichtsent-wicklung kennen gelernt. Der Aufenthalt an der Praktikumsschule eröffnet ihnen zum einen die Möglichkeit, diese in der Schulpraxis kritisch zu überprüfen. Zum anderen können die Studierenden ihre eigenen Vorstellungen von Schule und Un-terricht mit der vorgefundenen Schulrealität abgleichen, z.B.:

- Wo überschneiden sich schulische Angebote mit meinen eigenen Interessen?
- Entsprechen das Schulprogramm und das Schulprofil meinem Verständnis des Erziehungs- und Bildungsauftrags von Schule?
- Sind mir Widersprüche und Probleme hinsichtlich der Funktion von Schule auf-gefallen?
- Hat sich mein Blick auf Schule und Unterricht durch die bisherigen Erfahrungen verändert?
- Gab es Situationen, die mich besonders irritiert haben?

Unterstützen

An ihren Praktikumsschulen finden Studierende ganz unterschiedliche Bedingun-gen und Schwerpunkte der schulischen und unterrichtlichen Arbeit vor. Diese ergeben sich u.a. durch die Schulart bzw. Schulform, die Schülerschaft und das Schulprofil. Auch die Studierenden selbst bringen unterschiedliche Kenntnisse, Fähigkeiten und Fertigkeiten mit, sei es aus ihrem bisherigen Studium, ihren bis-herigen Praxisphasen oder aber aufgrund privater Hobbies und Interessen. Haben sie beispielsweise in einer vorangegangenen Praxisphase schon elementare förder-diagnostische Kompetenzen erworben, können sie diese für das Förderkonzept ih-rer jetzigen Praktikumsschule nutzen. Wer in seiner Freizeit leidenschaftlich gerne Schach spielt, kann dieses Hobby für die Mitgestaltung einer Schach-AG für Schü-lerInnen im Ganztag nutzen. Diejenigen, die sich schon im Studium intensiv mit der Analyse von Filmen beschäftigt haben, können den Deutschlehrer in besonde-rem Maße bei der Umsetzung einer Unterrichtsreihe zur Analyse von Filmklassi-kern unterstützen. Die Aufzählung von Beispielen ließe sich noch lange fortsetzen. Sinnvollerweise sollten die Studierenden sich selbst befragen, welche Unterstützung sie ihrer jeweiligen Schule in welchen Bereichen anbieten können.

Zur Weiterarbeit: Was bringe ich mit?

Sie haben einen ersten Überblick über Ihre Praktikumsschule gewonnen, kennen beispielsweise das Schulprofil und wichtige Aspekte des Schulprogramms. Werten Sie für sich aus, wie Sie Ihre Schule mit Ihren persönlichen Kompetenzen und Interessen oder auch mit Ihren spezifischen Lernaufgaben für die Praxisphase unterstützen können. Konkretisieren Sie zunächst die folgenden Beispiele und fügen Sie nach Bedarf weitere hinzu. Markieren Sie diejenigen, die Sie mit Blick auf Ihre Praktikumsschule für relevant erachten.

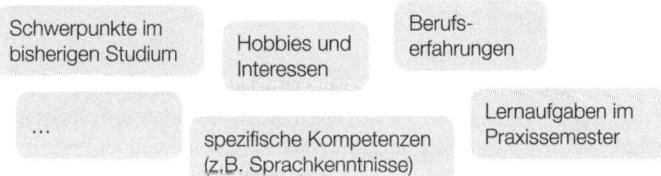

Überlegen

Das Praxissemester soll dazu beitragen, eine forschende Grundhaltung zu entwickeln. Dazu gehört neben Neugier und Offenheit auch die Bereitschaft, individuell persönliche (Forschungs-)Bedarfe zu identifizieren – zunächst vielleicht erst einmal frei nach dem Motto ‚Was ich immer schon ’mal wissen wollte‘. Nicht alle Fragen der Studierenden werden sich per se als geeignete Fragestellung für die Durchführung von studentischen Forschungsvorhaben erweisen, die gesondert im folgenden Kapitel 6 behandelt werden. Trotzdem ist es wichtig, sich bereits zu Beginn des Praxissemesters auf der Grundlage der bisherigen Erfahrungen und der konkreten schulischen Bedingungen individuell relevante Fragestellungen zu überlegen, die dann in einem nächsten Schritt in Forschungsvorhaben münden können.

Zum Beispiel: „Ich wollte schon immer ‘mal wissen …“

> …wie viel Zeit ‚gestandene‘ Lehrkräfte für die Unterrichtsvorbereitung aufwenden.

Diese Frage könnte in ein Forschungsvorhaben zum Belastungsempfinden und/oder zur Lehrergesundheit münden (vgl. zu diesen Themen z.B. Rothland 2013; Schaarschmidt 2005).

> …was SchülerInnen in ihrer Freizeit lesen.

Hieraus ließe sich eine Untersuchung zum Leseverhalten bzw. zur Lesesozialisation von SchülerInnen ableiten (vgl. zu diesem Thema z.B. Philipp 2011).

Es wird wohl nur selten gelingen, die so gesammelten Fragen unmittelbar in Fragestellungen für weitergehende studentische Forschungsvorhaben zu überführen. Ausgehend von einer ersten ‚Sammlung‘ können einzelne Fragen aber im weiteren Verlauf der Praxisphase vielleicht weiter angereichert, ausdifferenziert oder auch anders gewichtet werden, so dass sie – in ihrer Eigenschaft als Vorarbeit – schon in dieser frühen Phase keinesfalls gering zu schätzen sind. Dementsprechend kann es sich als lohnend erweisen, möglichst viel davon festzuhalten, was im weitesten Sinne als frag*würdig* erscheint.

Zur Weiterarbeit: Was nehme ich mit? Was behalte ich im Blick?
Nach einigen Tagen haben Sie sich einen ersten Überblick über Ihre Praktikumsschule verschafft. Mit Blick auf die weitere Ausgestaltung Ihrer Praxisphase bietet es sich an, sich einzelne Situationen und deren Wahrnehmung wieder in Erinnerung zu rufen, um darauf aufbauend ausgewählte Aspekte erneut zu überdenken. Nehmen Sie sich ganz bewusst Zeit und sorgen Sie dafür, dass Sie ungestört sind. Lehnen Sie sich nun innerlich zurück und lassen Sie die ersten Tage vor Ihrem inneren Auge Revue passieren. Sie haben viele unterschiedliche Personen und Situationen wahrgenommen und miterlebt. Überlegen Sie nun: Was ist Ihnen besonders im Gedächtnis geblieben? Woran haben Sie besonders angenehme Erinnerungen? Gab es Erfahrungen in der Schule, die Sie in besonderer Weise überrascht oder irritiert haben? Würden Sie sich in einer spezifischen Situation beim nächsten Mal anders verhalten? Wo haben sich für Sie Fragen und Unklarheiten ergeben? Machen Sie sich am besten Notizen zu Ihren Erinnerungen.
Überlegen Sie nun in einem nächsten Schritt, ob Sie bereits Bezüge zu Ihnen bekannten wissenschaftlichen Theorien herstellen können: Haben Sie beispielsweise aus dem Gespräch erfahren, dass eine Kollegin oder ein Kollege allen Formen von Frontalunterricht grundsätzlich ablehnend gegenüber steht? In dem Fall kann es sich anbieten, zu recherchieren, welche Theorien diese Einschätzung stützen oder – anders gewendet – welche Theorien den Stellenwert von Frontalunterricht auch gegenwärtig weiter betonen. Ebenso ist es vorstellbar, dass Sie davon erfahren, dass es an der Schule Fälle von Cybermobbing gibt. In diesem Fall könnten Sie die konkreten Situationen mit Annahmen und Aussagen einschlägiger Präventionskonzepte in Beziehung setzen. Doch auch wenn es zu diesem Zeitpunkt noch nicht gelingt, eigene Erfahrungen im Zusammenhang wissenschaftlicher Theorien zu verorten, lassen sich in Ihren Notizen womöglich erste Hinweise finden, die Ihnen helfen können, Antworten zu finden auf die Frage: Was nehmen Sie sich für die nächsten Wochen vor?

Blick zurück nach vorn:
Zwischenfazit und Ausblick auf Kapitel 6

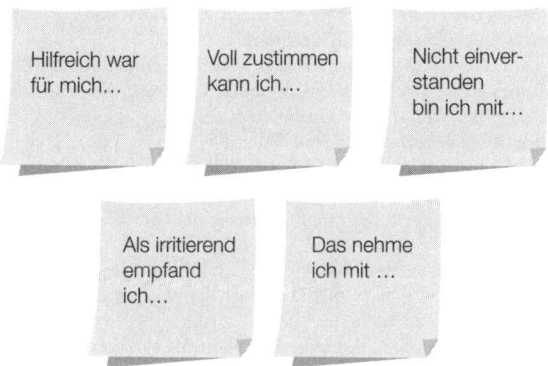

Aller Anfang ist schwer – Wie Studierende den Einstieg an ihrer Praktikumsschule kompetent bewältigen und wie sie ihre ersten Erfahrungen und Eindrücke bestmöglich verarbeiten und für die weitere Gestaltung der Praxisphase nutzen können, wurde in diesem Kapitel anhand von Beispielen und exemplarischen Situationen aufgezeigt. Auch wenn Studierenden zu Anfang nicht gleich alles gelingt, sie die Befürchtung haben, den Überblick zu verlieren, sollte sie dies nicht entmutigen. Sich in einem fremden System zurechtzufinden, fällt den meisten Menschen am Anfang schwer. Wenngleich der eigene Anteil der Studierenden bei der Gestaltung einer gelungenen Praxisphase nicht zu unterschätzen ist, soll an dieser Stelle noch einmal explizit auf die Bedeutung der Praktikumsbeauftragten und MentorInnen verwiesen werden. Studierende befinden sich noch ganz am Anfang ihrer Professionalitätsentwicklung und bedürfen daher auch einer ganz besonderen Begleitung und Unterstützung. Dazu gehört die Hilfestellung bei der Eingliederung in den Schulalltag genauso wie die Ermöglichung von Lerngelegenheiten und das offene Ohr für die Fragen der Studierenden. Eine gelungene Praxisphase geht einher mit einer wertschätzenden, die berufsbiografische Entwicklung der Studierenden fördernden Begleitung und Betreuung. Die MentorInnen sind daher ein wichtiges Bindeglied zwischen den Ausbildungsorten Universität und Schule (vgl. Daschner 2005).

In Kapitel 6 wird das Forschende Lernen im Praxissemester behandelt. Fokussiert werden studentische Forschungsvorhaben, für die Studierende vielfältige Anregungen und Beispiele vorgestellt bekommen sowie Hilfestellungen für den Forschungsprozess erhalten.

Literatur

Anhalt, Elmar (2006): Formen der Erkundung und Beobachtung im Schulpraktikum. In: Beyer, Klaus/ Wisbert, Rainer/Plöger, Wilfried/Wasmuth, Klaus-Ulrich/Anhalt, Elmar (Hg.): Schulpraktikum. Einführung in die theoriegeleitete Planung, Durchführung und Reflexion. Baltmannsweiler, 47–62.

Arnold, Karl-Heinz/Hascher, Tina/Messner, Rudolf/Niggli, Alois/Patry, Jean-Luc/Rahm, Sybille (2011): Empowerment durch Schulpraktika. Bad Heilbrunn.

Bulmahn, Christoph (2008): Praktiken statt Praxis, Wissensverwendung statt Dilemmabearbeitung? Über die Möglichkeiten der Hochschuldidaktik zur Relationierung von Wissensformen über soziale Praktiken. Workingpaper, Didaktik der Sozialwissenschaften 2. http://www.uni-bielefeld.de/soz/ag/hedtke/pdf/Bulmahn_Working-Paper_2.pdf [03.07.2014]

Daschner, Peter (2005): Lehrerbildung und Schulentwicklung. Potenziale, Hindernisse und Entwicklungsspuren. In: Pädagogik, 57, H.7–8, 6–9.

Frieß, Anne (2009): Mentorenarbeit. Betreuung, Beratung und Beurteilung von Referendaren. Buxtehude.

Haß, Frank/Oettler, Jörg/Thomale, Rita (2008): Lehrerausbildung in der Schule. Stuttgart.

Ingenkamp, Karheinz/Lissmann, Urban (2008): Lehrbuch der Pädagogischen Diagnostik. 6. Aufl. Weinheim/Basel.

Jäger, Reinhold S. (2007): Beobachten, Beurteilen und Fördern! Lehrbuch für die Aus-, Fort- und Weiterbildung. Landau.

Kempfert, Guy/Ludwig, Marianne (2008): Kollegiale Unterrichtsbesuche. Besser und leichter unterrichten durch Kollegen-Feedback. Weinheim/Basel.

KMK (2004): Sekretariat der Ständigen Konferenz der Kultusminister der Länder in der Bundesrepublik Deutschland. Standards für die Lehrerbildung: Bildungswissenschaften (KMK, 16.12.2004).

Mayr, Johannes/Nieskens, Birgit/Paar, Swantje/Rumpold, Vanessa/Schöning, Anke/Valdorf, Nicole/Wittgen, Boris (2010): Informationen für Lehrerinnen und Lehrer der Zukunft in NRW. Begleitung und Beratung im Eignungspraktikum. Materialien für Fachleiterinnen und Fachleiter sowie für Mentorinnen und Mentoren. Erprobungsfassung. März 2011. http://nrw.cct-germany.de/data/de/Begleitung_Beratung_Eignungspraktikum_NRW_2011.pdf [26.05.2014]

Philipp, Maik (2011): Lesesozialisation in Kindheit und Jugend. Lesemotivation, Leseverhalten und Lesekompetenz in Familie, Schule und Peer-Beziehungen. Stuttgart.

Preiser, Siegfried (2003): Pädagogische Psychologie. Psychologische Grundlagen von Erziehung und Unterricht. Weinheim/München.

Rothland, Martin (Hg.) (2013): Belastung und Beanspruchung im Lehrerberuf. Modelle, Befunde, Interventionen. 2. überarb. Aufl. Wiesbaden.

Schaarschmidt, Uwe (Hg.) (2005): Halbtagsjobber? Psychische Gesundheit im Lehrerberuf – Analyse eines veränderungsbedürftigen Zustandes. 2. Aufl. Weinheim/Basel.

Speck, Karsten/Olk, Thomas/Böhm-Kasper, Oliver/Stolz, Heinz-Jürgen/Wiezorek, Christine (Hg.) (2011): Ganztagsschulische Kooperation und Professionsentwicklung. Studien zu multiprofessionellen Teams und sozialräumlicher Vernetzung. Weinheim/München.

Topsch, Wilhelm (2004): Schulpraxis in der Lehrerbildung. In: Blömeke, Sigrid/Reinhold, Peter/Tulodziecki, Gerhard/Wildt, Johannes (Hg.): Handbuch Lehrerbildung. Bad Heilbrunn/Braunschweig, 476–486.

Gabriele Klewin, Renate Schüssler und Saskia Schicht

6 Forschend lernen – Studentische Forschungsvorhaben im Praxissemester

Ein wichtiger Bestandteil vieler Praxissemesterkonzeptionen ist der hochschuldidaktische Ansatz des Forschenden Lernens. Dieser ist je nach Bundesland und Universitätsstandort sehr unterschiedlich akzentuiert und ausgestaltet.

Die Bandbreite dessen, was unter Forschendem Lernen gefasst wird, reicht von der Einnahme einer reflexiven Haltung über die theoretische Fundierung von Praktikumsberichten bis hin zur Durchführung von (kleinen) empirischen Untersuchungen.

Zur Verständigung: Studentische Forschungsvorhaben
In diesem Studienbuch werden die unterschiedlichen Bezeichnungen für Untersuchungen im Rahmen Forschenden Lernens (studentische Forschungsprojekte, Studienprojekte, Projekte Forschenden Lernens etc.) unter der einheitlichen Bezeichnung *Forschungsvorhaben* bzw. *studentische Forschungsvorhaben* geführt.

Geht es um die Durchführung von studentischen Forschungsvorhaben, ist es notwendig, dass Studierende hierfür neben den theoretischen Grundlagen mit dem notwendigen forschungsmethodischen Handwerkszeug ausgestattet werden.

Dieses Kapitel richtet sich also explizit an jene Studierende, die im Rahmen des Praxissemesters ein eigenes Forschungsvorhaben planen, durchführen und auswerten.

Zur Weiterarbeit:
Was meint Forschendes Lernen in Ihrem Praxissemester?
Auf Forschendes Lernen beziehen sich fast alle … Aber was genau wird an Ihrer Universität darunter verstanden, welches Verständnis liegt der Praxissemesterkonzeption an Ihrem Studienort zugrunde?

Verschaffen Sie sich Orientierung, was genau von Ihnen erwartet wird und ob Sie überhaupt ein eigenes Forschungsvorhaben durchführen sollen.

Orientierung können Ihnen hierbei die Praxissemesterordnungen und Modulbeschreibungen, Studieninformation und -beratung sowie Gespräche mit Lehrenden und Mitstudierenden bieten.

Um folgende Fragen geht es in diesem Kapitel: Was wird unter Forschendem Lernen verstanden, weshalb eignet es sich besonders für das Praxissemester und was sind Grenzen des Ansatzes? Welche möglichen Varianten und Beispiele sind für das Praxissemester denkbar? Es folgen praktische Hinweise, wie studentische Forschungsvorhaben geplant und umgesetzt werden können und eine Einführung in geeignete Forschungs- und Auswertungsmethoden.

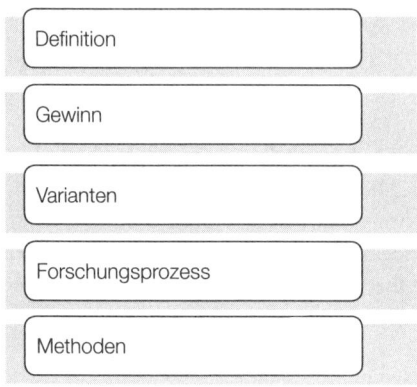

Definition

Gewinn

Varianten

Forschungsprozess

Methoden

Abb. 6.1: Überblick über Kapitel 6

6.1 Forschendes Lernen – um was geht es?

Forschendes Lernen ist kein neues Konzept. Bereits seit den 1970er Jahren wird im Rahmen des Diskurses zur stärkeren Beteiligung von Studierenden an Wissenschaft und der Erhöhung ihrer Selbständigkeit davon gesprochen. Mittlerweile ist Forschendes Lernen ein über den Bereich der Lehrerbildung hinaus verbreiteter hochschuldidaktischer Ansatz.

Beim Forschenden Lernen in der *Lehrerbildung* handelt es sich um

> „einen Lernprozess, der darauf abzielt, den Erwerb von Erfahrungen im Handlungsfeld Schule in einer zunehmend auf Wissenschaftlichkeit ausgerichteten Haltung theoriegeleitet und selbstreflexiv unter gleichzeitiger Beachtung des Respekts vor der nicht zu verdinglichenden Persönlichkeit des Kindes bzw. Jugendlichen sowie der Lehrenden zu ermöglichen" (Boelhauve et al. 2004, 7)

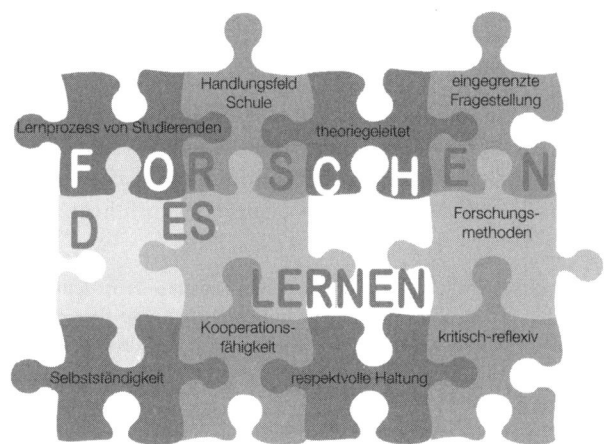

Abb. 6.2: Grundbestandteile Forschenden Lernens

Das Besondere am Ansatz des Forschenden Lernens ist, dass die Studierenden selbst forschend aktiv sind. Sie beschäftigen sich an kleinen, klar begrenzten Beispielen mit schulischen Handlungsfeldern und zentralen Tätigkeitsbereichen von Lehrkräften. Die Studierenden erforschen Aspekte der Schul- oder Unterrichtswirklichkeit, ihres eigenen oder fremden Unterrichts und üben, sich im Handlungsfeld Schule mit einer forschend-reflektierenden Haltung zu bewegen und einen distanzierten Blick einzunehmen. Idealerweise können sie so lernen, auch eigenes Handeln immer wieder aus einer gewissen Distanz heraus zu beobachten, zu reflektieren und zu korrigieren (vgl. Roters et al. 2009; Klewin/Schüssler 2012).

Mit Forschendem Lernen ist die Hoffnung verbunden, die Professionalitätsentwicklung der Studierenden in besonderem Maß zu fördern (vgl. Fichten 2012;

2010; Aeppli et al. 2011). Die Studierenden sollen in den späteren Beruf „eine fragend-entwickelnde und kritisch-reflexive Haltung mitnehmen" (Fichten 2010, 130f.). Der Ansatz des Forschenden Lernens kann Perspektivwechsel ermöglichen und so einen neuen, einen anderen Blick auf Schule vermitteln (vgl. Feindt 2007). Ziel Forschenden Lernens ist nach Hofer „nicht einfach [...] Forschungsorientierung, sondern [...der] Aufbau professionellen Wissens in der späteren beruflichen Praxis" (Hofer 2013, 314). Beim Forschenden Lernen geht es weniger um das *Ergebnis*, sondern vielmehr um den *Prozess* der Erkenntnisgewinnung und das Lernen der Studierenden. Forschendes Lernen betont also ihren „subjektiven Erkenntnisgewinn und Wissenszuwachs" (Fichten 2010, 133). Forschung stellt hier vor allem Mittel zum Zweck des eigenen Lernprozesses dar, das Lernen der Studierenden steht also im Vordergrund. Zu diesem

> „Lernen im ‚Medium' von Forschung [gehört], dass Studierende selbst eine sie interessierende Problemstellung entwickeln und diese regelgeleitet und systematisch untersuchen, um dabei neue Erkenntnisse zu gewinnen, wobei ‚neu' hier im Sinne ‚den Beteiligten bisher nicht bekannt' (Huber 2013, 16) zu verstehen ist" (Fichten 2010, 133).

Forschendes Lernen ist anwendungsbezogen und zeichnet sich durch Feldnähe und Praxisrelevanz aus. Es ist dezidiert in einem Ausbildungskontext angesiedelt und dient der Professionalitätsentwicklung. Die Verortung in der jeweiligen Praxis ist der Dreh- und Angelpunkt der Projekte, wie folgendes auch heute noch aktuelles Zitat beschreibt:

> „Für die meisten solcher Projekte [...] kommt der Praxis größte Bedeutung zu: als Ausgangspunkt (Motivation, Beobachtung, Problembewusstsein), als Integrationsebene (der Aspekte, Disziplinen, Nomenklaturen), als Übungs- und Erprobungsfeld, als Korrektur und Relativierung der Theorie [...]. Dies bedeutet eine neue Konzeption des Praktikums" (BAK 1970, 27).

Veränderungsprozesse der Praxis sind beim Forschenden Lernen ausdrücklich beabsichtigt. Das kann sich zum Beispiel auf Aspekte der Unterrichtsentwicklung beziehen: Wenn das Frageverhalten einer Lehrkraft oder die Gestaltung des Unterrichtseinstiegs unter einem bestimmten Erkenntnisinteresse untersucht werden, kann die Lehrkraft aus den Befunden Schlussfolgerungen für ihr weiteres unterrichtliches Handeln ziehen. Analog gilt dies natürlich auch für andere Forschungsfelder, wie Schulentwicklungsfragen (z.B. Gestaltung von Ganztagsangeboten, Umsetzung von Inklusion) oder für Falldiagnose- und Förderung (→ Kapitel 6.3).
Damit rückt das Forschende Lernen in die Nähe der *Praxisforschung*: es zeigen sich deutliche Überschneidungen zu Lehrerforschung *(teacher research)* oder Handlungs- bzw. Aktionsforschung *(action research)*. Im Schulbereich ist letztere die „systematische Untersuchung beruflicher Situationen, die von Lehrerinnen und Lehrern selbst durchgeführt wird, in der Absicht, diese zu verbessern" (Altrichter/ Posch 1998, 13; vgl. auch Reimers 2005, 20). In Abgrenzung hierzu sind beim For-

schenden Lernen nicht die Lehrkräfte, sondern die Studierenden die forschenden Subjekte.

Abschließend gewarnt sei vor einer verbreiteten inflationären und unscharfen Begriffsverwendung, wenn es um Forschendes Lernen geht.

> „Die Forderung ‚Forschendes Lernen' war eingängig von Anfang an und sagt sich leicht in allerhand programmatischen Reden. Wäre ‚Forschendes Lernen' in der Praxis so verbreitet wie der Gebrauch der Floskel seit der Denkschrift der Bundesassistentenkonferenz (BAK 1970) inflationär ist, wären weitere Plädoyers überflüssig. Naturgemäß sind die Konturen des Begriffs bei so vielfältiger Ausbreitung unscharf geworden" (Huber 2009, 9).

Im Folgenden wird es darum gehen, welchen Mehrwert das Forschende Lernen im Praxissemester bringen kann und welche Möglichkeiten der konkreten Umsetzung es gibt.

6.2 Warum eignet sich der Ansatz des Forschenden Lernens besonders für das Praxissemester?

Studierende im Praxissemester haben – wenngleich mit leicht unterschiedlichen Akzentuierungen in den Konzeptionen der Bundesländer und Standorte – gleich eine ganze Reihe von Anforderungen zu bewältigen. Sie müssen in unterschiedlich starkem Ausmaß unterrichten, sich ins Schulleben integrieren (Teilnahme an Lehrerkonferenzen, Schulentwicklungsprozessen, Ausflügen, Pausenaufsichten etc.) und unter Umständen auch Forschungsvorhaben durchführen. Das fördert Erwartungshaltungen und erzeugt Handlungsdruck.

Angesichts der wohl meist hohen Zeitanteile, die auf unterrichtsbezogene Tätigkeiten entfallen, besteht die Gefahr, dass Studierende Wissen rezeptartig anwenden und in der Unterrichtspraxis beobachtete Verhaltensweisen schlicht kopieren. Es können sich Routinen ausbilden und verfestigen, die als Resultat von Bewältigungsstrategien entstanden sind. So können Studierende im Praxissemester in so manche „Erfahrungsfalle" (Hascher 2005) stolpern (→ Kapitel 1). Forschendes Lernen kann vor diesem Hintergrund dabei helfen, Distanz zum eigenen Handeln aufzubauen und eine forschend-reflexive Haltung zu entwickeln. Es kann letztlich zur eigenen Professionalitätsentwicklung beitragen, weil schulpraktische Erfahrungen *theoriegeleitet reflektiert* werden können. Es geht also nicht um das Ansammeln von Erfahrungen im Handlungsfeld Schule. Stattdessen kann die Einnahme einer distanzierten Haltung im Forschungsprozess den Studierenden dabei helfen, Schule, Unterricht und Lehrerhandeln konzeptionell zu durchdringen. Theoretisches Wissen dient dabei als Begründungs- und Reflexionswissen (vgl. Weyland 2010).

Auch das dem Forschenden Lernen implizite *selbstreflexive Lernen* kann die berufsbiografische Entwicklung der Studierenden fördern. Hierzu gehören v.a. die Reflexion der subjektiven Theorien zu Schule, Unterricht und Lehrerhandeln (→ Kapitel 1) sowie die Auseinandersetzung mit der Berufswahlmotivation und den eigenen Kompetenzen (→ Kapitel 4). Ziel ist eine Entwicklung hin zu reflektierenden PraktikerInnen.

Zu bedenken gilt, dass Studierende gerade im Praxissemester mit ihrer Rolle als Unterrichtende voraussichtlich recht stark eingebunden sein werden. Wenn dazu noch die Rolle der Forschenden kommt, wird es herausforderungsvoll sein, die vielfältigen Anforderungen, für die auch die unterschiedlichen am Praxissemester beteiligten Institutionen mit ihren je eigenen Ausbildungslogiken stehen, miteinander zu vereinbaren (→ Kapitel 2). Dabei sollte es beim Forschenden Lernen nicht um einen möglichen Gegensatz zwischen Unterrichten und Forschen gehen. Vielmehr kann das Praxissemester als Studienelement die Gelegenheit bieten, das eine mit dem anderen produktiv zu verbinden. Laut Hofer besteht die spezifische Akzentuierung und der „doppelte Anspruch" (Hofer 2013, 311) Forschenden Lernens in der Lehrerbildung darin, dass „die Forschungsorientierung mit Professionalisierungsansprüchen in Bezug auf berufliches Handeln" (ebd.) verknüpft wird.

Zwischenruf: Forschendes Lernen als Allheilmittel?

Das Konzept des Forschenden Lernens hat aus gutem Grund durch das Praxissemester eine erneute Popularität erhalten. Dennoch ist es kein Allheilmittel. Dies hieße, das Konzept mit Erwartungen zu überfrachten. Leider gibt es trotz der langen Bekanntheit des Ansatzes kaum empirische Forschung, aus der Hinweise für die Wirksamkeit von Angeboten Forschenden Lernens gezogen werden könnten (vgl. Fichten 2010). Eine der wenigen Ausnahmen stellt eine Studie von Feindt (2007) dar.

Zur Reflexion oder Peer-Reflexion: Rettungsanker oder Ballast?
Forschendes Lernen kann einerseits einen Rettungsanker gegen ein *Sich-in-der-Praxis-verlieren* darstellen. Andererseits kann die damit verbundene Notwendigkeit, (kleine) Forschungsvorhaben durchzuführen, als zusätzliche Belastung in einem ohnehin schon anstrengenden Praxissemester wahrgenommen werden.
• Wie kann ich produktiv mit der beschriebenen Gratwanderung umgehen?

Allerdings eignet sich nicht nur der Ansatz des Forschenden Lernens für das Praxissemester. Umgekehrt bietet sich auch das Praxissemester gleich aus mehreren Gründen als angemessener Rahmen an, um Forschendes Lernen zu realisieren. Das betrifft sowohl den zeitlichen Umfang der Anwesenheit in Schule als auch die curriculare Verankerung des Praxissemesters, das überwiegend im fortgeschrittenen Studienverlauf angesiedelt ist. So starten die Studierenden mit ihren studentischen Forschungsvorhaben nicht bei ‚Null‘, sondern haben sich in der Regel schon in den vorausgegangenen Semestern mit bildungswissenschaftlichen und fachdidaktischen Theorien und Forschungsmethoden beschäftigt. Auch im Gegensatz zum Vorbereitungsdienst, in dem die LehramtsanwärterInnen in der Schule einer permanenten Beobachtungs- und Bewertungssituation ausgesetzt sind, birgt das Praxissemester das Potenzial als Lern- und Erfahrungsfeld sowie als Chance für einen noch druckarmen und multiperspektivischen Zugang zum Handlungsfeld Schule. Der Ansatz des Forschenden Lernens hilft dabei, sich die Schule aus einer wissenschaftsorientierten Perspektive zu erschließen.

Auch Schulen können – eine gewisse Offenheit vorausgesetzt – von Forschungsvorhaben im Praxissemester profitieren, was sich in Analogie zur Schulbegleitforschung folgendermaßen beschreiben lässt:

> „Das, was Schulen und Lehrkräfte […] gewinnen können, ist an die Einführung einer Außensicht gebunden, aus der heraus eingefahrene, personale und systemische Entwicklungen behindernde bzw. blockierende Denk- und Handlungsgewohnheiten verflüssigt und die Reflexion über die Praxis und das Handeln in der Praxis zueinander in ein neues Verhältnis gesetzt werden" (Eckert/Fichten 2005, 8).

Ein forschungsoffenes Klima ist zwar an manchen Schulen vorhanden, kann aber nicht generell vorausgesetzt werden. Es ist deswegen ratsam, gleich zu Beginn des Praxissemesters in Dialog mit den Praktikumsbeauftragten und MentorInnen zu treten, beispielsweise um Vorstellungen und Ideen zur Themenwahl und Forschungsfragestellung miteinander abzustimmen (→ Kapitel 4 und 5).

 Zur Weiterarbeit: Reden hilft – Forschendes Lernen in der Schule
Im Idealfall profitiert auch die Schule von der Durchführung und den Ergebnissen der Projekte, die die Studierenden im Praxissemester durchführen.

Suchen Sie zu Beginn Ihres Praxissemesters das Gespräch: mit der Schulleitung, der Steuergruppe für Schulentwicklung oder den Praktikumsbeauftragten. Überlegen Sie gemeinsam:

• Von welchen Forschungsfragen könnte die Schule direkt oder indirekt profitieren?
• Ist die Fragestellung im Rahmen des Praxissemesters zu bewältigen oder muss sie weiter eingegrenzt werden (→ Kapitel 6.4).

6.3 Mögliche Varianten Forschenden Lernens im Praxissemester

Forschendes Lernen im Praxissemester kann unterschiedliche Ausprägungen erfahren und steht immer in engem Zusammenhang mit den Gegebenheiten vor Ort, an der Schule.
Bisher gibt es keine einheitliche Theorie Forschenden Lernens (vgl. Koch-Priewe/ Thiele 2009; Hofer 2013). Dennoch lassen sich aus den bisherigen Ansätzen und Erfahrungen zum Forschenden Lernen unterschiedliche thematische Schwerpunkte und methodische Herangehensweisen für die studentischen Forschungsvorhaben im Praxissemester ableiten – hier soll dies in Form von fünf Varianten geschehen.

?! **Zur Verständigung: Varianten Forschenden Lernens**
Die folgende Darstellung ist angelehnt an die Varianten im Bielefelder Leitkonzept zur standortspezifischen Ausgestaltung des Praxissemesters (vgl. Universität Bielefeld et al. 2011, 10f.). Diese Systematisierung stellt eine mögliche Ausdifferenzierung Forschenden Lernens im Praxissemester dar und kann auch als Ausgangspunkt für die Umsetzung an anderen Standorten dienen.

Die Systematisierung in Form von Varianten Forschenden Lernens dient der Ein- und Abgrenzung der verschiedenen thematischen Felder und Aufgabenbereiche, auf die sich eine Forschungsfrage beziehen kann. Das ist hilfreich, um geeignete und vor allem bearbeitbare Fragestellungen für studentische Forschungsvorhaben im Praxissemester zu finden. Diese fünf Varianten sind nicht als abgeschlossen anzusehen, sondern lassen sich erweitern und ergänzen, sodass weitere Schwerpunkte in den Blick genommen werden können.
Die hier vorgestellten Varianten beschränken sich nicht allein auf unterrichtspraktische Tätigkeiten, sondern beziehen sich sowohl auf unterrichtliche als auch auf außerunterrichtliche Aspekte des Handlungsfeldes Schule. Die Varianten sind so konzipiert, dass sie bedeutsam sind für professionelles Lehrerhandeln und ebenso für die Professionalitätsentwicklung der Studierenden. So soll die Gefahr umgangen werden, „dass die Forschung Studierender in den Dunstkreis der von Oelkers (2000a) der Lehrerbildung generell attestierten Beliebigkeit gerät" (Fichten 2010, 151). Zugleich erfahren die Studierenden schon früh, dass sie sich unterschiedliche Situationen ihres späteren Berufsfeldes wissenschaftlich fundiert erschließen können.

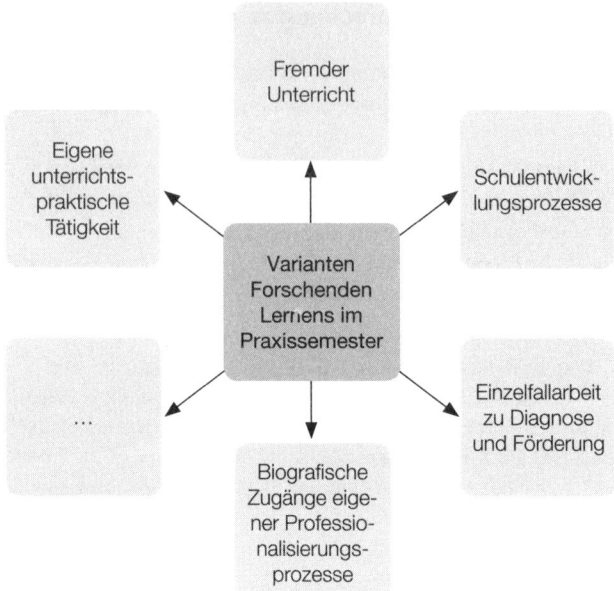

Abb. 6.3: Varianten Forschenden Lernens im Praxissemester

Variante 1: Forschung über die eigene unterrichtspraktische Tätigkeit

Im Praxissemester führen die Studierenden eigene unterrichtspraktische Tätigkeiten durch. Im Rahmen der Variante 1 erforschen sie zugleich ihren eigenen Unterricht. Das umfasst sowohl das eigene Unterrichtshandeln als auch Fragestellungen, die sich auf die Lerngruppe oder auf die Vorbereitung und Planung des Unterrichts beziehen. Zur Erforschung der eigenen unterrichtspraktischen Tätigkeit ist die Verwendung von Hilfsmitteln ratsam wie die Nutzung von Audio- oder Videoaufnahmen (Stichwort: videogestützte Unterrichtswahrnehmung) oder die gegenseitige Unterstützung in Tandems oder studentischen Kleingruppen (Peer Learning).

Die spezifischen Forschungsgegenstände können sich auf fachdidaktische oder allgemeinpädagogische Inhalte beziehen. Mögliche Gegenstände können zum Beispiel sein:

• Gestaltung der unterschiedlichen Phasen des Unterrichts, z.B. des Unterrichtseinstiegs oder der Ergebnissicherung,
• Rituale,
• fachdidaktische Reduktion,
• Aufbereitung und Vermittlung des Stoffes,
• Methoden des Unterrichts oder
• Fragen des Lernzuwachses.

Zum Beispiel:
Mögliche Forschungsfragen zu Variante 1

- Welche Präkonzepte sind in der Klasse zum Unterrichtsthema Klimawandel vorhanden?
- Erkennen SchülerInnen mathematische Konzepte, wenn sie in unterschiedlichen Anwendungsgebieten auftauchen?
- Welche Techniken der Stoffreduktion sind für die Beschäftigung mit Erzählperspektiven im Deutschunterricht einer 9. Klasse möglich?
- Hat ein Training von Lernmethoden Auswirkungen auf das unterrichtsbezogene Verhalten von SchülerInnen?

Die Erforschung von Aspekten des eigenen Unterrichts kann für Studierende erst einmal herausfordernd sein, da sie sich zugleich in zwei Rollen befinden: die der Lehrenden und die der Forschenden. Um die Rollenkomplexität zu reduzieren, ist es möglich, als Einstieg in das Forschende Lernen zunächst fremden Unterricht zu erforschen. Hierum geht es in Variante 2.

Variante 2: Forschung in fremdem Unterricht

In Variante 2 werden fachdidaktische oder allgemeinpädagogische Fragestellungen in fremdem Unterricht erforscht. Je nach Ausgangssituation und spezifischer Fragestellung kann dies der Unterricht von anderen Studierenden, Lehrkräften der Schule oder LehramtsanwärterInnen sein.

Durch die Erforschung einzelner Aspekte fremden Unterrichts können sich die Studierenden ganz auf die Durchführung ihres Forschungsvorhabens konzentrieren. Das erleichtert es, die für einen Forschungsprozess notwendige Distanz zum beobachteten Geschehen einzunehmen. Naturgemäß ähneln sich die möglichen Fragestellungen der Variante 1 und 2.

Zum Beispiel:
Mögliche Forschungsfragen zu Variante 2

- Welche Arten von Fragen dominieren im Unterricht der Lehrkraft?
- Beteiligen sich mehr SchülerInnen im Unterricht, wenn die Lehrkraft zwischen dem Stellen der Frage und dem Aufrufen eine größere Zeitspanne verstreichen läßt?
- Gibt es Unterschiede bezüglich des Fragetyps?
- Welche Formen der Leistungsmessung verwendet die Lehrkraft? Wie schätzen SchülerInnen die unterschiedlichen Erfahrungen ein?

Variante 3: Forschung in Schulentwicklungsprozessen

Die Variante 3 fokussiert Forschungsfragen zu unterschiedlichen Prozessen der Schulentwicklungsarbeit. Schulentwicklung versteht die einzelne Schule „als Einheit zielgerichteter systematischer und reflexiver Gestaltung" (Rolff 2007, 16). Schulentwicklung stellt ein Zusammenspiel aus Maßnahmen der Unterrichtsentwicklung, Organisationsentwicklung und Personalentwicklung dar, welche „im Systemzusammenhang gesehen" (ebd.) werden sollten.

Fragestellungen können sich in der Variante 3 zum Beispiel beziehen auf:

- das Schulprogramm,
- Maßnahmen der Organisationsentwicklung, wie z.b. Rückkopplung zwischen Steuergruppe und Kollegium,
- Maßnahmen der Unterrichtsentwicklung, wie z.b. Ansätze zum Team-Teaching,
- Maßnahmen der Personalentwicklung, wie z.b. schulinterne Fortbildungsprogramme,
- Maßnahmen zur Qualitätsentwicklung oder
- die Evaluation einzelner Projekte.

Zum Beispiel:
Mögliche Forschungsfragen zu Variante 3

- Welche Wünsche haben SchülerInnen an das Angebot einer potenziellen Schülerfirma?
- Wie werden die StreitschlichterInnen in der Sekundarstufe I von den SchülerInnen angenommen?
- Welche Arten von Lehrerkooperation finden sich in den Jahrgangsteams?
- Nutzen die SchülerInnen die Methoden aus dem Methodentraining eigenständig im Unterricht?
- Welche Angebote des offenen Ganztags gibt es und welche weiteren Ideen und Wünsche bestehen dafür?
- Wie wird der im Schulprogramm beschriebene Aspekt X (z.B. Gender Mainstreaming, Umgang mit Heterogenität, Mediation etc.) im Schulalltag umgesetzt?

Die Ausrichtung der Variante 3 auf Schulentwicklungsprozesse ermöglicht es, mit klar abgegrenzten Fragestellungen das Handlungsfeld Schule auch jenseits von Unterricht in den Blick zu nehmen. Die Studierenden lernen exemplarisch durch ihr Forschungsvorhaben, die Schule als komplexes Gefüge wahrzunehmen.

Besonders wichtig für das Gelingen eines Forschungsvorhabens der Variante 3 ist es, die Gegebenheiten an der spezifischen Praktikumsschule zu beachten. Variante 3 eröffnet durch ihre Ausrichtung direkt Anschlüsse an die Aktions- bzw. Praxisforschung. Hier spielt auch ein forschungsfreundliches Klima an der Schule eine wichtige Rolle.

Zur Weiterarbeit: Nicht vergessen, Absprachen treffen
Die erfolgreiche Planung und Durchführung von Forschungsvorhaben gerade aus dem Bereich der Schulentwicklung hängt in hohem Maß von den Gegebenheiten vor Ort ab.
Überlegen Sie, wie Sie an Ihrer Praktikumsschule eine geeignete Fragestellung entwickeln können. Ein erster Anlaufpunkt kann das Schulprogramm sein. Ihre Ideen für Forschungsvorhaben müssen in jedem Fall eng abgestimmt werden mit der Schulleitung und der Steuergruppe zur Schulentwicklung. Suchen Sie deshalb frühzeitig das Gespräch mit den beteiligten Personen. Hier sollte auch thematisiert werden, ob und in welcher Form sich die Schule eine Rückmeldung über die Ergebnisse wünscht.

Variante 4: Einzelfallarbeit zu Diagnose und Förderung

Im späteren Beruf werden zukünftige Lehrkräfte immer wieder mit dem Anspruch der individuellen Diagnose und Förderung konfrontiert sein. Dazu müssen sie in der Lage sein, Eigenheiten, besondere Charakteristika und Bedarfe einzelner SchülerInnen wahrzunehmen. Dies erhält besonderes Gewicht im Zuge der zunehmenden Hinwendung der Schulen zu den Anforderungen der Inklusion.

Ein studentisches Forschungsvorhaben im Rahmen der Variante 4 ermöglicht durch die Arbeit mit einem Einzelfall ein vertieftes Verständnis individuellen Lernens. Es besteht zum Beispiel aus der Erhebung des Förderbedarfs, einer Auswahl und Durchführung von Maßnahmen und der Dokumentation.

Einige Aspekte verdienen besondere Aufmerksamkeit bei dieser Form studentischer Forschungsvorhaben: Zur Auswahl von geeigneten SchülerInnen müssen jeweils auch Schul- und Klassenleitung sowie die Erziehungsberechtigten dem Forschungsvorhaben zustimmen.

Gerade in der Einzelfallarbeit ist es wichtig, den respektvollen und persönlichkeitsschützenden Umgang mit der Person – ebenso wie beim Forschenden Lernen allgemein (vgl. Boelhauve et al. 2004) – zu wahren.

Zum Beispiel: Forschendes Lernen zur Diagnose von Fehlvorstellungen von mathematischen Begriffen
Ob SchülerInnen mathematische Aufgaben erfolgreich lösen können, hängt in hohem Maße davon ab, welche Grundvorstellungen sie von mathematischen Begriffen haben (vgl. vom Hofe 2003). Deshalb kann es ratsam sein, SchülerInnen individuell zu fördern. Im Rahmen eines studentischen Forschungsvorhabens können diese individuellen Vorstellungen und Lösungsstrategien z.B. durch Anwendung des diagnostischen Interviews expliziert und untersucht werden (vgl. Hafner/vom Hofe 2008, 15). Auf Basis der durch das diagnostische Interview herausgearbeiteten Fehlvorstellungen können die Studierenden Überlegungen für geeignete Fördermaßnahmen anstellen und gegebenenfalls auch durchführen.

**Variante 5: Forschende Auseinandersetzung mit biografischen Zugängen und/
oder eigenem Professionalisierungsprozess**

Unter berufsbiografischer Perspektive ist die Entwicklung von Professionalität zuerst „ein berufsbiographisches Entwicklungsproblem" (Terhart 2011, 208). Pro-
fessionalisierungsprozesse entwickeln sich fortlaufend und sind verknüpft mit der
privaten Biografie des Einzelnen. Die Variante 5 trägt diesem Umstand Rechnung.
Anders als in den vorhergehenden Varianten ist diese stärker ausgerichtet auf selbstreflexive, biografische Prozesse. Thematisiert werden können Motivationen, Zugänge und biografische Hintergründe zum angestrebten Beruf, aber auch subjektive
Theorien der Studierenden.

Die Ausrichtung auf berufsbiografische Fragestellungen ermöglicht es den Studierenden, die Lehrerprofession unter einer „stärker individualisierte[n], breiter
kontextuierte[n] und zugleich lebensgeschichtlich-dynamische[n] Sichtweise"
wahrzunehmen (ebd.).

Damit individuelle berufsbiografische Zusammenhänge oder subjektive Theorien
(→ Kapitel 1) zum Gegenstand der studentischen Forschung werden können, sollten sie durch angemessene methodische Zugänge für die Studierenden greifbar gemacht werden. In diesem Zusammenhang ist die Arbeit unter Peers (→ Kapitel 4),
zum Beispiel in Tandems oder größeren Teams, empfehlenswert.

Zum Beispiel: „Ich kann, also weiß ich!"
Wenn sich Studierende zum Beispiel für ein Sportstudium entscheiden, haben sie
oft bereits im Vorfeld vielfältige Erfahrungen mit Sport gemacht, unter anderem
im Rahmen von Schulsport oder Freizeit. Diese tendenziell positiven Vorerfahrungen initiie-
ren einen „sportpraktische[n] Habitus" (Arens et al. 2009, 115) bei den Studierenden. Dieser Habitus kann zur Folge haben, dass die Studierenden an ihren Unterricht nicht mit einer didaktisch-methodischen Perspektive herangehen, sondern mit einer „sportinhärente[n]
Könnensentwicklungsperspektive" (ebd.). Sie sind dann der Meinung, weil sie selbst gerne
Sport treiben, seien sie prädestiniert dafür, gute SportlehrerInnen zu werden.
Im Rahmen von Forschungsvorhaben können Studierende dieser „biographischen Engfüh-
rung des angestrebten Lehrerberufs auf Können" (ebd., 116) entkommen und einen „erforderlichen Perspektivwechsel vom Sportler zum Sportlehrer" (ebd.) vollziehen.

Zur Reflexion oder Peer Reflexion: Varianten Forschenden Lernens
- Welche Chancen und Problemlagen sehe ich bei der Planung und Durchführung
  meiner Forschungsvorhaben im Hinblick auf die vorgestellten Varianten Forschenden Lernens?

Zur Weiterarbeit:
Gegenstände ableiten und eigene Fragestellungen entwickeln
Nehmen Sie sich etwas Zeit und schauen Sie alleine oder mit Peers die fünf vorgeschlagenen Varianten an. Überlegen Sie sich eigene Gegenstände, die zu den Varianten passen (z.B. Lehrerfrage, Unterrichtsstörung, Teamentwicklung, Einzelfalldiagnose und -förderung). Versuchen Sie, darauf basierend Fragestellungen zu formulieren, um diese Gegenstände zu erforschen. Wenn Ihre Gegenstände oder Fragestellungen zu keiner der genannten Varianten passen, denken Sie darüber nach, zusätzliche Varianten zu benennen.

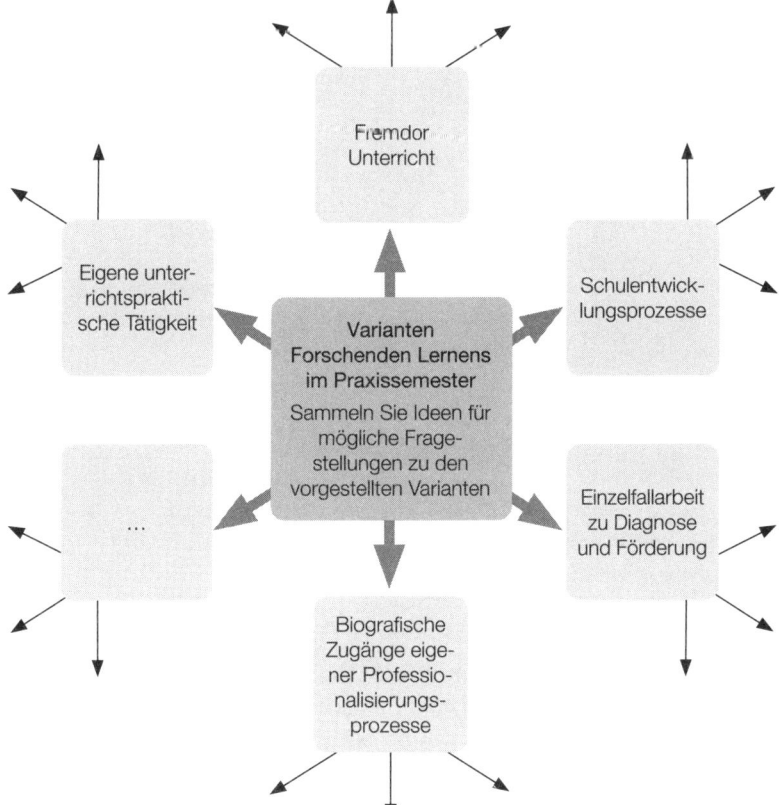

Abb. 6.4: Varianten Forschenden Lernens als Mind Map zum Ausfüllen

6.4 Von der Idee zur Umsetzung

In der Literatur gibt es unterschiedliche Vorgehensweisen und Teilschritte zur Strukturierung und Gestaltung des Forschungsprozesses. In Abbildung 6.5 zum studentischen Forschungszyklus sind zentrale Schritte und Elemente dargestellt, die im Folgenden näher erläutert werden.

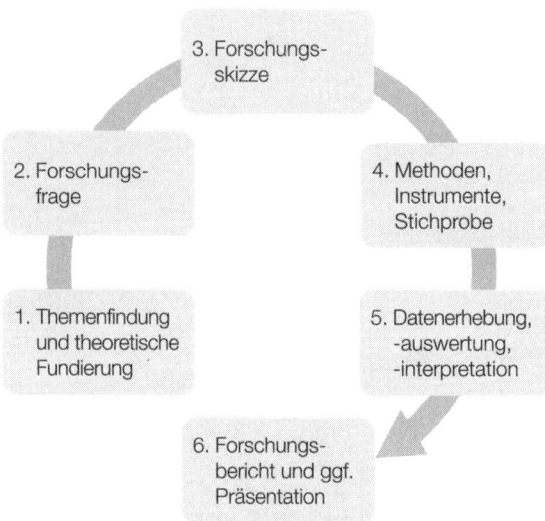

Abb. 6.5: Studentischer Forschungszyklus

Schritt 1: Themenfindung und theoretische Fundierung

Zu Beginn jedes Forschungsvorhabens steht die Themenfindung: Um welche Gegenstände könnte es bei der geplanten Untersuchung gehen? Im Praxissemester kann sich die Themenfindung aus den Beobachtungen von Unterricht und Schulalltag der ersten Praktikumswochen speisen. Aber auch im Vorbereitungsseminar können bereits mögliche Forschungsgegenstände exemplarisch durchgespielt und theoretisch vorbereitet werden.

 Peer Learning Activity: Inkshedding
Die Methode des *Inkshedding* (Scheuermann 2012, 90ff.) – des *Tinte Ausschüttens* – eignet sich besonders gut, um Ihre Ideen mit Mitstudierenden schriftlich zu diskutieren. Dies kann Ihnen helfen, die Entwicklung von möglichen Fragestellungen anzubahnen und Ihr konkretes Vorhaben weiter zu entwickeln und zu reflektieren.

Nehmen Sie dazu im Rahmen einer Peer Learning Activity ein vertikal in der Mitte gefaltetes DIN A4-Blatt. Formulieren Sie zunächst Ihr thematisches Anliegen oder eine Problemstellung. Danach haben Sie 10 Minuten lang Zeit, sich in loser Form weitere Notizen zu Ihrem thematischen Anliegen zu machen. Der Schreibfluss sollte möglichst nicht unterbrochen werden.

Nun werden die Texte in 2–3 Runden an Mitstudierende weitergegeben. Die Mitstudierenden markieren am Rand alles, was sie besonders interessant oder inspirierend finden. Sie formulieren Nachfragen, wo etwas nicht verständlich ist und weisen auf Klärungsbedarf hin. Die Kommentare sollen konstruktiv formuliert sein.

Nach Abschluss des Peer-Feedbacks werden die kommentierten Texte wieder an Sie als VerfasserIn zurückgegeben. Überlegen Sie, welche Kommentare und Nachfragen hilfreich für die weitere Entwicklung Ihrer Fragestellung sind. Kommen Sie, wenn Sie möchten, mit Ihren Mitstudierenden ins Gespräch über die Kommentierungen und ziehen Sie daraus Schlussfolgerungen für Ihr weiteres Vorgehen.

Um dem Anspruch Forschenden Lernens gerecht zu werden, ist es notwendig, das Thema theoretisch zu fundieren. Dazu gehört natürlich auch eine Auseinandersetzung mit wissenschaftlicher Literatur, um das Thema theoretisch einzubetten. Vielleicht gibt es ja auch schon Untersuchungen zu gleichen oder angrenzenden Themen, auf die Bezug genommen werden kann.

Schritt 2: Forschungsfrage

Das thematische Anliegen, sprich der Forschungsgegenstand, sollte nun übersetzt werden in die Formulierung einer oder mehrerer Forschungsfragen. Eine geeignete Fragestellung zu entwickeln, kann sich als Herausforderung entpuppen. Es ist deshalb sinnvoll, sich frühzeitig mit dem Entwickeln angemessener Fragestellungen zu beschäftigen. Grundsätzlich zu unterscheiden ist bereits bei der Fragestellung zwischen einem

- *hypothesengenerierenden Forschungsdesign*, z.B. „Wie gehen SchülerInnen mit schlechten Noten in Klausuren um?"

und einem

- *hypothesenüberprüfenden Forschungsdesign*, z.B. „Finden sich die bekannten Befunde zum mathematischen Selbstkonzept von Mädchen und Jungen auch in dem Mathematikgrundkurs der Praktikumsschule?"

Eine besondere Aufgabe stellt die sinnvolle *Eingrenzung* der Forschungsfrage dar. Oft sind Forschungsfragestellungen zu weit gefasst oder schwer zu überprüfen. Es ist wichtig, dass Studierende hier bereits in einem frühen Stadium des Forschenden Lernens, aber auch über den Forschungsprozess hinweg, entsprechend Beratung finden.

Manche Forschungsfragestellungen sind der Beobachtung schwer zugänglich, z.B.:

> „Ist die Motivation der SchülerInnen größer beim Frontalunterricht oder bei offenen Unterrichtsformen?" oder „Wie ist die Stimmung in Klasse X"?

Motivation lässt sich nicht direkt für die Beobachtung operationalisieren, sondern ist immer schon ein Ergebnis der Interpretation beobachtbarer Variablen. Stimmung lässt sich schlecht messen.

Hände weg auch von klassischer Wirkungsforschung, die der Überprüfung durch eine Kontrollgruppe bedarf. Folgende Fragen sind beispielsweise schwer überprüfbar:

> „Ist der Lernzuwachs beim Einsatz eines Computerprogramms größer als bei herkömmlichen Unterrichtsmethoden?" „Wie wirkt sich die Handlungsorientierung der Unterrichtsgestaltung auf den Lernzuwachs aus?" oder „Lernen die SchülerInnen mehr im Frontalunterricht oder in offenen Unterrichtsformen?".

Angewandt in einer Klasse müsste der gleiche Gegenstand mit beiden Unterrichtsformen behandelt werden – so aber lassen sich die Lerneffekte des vorangegangenen Unterrichts nicht von den Effekten des nachfolgenden Unterrichts isolieren. Alternativ wäre die Überprüfung mittels einer Kontrollgruppe denkbar (z.B. Parallelklassen). Dann werden die Ergebnisse allerdings durch zu viele Variablen beeinflusst, die schlecht voneinander zu isolieren sind. In einem begrenzten Setting wie dem Praxissemester ist dies nicht ernsthaft zu bewältigen.

Stattdessen sollten Studierende versuchen, Fragestellungen gegenstandsangemessen und überprüfbar zu formulieren. Die beliebte Fragestellung „Lernen die SchülerInnen mehr im Frontalunterricht oder in offenen Unterrichtsformen?" könnte folgendermaßen umgewandelt werden: „In welcher Unterrichtsform nehmen SchülerInnen für sich selbst einen größeren Lernfortschritt wahr: im Frontalunterricht oder in offenen Unterrichtsformen?"

Step by Step: Generell ist es ratsam, die Hauptfragestellung in verschiedene Unterfragestellungen aufzuteilen, die dann unter Umständen auch mit unterschiedlichen Methoden untersucht werden können. Durch diese Art der Methodentriangulation, sprich der Kombination verschiedener Untersuchungsmethoden, kann eine größere Gegenstandsangemessenheit erreicht werden. Eine quantitative Erfassung der Lehrerfragen im Unterricht kann beispielsweise kombiniert werden mit kurzen qualitativen Interviews mit der Lehrkraft zu Fragetechniken und Antwortverhalten. Gegebenenfalls kann in einem zweiten Schritt auch die Interaktion zwischen Lehrkraft und ausgewählten SchülerInnen beobachtet werden oder letztere können zu ihrer Wahrnehmung des Frage- und Antwortverhaltens interviewt werden.

 Zur Weiterarbeit: Nach der Forschung ist vor der Forschung
Werfen Sie nun einen Blick in das Schaubild mit dem Forschungszyklus (vgl. Abbildung 6.5). Die Ergebnisse von Erhebungen bieten oft einen idealen Ausgangs-

punkt für weitere Erhebungen, mit denen die Hypothesen der vorangegangenen Untersuchung überprüft oder Fragestellungen erweitert und vertieft werden können.

So bildet sich idealerweise ein Forschungszyklus, bei dem Sie als Studierende im Praxissemester mit Ihren Forschungsvorhaben auch bei Untersuchungen ansetzen können, die in den vorangegangenen Semestern erfolgt sind. Fragen Sie bei Interesse im Vorbereitungsseminar nach, ob es Untersuchungen aus früheren Semestern gibt, an die Sie anknüpfen können.

Erfolgt die Forschung videogestützt, können bei der Formulierung der Forschungsfragestellung mehr Faktoren als bei der teilnehmenden Beobachtung berücksichtigt werden. Es ist unter Umständen sogar auch möglich diese miteinander zu verschränken, z.B.

- Typus der Lehrerfragestellung (offen, geschlossen, Wissensfragen, divergent, konvergent etc.),
- Beteiligung von SchülerInnen am Unterricht,
- Zeit, die die Lehrkraft verstreichen lässt, bis sie aufruft oder
- Zusammenhang zwischen der Zeit für die Rückmeldung und der Anzahl der Meldungen.

 Peer Learning Activity: Probe-Erhebungen unter Peers
Beim Forschenden Lernen handelt es sich um eine komplexe Tätigkeit, bei der viele unterschiedliche Faktoren zu berücksichtigen sind. Bevor Sie ein Forschungsvorhaben durchführen, können Sie zu einzelnen Aspekten Probeerhebungen mit Ihren Mitstudierenden realisieren.

Vereinbaren Sie – in Absprache mit Ihren Lehrenden – beispielsweise, dass Sie sich gegenseitig eine oder zwei Sitzungen lang in Gruppenarbeitsphasen zu einem frei wählbaren Aspekt beobachten. Es sollte dabei nicht offen gelegt werden, um was es geht – aber Sie sollten miteinander über den Rahmen der Beobachtung sprechen (wer, wen, wann, wie lange?).

Bei der Festlegung des Untersuchungsgegenstandes sind Ihrer Fantasie keine Grenzen gesetzt. Beobachten Sie doch beispielsweise, wie stark sich einzelne Studierende einbringen oder wie häufig jemand beim Reden unterbrochen wird. Achten Sie aber unbedingt auf ein Fair Play, also zum Beispiel das Einverständnis aller Beteiligten, Spielregeln für die Rückmeldungen oder Formen der Anonymisierung, um die Befunde aus den Beobachtungen mitzuteilen.

Vielleicht können Sie gemeinsam mit Ihren Mitstudierenden sogar Lehrende aus den Vorbereitungsseminaren dafür gewinnen, eine solche Probeerhebung zum Bestandteil von ein oder zwei Seminarsitzungen zu machen. Dann kann es auch um das Frageverhalten der Lehrenden gehen (offene, geschlossene Fragen, Zeit für die Antwort etc.) oder den Umgang mit Zuspätkommen, die Beteiligung der Studierenden etc.

Werten Sie die Mini-Erhebungen zusammen mit Ihren Mitstudierenden aus: Welche Probleme haben sich ergeben, was ließ sich gut untersuchen, was war der Beobachtung nicht zugänglich, musste vielleicht auch die ‚Forschungsfrage' umformuliert werden etc.?

Schritt 3: Forschungsskizze

Im ersten Drittel des Forschungsprozesses ist es üblich eine Forschungsskizze (Projektskizze, Exposé, Forschungsdesign etc.) zu erstellen, die den Studierenden über den ganzen Forschungsprozess hinweg Orientierung gibt.

 Zur Weiterarbeit: Forschungsskizze als Mindmap
Eine erste Hilfe kann es sein, wenn Sie für und während der Entwicklung Ihrer Forschungsskizze eine Mindmap zu Ihrem eigenen Forschungszyklus führen. In dieser können Sie wichtige Gedanken und Entscheidungen festhalten.

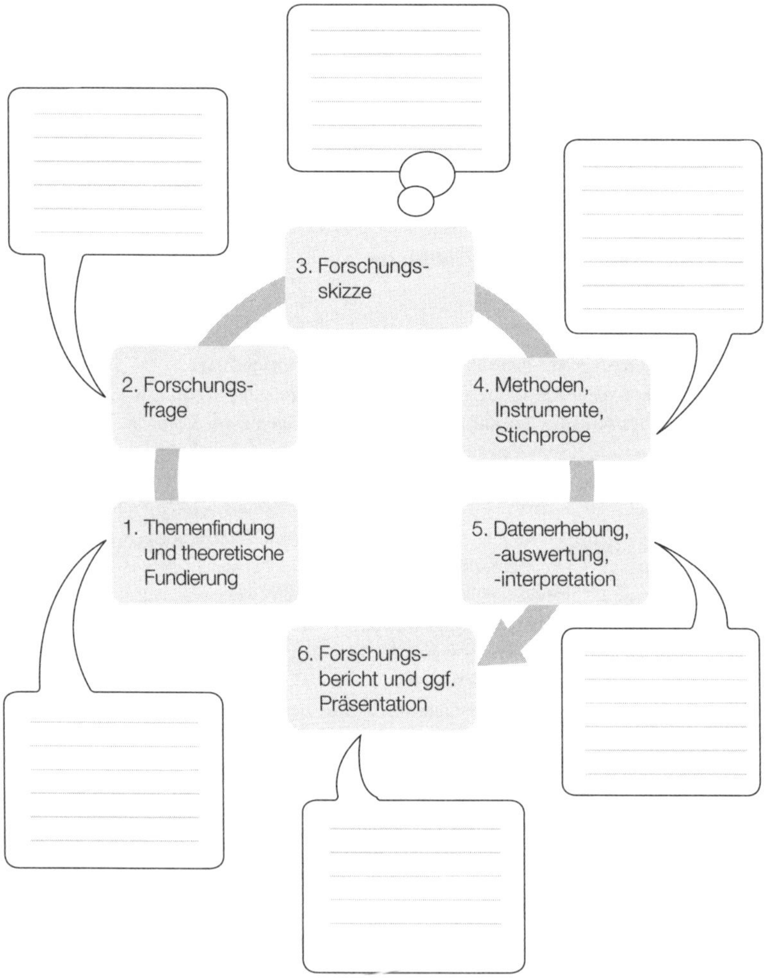

3. Forschungs-
skizze

2. Forschungs-
frage

4. Methoden,
Instrumente,
Stichprobe

1. Themenfindung
und theoretische
Fundierung

5. Datenerhebung,
-auswertung,
-interpretation

6. Forschungs-
bericht und ggf.
Präsentation

Abb. 6.6: Studentischer Forschungszyklus zum Ausfüllen

In der Forschungsskizze sind als zentrale Bestandteile immer enthalten eine theoretische Einbettung des Themas, die Forschungsfragestellung(en) und Erläuterungen zu Forschungsmethoden, Instrumenten und Stichprobe (→ Kapitel 6.5). Für die Forschungsskizze selbst gibt es unterschiedliche Gliederungsmöglichkeiten.

Zur Weiterarbeit:
Hilfe beim Strukturieren des Forschungsprozesses – Teil 1
Es ist ratsam, die einzelnen Elemente des Forschungsprozesses mit den Lehrenden oder auch mit Mitstudierenden im Detail zu besprechen. Auch wenn Sie bereits Vorlesungen zu Forschungsmethoden besucht haben, kann es schwer fallen, dieses Vorwissen in die Gestaltung eines *eigenen* Forschungsvorhabens zu überführen. Häufige Fehlerquellen sind die mangelnde Eingrenzung der Fragestellung, die fehlende theoretische Fundierung der Überlegungen oder Unsicherheit bezüglich der Methodenwahl oder -anwendung.
Eine Hilfestellung für das Erstellen von Forschungsskizzen bieten Gliederungsstrukturen oder Checklisten (s.u.). Diese arbeiten Sie zu Beginn Ihres Forschungsprozesses aus. Sprechen Sie mit Ihren Lehrenden ab, inwiefern Sie die in diesem Studienbuch abgedruckte Gliederung oder eine Abwandlung davon verwenden können. Vielleicht wird aber auch von Ihren Lehrenden eine Gliederungshilfe ins Vorbereitungsseminar eingebracht.

Gliederungsstruktur und Checkliste für die Forschungsskizze

Erkenntnisinteresse und Themenfindung

Um welches Anliegen bzw. welches Problem soll es bei Ihrem Forschungsvorhaben gehen? Warum möchten Sie sich ausgerechnet mit diesem Gegenstand beschäftigen, was ist Ihr Erkenntnisinteresse? Welche Relevanz hat die Thematik für Sie oder für Ihr Praxissemestersetting?

Forschungsstand und Theoriebezug

Welche wissenschaftlichen Erkenntnisse liegen zu der von Ihnen gewählten Thematik bereits vor? Was sind wichtige Positionen in der Fachliteratur, gibt es widersprüchliche oder konkurrierende Aussagen? Auf welche Theorien oder Erklärungsansätze können Sie sich bei der Erforschung Ihres Anliegens stützen? Weshalb erscheinen Ihnen gerade diese Theorien oder Erklärungsansätze relevant zur Untersuchung der von Ihnen gewählten Thematik?

Forschungsfrage

Auf welche zentrale Fragestellung möchten Sie mit Ihrem Forschungsvorhaben eine Antwort finden?
Neben einer Leitfrage können auch weitere Teilfragen formuliert werden. Die Frage(n) müssen eindeutig und präzise formuliert werden. Treffen Sie eine Entscheidung, ob Sie die Fragen beschreibend oder hypothesenüberprüfend formulieren möchten.

Methoden, Instrumente, Stichprobe

Beschreiben Sie die geplanten Methoden und Instrumente der Datenerhebung. Beschreiben Sie die Stichprobe und den zeitlichen Rahmen Ihrer Untersuchung.

Beschreiben Sie die Methoden, mit denen Sie Ihre Untersuchung auswerten möchten. Inwiefern können Ihnen die gewählten Methoden helfen, Ihre Fragestellung zu bearbeiten? Welche Implikationen ergeben sich aus den gewählten Erhebungsmethoden und -instrumenten für die Auswertung?

Datenerhebung und -auswertung
Erstellen Sie einen (vorläufigen) Zeitplan zur Planung der einzelnen Schritte bei der Datenerhebung und -auswertung.
Berücksichtigen Sie schon in der Planungsphase die Vorgaben zu Umfang des Forschungsberichts, Abgabedeadline und gegebenenfalls Format der Präsentation.

Literatur
Geben Sie einen vorläufigen Überblick über die bereits in der Planungsphase verwendete Fachliteratur.

Schritt 4: Methoden, Instrumente, Stichprobe

Zu den zentralen Bestandteilen des Forschungsdesigns gehört die Beschreibung von Forschungsmethoden, Instrumenten und Stichprobe. Ein detaillierter Überblick über Erhebungsmethoden und -instrumente findet sich in Kapitel 6.5 dieses Studienbuchs.

Schritt 5: Datenerhebung, -auswertung und -interpretation

Ebenso ist es wichtig, bereits bei der Entwicklung des Forschungsdesigns die Schritte der Datenerhebung, -auswertung und -interpretation zu berücksichtigen. Oftmals wird so viel Energie für die Suche nach Erhebungsmethoden aufgewendet, dass Fragen der Auswertung und Interpretation nur am Rande behandelt werden. Kapitel 6.5 gibt auch Anregungen für die Ausgestaltung dieser Schritte.

Schritt 6: Forschungsbericht und Reflexion

Am Ende des Forschungsprozesses in der Schule steht in der Regel ein Forschungsbericht (Ergebnisbericht, Projektbericht etc.). Dafür können Teile der Forschungsskizze verwendet werden. Diese muss natürlich an den tatsächlichen Ablauf des Forschungsprozesses angepasst und um die Ergebnisse von Datenauswertung und -interpretation ergänzt werden.

Zur Weiterarbeit:
Hilfe beim Strukturieren des Forschungsprozesses – Teil 2
Ebenso wie bei den Forschungsskizzen ist es hilfreich, wenn Ihnen eine Gliederungshilfe für den Forschungsbericht vorliegt (s.u.). Eine Verwendung solcher Vorlagen spart Ihnen wertvolle Zeit, die Sie besser auf die inhaltliche Ausgestaltung Ihres Forschungsvorhabens verwenden können. Auch hier gilt: Sprechen Sie mit Ihren Lehrenden ab, inwiefern

Sie diese nachfolgend abgebildete Struktur oder eine ähnliche Gliederungshilfe verwenden können. Klären Sie frühzeitig Umfang und formale Kriterien der Berichte sowie die Abgabedeadline.

Hilfreich kann es auch sein, wenn Bewertungskriterien schon vor der Verschriftlichung des Forschungsprozesses transparent gemacht werden. Scheuen Sie sich nicht, Ihre Lehrenden zu fragen, z.B. nach einem Bewertungsraster. In manchen Veranstaltungen werden solche Bewertungsraster auch gemeinschaftlich erarbeitet.

Ideal ist es auch, wenn Sie Ihr Forschungsvorhaben sowohl im Planungsstadium als auch nach seiner Beendigung vorstellen können, z.B. im Rahmen von Vorbereitungs-, Begleitoder Reflexionsveranstaltungen oder auch im Rahmen anderer Veranstaltungssettings. Machen Sie sich im Vorfeld Gedanken, wie Sie Ihre Präsentation inhalts- und zielgruppenangemessen gestalten können.

Gliederungsstruktur und Checkliste für den Forschungsbericht

Erkenntnisinteresse und Themenfindung
Um welches Anliegen bzw. welches Problem ging es bei Ihrem Forschungsvorhaben? Warum haben Sie sich entschieden, sich ausgerechnet mit diesem Gegenstand zu beschäftigen, was war Ihr Erkenntnisinteresse? Welche Relevanz hat die Thematik für Sie oder für Ihr Praxissemestersetting?

Forschungsstand und Theoriebezug
Welche wissenschaftlichen Erkenntnisse liegen zu der von Ihnen gewählten Thematik bereits vor? Was sind wichtige Positionen in der Fachliteratur, gibt es widersprüchliche oder konkurrierende Aussagen? Auf welche Theorien oder Erklärungsansätze konnten Sie sich bei der Erforschung Ihres Anliegens stützen? Weshalb erschienen Ihnen gerade diese Theorien oder Erklärungsansätze relevant zur Untersuchung der von Ihnen gewählten Thematik?

Forschungsfrage
Auf welche Fragestellung(en) wollten Sie mit Ihrem Forschungsvorhaben eine Antwort finden?

Methoden, Instrumente, Stichprobe
Mit welchen Methoden und Instrumenten der Datenerhebung haben Sie gearbeitet? Welches waren Stichprobe und zeitlicher Rahmen Ihrer Untersuchung? Welche Auswertungsmethoden haben Sie benutzt? Inwiefern konnten Ihnen die gewählten Methoden helfen, Ihre Fragestellung zu bearbeiten? Welche Implikationen haben sich aus den gewählten Erhebungsmethoden und -instrumenten für die Auswertung ergeben?

Datenerhebung und -auswertung
Beschreiben Sie neben den Erhebungsmethoden unbedingt auch die Auswertungsmethoden. Welche eventuellen Schwierigkeiten haben sich bei der Erhebung und Auswertung gezeigt und wie sind Sie diesen begegnet?

Ergebnisdarstellung und -reflexion
Beschreiben Sie die Befunde Ihrer Untersuchung in einem Bericht und interpretieren Sie diese. An vielen Standorten (Universität und/oder Schule) haben Sie auch die Gelegenheit, Forschungsdesign und Ergebnisse Ihrer Untersuchung zu präsentieren. Bereiten Sie in diesem Fall eine entsprechende Präsentation vor. Haben sich durch die gemeinsame Reflexion eventuell noch weitere Impulse für die Interpretation der Befunde ergeben?
Der Bericht muss den Anforderungen wissenschaftlichen Schreibens Rechnung tragen.

Fazit und Ausblick
Bringen Sie Ihre Ergebnisse auf den Punkt. Wagen Sie – wenn Sie möchten – einen Ausblick (z.B. Ideen für weiteren Forschungsbedarf).

Literatur
Geben Sie einen Überblick über die verwendete Fachliteratur.

Anhänge
Erhebungs- und Auswertungsinstrumente, Auszüge aus Transkriptionen etc.
Was Ihnen sonst noch relevant und wichtig erscheint.

Zur Weiterarbeit: Gut beraten
Beratungsangebote stellen eine wichtige Möglichkeit dar, sich individuell in Ihrem Forschungsfortschritt betreuen zu lassen. Idealerweise flankieren diese Gespräche unterschiedliche Phasen in Ihrem Forschungsprozess.

- Nehmen Sie Beratungstermine wahr.
- Gehen Sie vorbereitet in die Beratungsgespräche: Machen Sie sich eine Checkliste mit Ihren Fragen, bringen Sie Elemente Ihrer Forschungsskizze mit, machen Sie sich im Gespräch Notizen und vermeiden Sie Gespräche zwischen Tür und Angel.
- Nehmen Sie Beratungstermine nicht erst auf den letzten Drücker wahr. Es empfiehlt sich, Beratungstermine bereits frühzeitig und mehrmals in Anspruch zu nehmen.
- Hilfestellung können auch überfachliche Beratungsangebote bieten. Halten Sie Augen und Ohren offen, welche Angebote es an Ihrer Universität gibt. Zum Beispiel können Schreiblabore Sie beim wissenschaftlichen Schreiben unterstützen oder eine Portfolio-Beratung bei der Verknüpfung Ihres Forschungsvorhabens mit reflexiven Aufgaben.

Zum Weiterlesen: Wie modrige Pilze – wissenschaftliches Schreiben
Denn „die abstrakten Worte, deren sich doch die Zunge naturgemäß bedienen muß, um irgendwelches Urteil an den Tag zu geben, zerfielen mir im Munde wie modrige Pilze" (Hugo von Hofmannsthal). Dieses Gefühl, das Philipp Lord Chandos hier in dem berühmten fiktiven Brief darstellt, kennt wohl jede Person, die schreibt. Eigentlich hat man doch alles im Kopf … aber es will nicht aufs Papier. Das, was man doch eigentlich sagen will, lässt sich einfach nicht so formulieren, wie man möchte. Auch (und gerade) im wissenschaftlichen Arbeitsprozess gibt es immer wieder solche Phasen.

Unterstützend kann die vielfältige fachbezogene und übergreifende Literatur zum wissenschaftlichen Arbeits- und Schreibprozess herangezogen werden. Sie kann Themenbereiche fokussieren wie das wissenschaftliche Arbeiten, die Eingrenzung von Fragestellungen oder das Formulieren von wissenschaftlichen Texten. Stellvertretend genannt seien an dieser Stelle:

Scheuermann, Ulrike (2011): Die Schreibfitness-Mappe: 60 Checklisten, Beispiele und Übungen für alle, die beruflich schreiben. Wien.

Esselborn-Krumbiegel, Helga (2008): Eine Anleitung zum wissenschaftlichen Schreiben. 3. überarb. Auflage. Stuttgart.

Keseling, Kiesbert (2004): Die Einsamkeit des Schreibers. Wie Schreibblockaden entstehen und erfolgreich bearbeitet werden können. Wiesbaden.

Booth, Wayne C./Colomb, Gregory G./Williams, Joseph M.(2008).: The Craft of Research. Third Edition. Chicago.

Pyerin, Brigitte (2007): Kreatives wissenschaftliches Schreiben. Tipps und Tricks gegen Schreibblockaden. 3. Auflage. Weinheim/München.

Eco, Umberto (2010): Wie man eine wissenschaftliche Abschlußarbeit schreibt. Doktor-, Diplom- und Magisterarbeit in den Geistes- und Sozialwissenschaften. 13. Auflage. Wien.

Zur Weiterarbeit:

Nicht vergessen: Forschungsethik und Datenschutzfragen

In studentischen Forschungsvorhaben, die sich auf das Handlungsfeld Schule beziehen, kommt der Respektierung der Persönlichkeitsrechte der beforschten SchülerInnen, Lehrkräfte, Schulleitungen und Erziehungsberechtigten eine zentrale Rolle zu. Hierfür gilt es einige Grundsätze zu beachten.

- Daten müssen anonymisiert werden. Besprechen Sie geeignete Verfahren mit Ihren Lehrenden sowie mit der Schulleitung und den Praktikumsbeauftragten.
- Berücksichtigen Sie unbedingt die ethische Dimension von Untersuchungen und ihren Befunden. Bemühen Sie sich, einen wertschätzenden und wohlwollenden Blick auf die schulischen Akteure zu werfen. Machen Sie sich immer wieder klar: Beim Forschenden Lernen geht es nicht um eine Evaluation oder Bewertung der Leistungen der schulischen Akteure. Vielmehr ist das Forschende Lernen Mittel zum Zweck: Es soll vor allem Ihrem eigenen Erkenntnisgewinn und Ihrer Professionalisierung dienen.
- Berücksichtigen Sie Datenschutzfragen. Oftmals sind diese im Rahmen der Praxissemesterkonzeptionen bereits zentral (landesweit) geregelt. Sie sollten dies aber auf jeden Fall mit Ihren Lehrenden thematisieren und Ihre Fragen im Umgang mit Datenschutz abklären lassen. Eine hilfreiche Broschüre zum Thema Datenschutzfragen ist abrufbar unter: http://www.datenschutz.hessen.de/ft-wissenschaftundforschu.htm

6.5 Forschungsmethoden

Anhand der in Kapitel 6.3 vorgestellten möglichen Varianten Forschenden Lernens wurde bereits deutlich, dass sich die studentischen Forschungsvorhaben in einer großen inhaltlichen Bandbreite bewegen. Dem muss auf forschungsmethodischer Ebene mit einer vergleichbaren Vielfalt entsprochen werden. Es liegt nahe, dass für die Einzelfallanalyse der Förderung eines Schülers mit Lese-Rechtschreib-Schwäche andere Methoden genutzt werden müssen als für die Untersuchung einer Schulentwicklungsmaßnahme, mit der die Fehlzeiten in einem bestimmten Jahrgang reduziert werden sollen. Genutzt werden können prinzipiell alle ‚üblichen‘ sozialwissenschaftlichen Forschungsmethoden. Ob eher quantitative Verfahren, die zumeist standardisiert größere Gruppen mit vorgegebenen Fragen untersuchen, oder eher qualitative, mit denen in der Regel nur wenige Personen offen befragt werden, zum Zuge kommen ist vom Interesse und von der jeweiligen Thematik abhängig. Studierende müssen in der Vorbereitung deshalb die Kompetenz erwerben, die für ihre Fragestellung passende Methode auszuwählen und, sofern es keine ihnen bereits bekannte Methode ist, sich diese auch anzueignen – oder aber auf eine andere Fragestellung auszuweichen.

 Zum Weiterlesen: Handbücher zu Forschungsmethoden
Folgende Handbücher geben einen guten Ein- und Überblick über Forschungsmethoden und zahlreiche Hilfestellungen für Vorbereitung und Durchführung von Datenerhebungen sowie die Auswertung der gewonnenen Daten.

de Boer, Heike/Reh, Sabine (2012): Beobachtung in der Schule. Beobachten lernen. Wiesbaden.

Drinck, Barbara (Hg.) (2013): Forschen in der Schule. Opladen und Stuttgart.

Flick, Uwe (2011): Qualitative Sozialforschung. Eine Einführung. Reinbek bei Hamburg.

Flick, Uwe (2009): Sozialforschung: Methoden und Anwendungen. Ein Überblick für die BA-Studiengänge. Reinbek bei Hamburg.

Friebertshäuser, Barbara/Boller, Heike/Prengel, Annedore/Langer, Antje/Richter, Sophia (Hg.) (2013): Handbuch qualitative Forschungsmethoden in der Erziehungswissenschaft. Weinheim und München.

Lamnek, Siegfried (2010): Qualitative Sozialforschung. Lehrbuch. Weinheim und Basel.

Przyborski, Aglaja/Wohlrab-Sahr, Monika (2009): Qualitative Sozialforschung. Ein Arbeitsbuch. München.

Bevor im Folgenden einige 'Klassiker empirischer Forschungsmethoden' skizziert werden, sollen zunächst einige grundsätzliche Fragen geklärt werden, über die sich Studierende vor der konkreten Forschungsarbeit Gedanken machen sollten.

6.5.1 Allgemeine Fragen zum Forschenden Lernen in der Schule

Wie bereits betont, ist das vorrangige Ziel der studentischen Forschung, Erkenntnisse über eigene oder fremde schulische Praxis zu erlangen. Die Forschungsvorhaben sollen aus diesem Grund bewusst klein und überschaubar konzipiert sein, so dass Studierende exemplarisch an ihrer Fragestellung forschungsmethodisches Vorgehen lernen können. Dennoch sollten auch sie den Ansprüchen an gute Forschung Rechnung tragen. Das bedeutet, dass zu achten ist auf

- die Orientierung an den Gütekriterien quantitativer und qualitativer Forschung,
- die adäquate Festlegung der Stichprobe,
- die Auseinandersetzung mit der Frage, ob die Untersuchung den SchülerInnen bzw. den Lehrkräften zuzumuten ist und
- die Angemessenheit des Vorgehens und der Instrumente für die befragte Gruppe.

Klein, aber fein – Gütekriterien von (studentischer) Forschung

Während für die quantitative Forschung die klassischen Gütekriterien Objektivität, Validität und Reliabilität (vgl. Bortz/Döring 2006, 193ff.) einen allgemeinen Konsens darstellen, gibt es für die qualitative Forschung unterschiedliche Anforderungen (vgl. z.B. Lamnek 2010, 75ff.). Gemeinsam ist allen Beschreibungen guter qualitativer Forschung der Bezug nicht nur auf die Güte der jeweiligen Erhebungsinstrumente, wie bei den genannten quantitativen Gütekriterien, sondern auf den gesamten Untersuchungsablauf, der so weit wie möglich transparent und damit für LeserInnen nachvollziehbar dokumentiert werden soll (vgl. Lamnek 2010, 23).

Stichprobe

Wünschenswert im quantitativen Vorgehen sind Aussagen, die nicht nur für die befragten Personen gelten, sondern auf größere Gruppen übertragen werden können. Für den Schulbereich könnte dies beispielsweise bedeuten, dass Erkenntnisse über SchülerInnen der sechsten Jahrgangsstufe in einem Bundesland angestrebt werden, aber aufgrund der großen Zahl nicht alle diese SchülerInnen befragt werden können. Es muss folglich eine Auswahl getroffen werden, d.h. eine Stichprobe gezogen werden, die so beschaffen ist, dass die Ergebnisse der Stichprobe auf alle SchülerInnen des sechsten Jahrgangs in diesem Bundesland verallgemeinert werden können (vgl. Bortz/Döring 2006, 393ff.).

Die Verfahren, die dazu notwendig sind, sollen hier nicht weiter beschrieben werden, da sich in studentischen Forschungsvorhaben die Fragestellung häufig nur auf eine Klasse bezieht und keine Übertragung auf andere Klassen derselben Jahrgangsstufe beabsichtigt ist. Das schmälert den Wert der Ergebnisse keineswegs, denn es geht ja gerade darum, Erkenntnisse über die eigene Praxis zu erhalten und Konsequenzen daraus ziehen zu können. Berücksichtigt werden muss es jedoch bei der Einschätzung der Reichweite der Ergebnisse: Nur weil ein Phänomen in der untersuchten Klasse einer bestimmten Form auftaucht, muss es nicht in allen anderen Klassen auch so sein. Sind Aussagen über eine Jahrgangsstufe gewünscht, so kann bei kleineren Schulen oder genügend Unterstützung auch eine Vollerhebung möglich sein.

Bei qualitativen Stichproben geht es nicht darum, die Ergebnisse auf eine Grundgesamtheit zu verallgemeinern, sondern gerade um die Vielfalt unterschiedlicher Muster oder Typen. Große Abweichungen beispielsweise von durchschnittlichen Ergebnissen, die in der quantitativen Forschung als ‚Ausreißer' unter Umständen vernachlässigt werden können, müssen in der qualitativen Interpretation mit eingeschlossen werden.

Zwei grundsätzliche Vorgehensweisen sollen hier für die Stichprobenbildung beschrieben werden. Zum einen das *theoretical sampling*, das auf der *grounded theory* nach Glaser und Strauss beruht (vgl. Truschkat et al. 2011) und zum anderen der *qualitative Stichprobenplan* (vgl. Lamnek 2010, 171ff.). Beim theoretical sampling finden Theoriebildung und Befragung parallel statt. Jede neue Erkenntnis, die durch die Befragung gewonnen wurde, geht in die zu bildende Theorie ein. Gleichzeitig wird dadurch deutlich, wer noch weiter zu befragen ist. Das kann beispielsweise jemand sein, von dem davon auszugehen ist, dass er oder sie den betreffenden Sachverhalt konträr zu den bereits Befragten sieht. Die Stichprobe ist vollständig, wenn auch durch weitere Befragungen keine neuen Erkenntnisse mehr gewonnen werden, also eine „theoretische Sättigung" (ebd., 169) eintritt. Nicht nur für Studierende ist dieser Punkt schwer zu bestimmen.

Anders als beim theoretical sampling wird beim theoretischen Stichprobenplan vorab anhand der für das Thema relevanten Kriterien festgelegt, wer befragt werden soll. Dazu müssen zum gewählten Thema bereits theoretische Erkenntnisse und empirische Daten vorliegen, da sonst nicht bestimmt werden kann, welche Merkmale wichtig für die Auswahl der zu Befragenden sind.

Anything goes? – Anmerkungen zur Forschungsethik

An einigen Stellen in diesem Studienbuch ist bereits deutlich geworden, dass der wertschätzende Umgang mit den sogenannten Beforschten, seien es SchülerInnen, Lehrkräfte oder Mitstudierende, ein wichtiger Punkt ist, mit dem sich Studierende im Vorfeld ihrer Forschungsvorhaben auseinandersetzen müssen. SchülerInnen sowie auch Lehrkräfte dürfen nicht zu ‚Objekten der Forschung' degradiert werden. Diese Herangehensweise macht die Auseinandersetzung mit forschungsethischen Fragen in der Vorbereitung und Durchführung von studentischen Forschungsvorhaben notwendig (vgl. Brock/Rahtjen 2013). Denn: Nicht alles was untersucht werden kann, sollte Gegenstand von studentischer

Forschung sein. Auch kann die Rolle der distanzierten Forschenden nicht immer durchgehalten werden. Zu fragen wäre hier beispielsweise: „Wie verhalte ich mich innerhalb einer Beobachtung, bei der ich aus methodischen Gründen nicht in das Geschehen eingreifen will, wenn die zu beobachtende Interaktion zwischen zwei Schülern von einer harmlosen Kabbelei zu einer handfesten körperlichen Auseinandersetzung wird?"

Zielgruppenangemessenheit

Forschung in der Schule kann alle an Schule Beteiligten in den Blick nehmen. D.h. SchülerInnen, Lehrkräfte, Mitstudierende, aber auch Erziehungsberechtigte, Verwaltungsangestellte oder technisches Personal. Häufig werden die Beforschten SchülerInnen sein, die jedoch keine homogene Gruppe darstellen. Es kann sich um sechsjährige Kinder handeln, die noch nicht in der Lage sind, viel zu lesen, oder um ältere Jugendliche, die evtl. auch selber bereits Forschungsvorhaben durchführen können. Erste Jahrgänge mittels eines Fragebogens untersuchen zu wollen, würde also bereits an der Lesekompetenz der SchülerInnen scheitern. Dieses Beispiel soll deutlich machen, dass nicht nur die Passung von Fragestellung und Methode gegeben sein muss, sondern auch die von Erhebungsinstrument und zu untersuchender Gruppe. Insbesondere bei Studien, die sehr junge Kinder einbeziehen, muss das gut durchdacht werden (vgl. Heinzel 2010). Ebenso können sprachliche und kulturelle Unterschiede Einfluss auf die Ergebnisse von Untersuchungen haben (vgl. Lamnek 2010, 646ff.). Auch in Bezug auf den Datenschutz spielt die Zielgruppe eine Rolle: Können die SchülerInnen selbst der Erhebung zustimmen oder muss die Einverständniserklärung der Erziehungsberechtigten vorliegen?

6.5.2 Erhebungsmethoden

In studentischen Forschungsvorhaben sind generell alle Erhebungsmethoden anwendbar, die auch allgemein in Forschungsvorhaben genutzt werden. Dennoch verbinden Studierende oder auch Lehrkräfte mit Forschung häufig die Vorstellung einer repräsentativen quantitativen Erhebung oder einer Vollerhebung. Der Gewinn der verschiedenen, auch gerade der qualitativen Methoden wird dabei leicht übersehen. Dabei ist die noch vor Jahren starke Trennung zwischen quantitativem und qualitativem Vorgehen, die in der Postulierung unterschiedlicher Paradigmen deutlich wurde, inzwischen in vielen Studien zu einer produktiven Zusammenarbeit beider Herangehensweisen geworden: der *Methoden-Triangulation* (vgl. Treumann 2005). Die Vielfalt der Forschungsmethoden, die Passung zwischen Fragestellung und Forschungsmethode und die damit verknüpften Entscheidungen sind sicherlich Themen, die in der Vorbereitung eine große Rolle spielen sollten.

Zur Reflexion: Wenn ich einen Hammer habe…
Die quantitative schriftliche Befragung ist zweifellos die bekannteste Erhebungsmethode. Deshalb kommen sowohl Studierende als auch Lehrkräfte häufig als erstes auf dieses Vorgehen, selbst wenn die Fragestellung eher eine qualitative Methode erfordert. Dies erinnert an den Spruch „Wer als Werkzeug nur einen Hammer hat, sieht in jedem Problem einen Nagel" (Paul Watzlawick). Bevor Sie sich also für einen Fragebogen entscheiden, überlegen Sie:
• Ist dies wirklich die beste Methode, um meine Fragestellung zu bearbeiten?

Zu den Erhebungsmethoden die im Folgenden skizziert werden, gehören Fragebögen zu Einstellungen und Verhaltensweisen oder Datenabfragen zu sozialen Hintergrunddaten sowie Leistungstest. Sowohl in einer quantitativen als auch in einer qualitativen Variante können Dokumentenanalyse und Beobachtungen genutzt werden. Von den explizit qualitativen Erhebungsmethoden werden zwei Varianten von Interviews vorgestellt.

 Zur Weiterarbeit:
Überblick über die vorgestellten Erhebungsmethoden
In diesem Kapitel werden unterschiedliche Methoden vorgestellt wie Fragebögen, Tests, Dokumentenanalyse, Beobachtung, ethnografische Untersuchungen, Leitfadeninterview und Narratives Interview.
• Mit welchen der genannten Methoden sind Sie bereits vertraut?
• Zu welchen haben Sie noch weiteren Informationsbedarf?
• Falls Sie schon eine Fragestellung eingegrenzt haben: Welche Methode bzw. welcher Methodenmix (Triangulation) wäre geeignet, um Ihre Fragestellung zu bearbeiten?

Fragebögen und Tests

Bei der Erhebung quantitativer Daten lassen sich grob drei Arten von Tests bzw. Fragebögen unterscheiden:
• Leistungstests,
• diagnostische Tests und
• Fragebögen zu Verhaltensweisen oder Einstellungen (zur genaueren Unterscheidung vgl. Rost 2004).

Leistungstests, wie sie aus Leistungsvergleichsstudien wie PISA oder aus Vergleichsarbeiten bzw. Lernstandserhebungen wie VERA bekannt sind, untersuchen den Leistungsstand von Klassen oder Jahrgangsstufen, sind aber in der Regel hinsichtlich der Aussagen über einzelne SchülerInnen beschränkt. Tests dieser Art können von Studierenden nicht selbst erstellt werden, auch die Nutzung der Instrumente ist meist nicht möglich, da sie aus Gründen der nochmaligen Verwendbarkeit nicht veröffentlicht werden.

Die Konzipierung *diagnostischer Tests* ist ebenfalls keine Anforderung, die von Studierenden im Praxissemester erfüllt werden kann. Dennoch kann es gerade für Forschungsvorhaben der Variante 4 ‚Einzelfallarbeit zu Diagnose und Förderung' sinnvoll sein, bereits vorhandene diagnostische Tests einzusetzen, da diese entwickelt wurden, um z.B. Aussagen über den Leistungsstand Einzelner zu machen. Sie können aber auch in einer ganzen Klasse eingesetzt werden. So können die Studierenden genauer die Lernvoraussetzungen der SchülerInnen erheben oder auch den Lernfortschritt dokumentieren. Werden diese Tests eingesetzt, um gezielt einzelne SchülerInnen zu identifizieren, die im getesteten Bereich Bedarf an Einzelförderung haben, ist zu bedenken, wie der Gefahr einer Etikettierung oder Stigmatisierung begegnet werden kann. Auf der praktischen Ebene ist problematisch, dass die meisten diagnostischen Tests nicht frei verfügbar, sondern kostenpflichtig sind. Darüber hinaus erfordert der Einsatz eines diagnostischen Tests eingehende Kenntnisse über die Durchführung und Auswertung, die Studierende im Falle der Nutzung bereits im Vorfeld des Praxissemesters erworben haben sollten.

 Zum Weiterlesen: Wo finde ich diagnostische Tests?
Die bekannteste Quelle für den Bezug von Tests ist sicher die Testzentrale:
http://www.testzentrale.de/

Allerdings werden kostenpflichtige Tests zunehmend auch bei anderen Verlagen veröffentlicht. Vielleicht lohnt es sich, zuerst einmal in Ihrer Universitätsbibliothek zu recherchieren, ob und wenn ja, welche Tests zugänglich sind.
Wichtig ist, dass nur Tests eingesetzt werden, die auch für die Anwendung durch Lehrkräfte gedacht sind und keine, die beispielsweise nur von psychologisch geschulten Personen genutzt werden dürfen.

Das dritte der angesprochenen Instrumente, der *Fragebogen zu Verhaltensweisen oder Einstellungen*, kann von den Studierenden selbst erstellt werden. Allerdings ist hier ein gewisses Vorwissen notwendig (eine gute Anleitung bietet Porst 2011) und die Entwicklung, inklusive des Pre-Tests, ist in der Zeitplanung zu berücksichtigen. Alternativ können häufig auch Fragebögen aus veröffentlichten Studien genutzt werden, was nicht nur den Vorteil der Zeitersparnis hat, sondern insbesondere den der Nutzung bereits geprüfter Instrumente. Darüber hinaus besteht so die Möglichkeit, die eigenen Daten in Bezug zu vorhandenen Erhebungen zu setzen.
Als Faustregel empfiehlt sich im ersten Schritt zu klären, ob ein Fragebogen das ideale Vorgehen zur Erforschung der Fragestellung darstellt. Ist diese Frage positiv beantwortet, sollte geprüft werden, ob bereits bewährte Instrumente vorliegen, die für eine Erhebung verwandt werden dürfen. Sollte dies nicht der Fall sein – sei es, weil es keine geeigneten Instrumente gibt oder weil die Verwendung zu kostspielig ist – ist die Entwicklung eines eigenen Fragebogens sinnvoll.

Zum Weiterlesen: Wie komme ich an bewährte Fragebögen?
Häufig werden im Rahmen von großen quantitativen Untersuchungen die Befragungsinstrumente im Netz zur Verfügung gestellt. Beispielhaft sollen nur einige Möglichkeiten genannt werden:

Fragebogenarchiv des Fachportals Pädagogik (http://daqs.fachportal-paedagogik.de/questionnaire)

gesis, Leibniz-Institut für Sozialwissenschaften (http://www.gesis.org/unser-angebot/datenerheben/)

Universität Koblenz-Landau, EMU: Evidenzbasierte Methoden der Unterrichtsdiagnostik und -entwicklung (http://www.unterrichtsdiagnostik.de/)

Allerdings hieße der Einsatz der so erhältlichen Instrumente häufig wohl ‚mit Kanonen auf Spatzen schießen'. Eine andere Möglichkeit ist die Recherche nach Untersuchungen mit ähnlichen Fragestellungen, da in den Publikationen die Fragebögen meist mit abgedruckt sind.

Im Alltag von Schulen werden viele Daten erfasst, die selten umfassend ausgewertet werden können. Eine tiefergehende Analyse oder eine Reanalyse unter einer anderen als der ursprünglichen Fragestellung liefert unter Umständen praxisrelevantere Erkenntnisse als die Erhebung neuer Daten. Geklärt werden muss im Vorfeld, inwieweit die Zweitnutzung unter Datenschutzgesichtspunkten zulässig ist.

Zum Beispiel:
Kommen SchülerInnen am Montag häufiger zu spät als im Rest der Woche?
Die Alltagsvorstellung, dass SchülerInnen durch ihre Aktivitäten am Wochenende so in Anspruch genommen werden, dass sie montags in der ersten Unterrichtsstunde häufiger zu spät kommen als an anderen Wochentagen, muss nicht mit einer eigenen Studie untersucht werden. Hier reicht es beispielsweise, Klassenbücher des letzten Schuljahres zu Rate zu ziehen. Allerdings kann es sein, dass die Lehrkräfte montags nicht so streng eintragen und deshalb vielleicht keine signifikanten Ergebnisse zu finden sind.
Überlegungen zur Nutzung standardmäßig durchgeführten Datensammlungen in der Schule können sich also lohnen.

Dokumentenanalyse

Wurde bereits im vorangegangenen Absatz dafür geworben, nicht für alle Fragestellungen neue eigene Erhebungsinstrumente zu erstellen, wird mit der Vorstellung der Dokumentenanalyse als Methode ebenfalls dafür plädiert, bereits bestehende Daten und Informationen zu nutzen. Im engen Sinn wird ein Forschungsvorgehen als Dokumentenanalyse definiert, wenn „Schriftstücke, wie Akten, Formulare usw., mit einem festen standardisierten Kategorienschema untersucht" (Lamnek 2010, 456) werden. Hier soll sie jedoch im weiten Sinne verstanden werden. So können zum einen auch andere als die oben genannten Akten und Formulare als Grundlage für eine Dokumentenanalyse dienen und zum anderen können die Kategorien auch aus dem ausgewählten Material heraus abgeleitet werden.

Wird der Begriff Dokument weiter gefasst, so können beispielsweise Protokolle unterschiedlicher Gremien einen ersten Aufschluss darüber geben, wie an einer Schule die Entscheidung für eine bestimmte pädagogische Maßnahme getroffen wurde. Für einen tieferen Einblick in den Prozess der Entscheidungsfindung oder in die Positionen einzelner schulischer Gruppen (Lehrkräfte, Erziehungsberechtigte, SchülerInnen) kann die Dokumentenanalyse durch qualitative Interviews ergänzt werden.

Zum Beispiel: Spurensuche – nicht-reaktive Methoden

Ein Problem bei Forschung (nicht nur) in der Schule ist die ‚Reaktivität': die zu Untersuchenden verhalten sich anders, weil sie wissen, dass sie befragt oder beobachtet werden. Um dem zu begegnen, könnten sie zum einen verdeckt beobachtet werden, was wie oben beschrieben wurde, ethisch fragwürdig ist. Zum anderen könnten auch ‚nicht-reaktive' Methoden zum Einsatz kommen, die nicht in das Feld eingreifen. Wenn Daten genutzt werden, die für einen anderen Zweck erhoben wurden, wie z.B. Aufsätze aus Klassenarbeiten, dann fällt dies darunter. Aber auch die Suche nach ‚Verhaltensspuren' erfüllt diese Anforderung. So kann der Grad des Verschleißes des Teppichbodens in einem Museum Hinweise über die besondere Beliebtheit bestimmter Ausstellungsstücke geben (vgl. Internet-Lexikon der Methoden der empirischen Sozialforschung, Stichwort: nicht-reaktive Verfahren, http://wlm.userweb.mwn.de/ein_voll.htm). Ähnlich könnten auch in einer Schule Orte identifiziert werden, bei denen aufgrund von Ausstattung, Abnutzung oder z.B. Graffitis davon ausgegangen werden kann, dass sie besonders beliebte Aufenthaltsorte von SchülerInnen sind.

Beobachtungen

Gerade für zukünftige Lehrkräfte sind Beobachtungen wohl die Methode, mit der sie sich im Hinblick auf ihre spätere Tätigkeit auf jeden Fall vertraut machen sollten (vgl. de Boer/Reh 2012). Gleichzeitig sind Studierende wahrscheinlich bereits in ihren ersten Praxisphasen dazu aufgefordert worden, Unterricht zu beobachten und ihre Beobachtungen zu dokumentieren. Die Herausforderung besteht darin, Beobachtung als wissenschaftliche Beobachtung zu nutzen (→ Kapitel 5.2).

Es gibt verschiedene Formen von Beobachtungen, die jeweils angemessen zur Fragestellung gewählt werden müssen (vgl. zum Folgenden Lamnek 2010). Bereits angesprochen wurde der Unterschied zwischen *offener* und *verdeckter* Beobachtung: Wissen die Beobachteten, dass sie beobachtet werden, oder nicht? Ein weiteres Unterscheidungsmerkmal ist der Grad der Teilnahme: Bin ich als BeobachterIn Teil des Geschehens? Handelt es sich also um eine *‚teilnehmende Beobachtung'*, oder greife ich nicht ein, beobachte also *‚nicht-teilnehmend'*? Soll die Beobachtung *struk-*

turiert sein, d.h. wird ein Beobachtungsbogen mit vorgegeben Kategorien genutzt, oder wird eine offenere Art und Weise des Vorgehens, die *unstrukturierte* Beobachtung, gewählt? Insbesondere die letzte Unterscheidung hat Einfluss auf die Art und Weise der Auswertung. Lautete die Fragestellung z.b., ob sich Mädchen im Deutschunterricht häufiger melden als Jungen, so kann dies mit einer einfachen Strichliste erhoben und später quantitativ ausgewertet werden. Ging es in der Frage aber darum, wie sich das kooperative Lernen in Gruppen entwickelt, die von der Lehrkraft bewusst heterogen zusammengesetzt wurden, so ist sowohl die Erhebung als auch die Auswertung qualitativ ausgerichtet. Die Unterscheidungspaare anhand derer die verschiedenen Formen von Beobachtung charakterisiert wurden, sind der Übersicht halber schematisierend und dichotomisierend gewählt, natürlich sind auch z.b. bei der Unterscheidung ‚teilnehmend' versus ‚nicht-teilnehmend' graduelle Abstufungen vorhanden (vgl. Lamnek 2010, 208). Nicht alle denkbaren Kombinationen sind in der Realität sinnvoll.

Ethnografie

Auch wenn das Praxissemester für eine ethnografische Studie vielleicht nicht den richtigen Rahmen bietet, soll doch auf diesen Forschungsansatz hingewiesen werden, da sowohl Merkmale ethnografischen Vorgehens als auch Ergebnisse solcher Untersuchungen die Perspektive auf Schule gewinnbringend erweitern können. Geht es in der Ethnologie, eine Wurzel der Ethnografie, darum, das ‚Fremde' bzw. fremde Kulturen verstehen zu wollen, ist das Ziel der Ethnografie, das Fremde in der eigenen Kultur, z.b. Subkulturen, zu entdecken und insbesondere das vermeintlich Vertraute mit fremdem Blick zu betrachten (vgl. Breidenstein et al. 2013). Für Studierende, denen die Kultur von Schule und Unterricht aus dem Erleben der eigenen Schulzeit vertraut sein dürfte, birgt die ethnografische Perspektive womöglich einige interessante Einsichten: Am Lernort Praktikumsschule könnte das beispielsweise heißen, genauer zu analysieren, mit welchen sozialen Praktiken das Lehrkraft-sein hergestellt wird, obwohl doch alle eigentlich genau zu wissen meinen, was eine Lehrkraft ist.

 Zum Weiterlesen: „Mittendrin statt nur dabei" (DSF) – Ethnografie
Zwei ethnografische Untersuchungen, die die Perspektive auf SchülerInnen einnehmen, machen dies deutlich:
Breidenstein, Georg/Kelle, Helga (1998): Geschlechteralltag in der Schulklasse. Ethnographische Studien zur Gleichaltrigenkultur. Weinheim u.a.
Breidenstein, Georg (2006): Teilnahme am Unterricht. Ethnografische Studien zum Schülerjob. Wiesbaden.

Kennzeichnend für ethnografische Forschung ist, in Anlehnung an den oben genannten Werbespruch, der längerfristige Aufenthalt im Forschungsfeld und dabei die teilnehmende Beobachtung, bei der die Interaktion mit den Beteiligten – im Gegensatz zur quantitativen Sozialforschung – explizit gewollt ist. Interviews, die Analyse von Dokumenten (z.b. von

SchülerInnen erstellte Texte oder Bilder) und weitere Forschungsmethoden können die teilnehmende Beobachtung ergänzen. Da es jedoch nicht um einen reinen Bericht über das Feld geht, muss nach der Teilnahme auch eine Distanzierung erfolgen. Sie soll es ermöglichen, anhand des Gesehenen, Gehörten, Aufgeschriebenen die sozialen Praktiken zu analysieren. Eine auch für Studierende gut lesbare Einführung bietet die folgende Veröffentlichung:

Breidenstein, Georg/Hirschhauer, Stefan/Kalthoff, Herbert/Nieswand, Boris (2013): Ethnografie. Die Praxis der Feldforschung. Stuttgart.

Qualitative Interviews

Qualitative Interviews gibt es in einer Vielzahl von Varianten (vgl. Friebertshäuser/ Langer 2010, 437ff.). Unterschieden werden hier zwei Gruppen von Interviews:

- die Leitfadeninterviews und
- die erzählgenerierenden Interviews (ebd.).

Obwohl in beiden Formen die Befragten zum Erzählen aufgefordert werden, unterscheiden sie sich doch hinsichtlich des Grades an Strukturierung, mit dem das Gespräch geführt wird.

Im *Leitfadeninterview* werden vorab die Bereiche und entsprechenden Fragen festgelegt, die für die Untersuchung relevant sind. Dies bietet den Studierenden die Sicherheit, alle wichtigen Aspekte zumindest im Vorfeld berücksichtigt zu haben. Weiter bringt es den Vorteil der leichteren Vergleichbarkeit mehrerer Interviews. Gleichzeitig besteht aber auch die Gefahr der „Leitfadenbürokratie" (Hopf 2012, 358), d.h. des oberflächlichen Abhakens der Fragen ohne zu einem ‚wirklichen' Gespräch zu kommen. Leitfadeninterviews können prinzipiell in allen oben genannten Varianten studentischer Forschung eingesetzt werden. Um etwaige Vorbehalte der SchülerInnen gegenüber Gruppenarbeit im eigenen Unterricht genauer zu erkunden, ist das Leitfadeninterview ebenso geeignet wie für die Erhebung von Einschätzungen der Erziehungsberechtigten zu einer Schulentwicklungsmaßnahme.

Die bekannteste Form eines *erzählgenerierenden Interviews* ist sicher das narrative Interview nach Schütze (vgl. Lamnek 2010, 326ff.), das sich insbesondere für biografische Fragestellungen eignet. Anders als beim Leitfadeninterview wird es hier den jeweiligen Befragten überlassen, nach einer ersten Erzählaufforderung selbst die Themen einzubringen, die ihnen im Zusammenhang mit der übergreifenden Fragestellung wichtig sind. Obwohl in späteren Phasen des Interviews die InterviewerInnen durchaus Nachfragen stellen dürfen, sollte dies in der Hauptphase nicht stattfinden. Diese von ‚normalen' Unterhaltungen abweichende Gesprächssituation stellt besondere Herausforderungen an die Studierenden. Für Variante 5 der Forschungsvorhaben (Auseinandersetzung mit biografischen Zugängen und/oder der eigenen Professionalisierung) ist diese Form des Interviews in Tandems oder Teams gut geeignet.

**Zum Beispiel: Warum nicht mal SchülerInnen ihre Schule zeichnen lassen?
– Alternative Methoden**

Neben den in diesem Kapitel vorgestellten ‚klassischen' Erhebungsmethoden soll hier zumindest auch auf eine weitere interessante und ertragreiche Methode hingewiesen werden.

Bei der Arbeit mit „narrativen Landkarten" (Behnken/Zinnecker 2010, 547) können z.B. SchülerInnen aufgefordert werden, ihre Schule und das umgebende Gelände zu zeichnen und dabei besonders auf jene Orte zu achten, an denen sie sich im Laufe eines Schultags besonders häufig aufhalten. Nach einer ersten Erzählung der SchülerInnen kann der Forschende genauer nachfragen. Diese Daten können Ausgangspunkt für eine Analyse der räumlichen Schulqualität sein und eventuell darüber hinaus zur Analyse von Schule als Lebensraum dienen.

6.5.3 Auswertungsmethoden

Obwohl bereits bei der Festlegung auf eine Erhebungsmethode die Art und Weise der Auswertung mitbedacht werden muss, wird in der Literatur zu Forschungsmethoden häufig mehr Gewicht auf die Erhebung als auf die Auswertung gelegt. Um die Notwendigkeit der Auseinandersetzung mit Datenaufbereitung und -auswertung zu betonen, wird ihr in diesem Studienbuch im Folgenden ein eigener Abschnitt gewidmet.

Auswertung quantitativer Daten

Bei der Auswertung quantitativer Daten ist zu unterscheiden zwischen der beschreibenden oder deskriptiven Statistik und der schließenden oder Inferenzstatistik. Während es bei der ersten um Häufigkeitsauszählungen und gegebenenfalls noch Korrelationen zwischen verschiedenen Variablen geht, wird in der schließenden Statistik mittels Signifikanztest geprüft, ob sich die Aussagen, die an der Stichprobe gewonnen wurden, auf die entsprechende Grundgesamtheit übertragen lassen. In studentischen Forschungsvorhaben kann häufig eine gute beschreibende Statistik die Fragestellung bereits hinreichend beantworten. Welche Art der Auswertung erforderlich ist, sollte bereits bei der Auswahl der Instrumente bedacht werden. Viele Lehrbücher informieren über die Art und Weise der statistischen Auswertung (für den schulischen Bereich z.B. Eikenbusch/Leuders 2004), mittels derer sich Studierende in die Grundlagen der deskriptiven Statistik einarbeiten können.

**Zur Weiterarbeit: Tipps für die quantitative methodische Arbeit
Lernprogramm Statistik**

Obwohl es viele gute Einführungen in das quantitative Arbeiten gibt, sei hier auf ein „interaktives Lehr-Lernprogramm zur Statistik" hingewiesen, den Methodenlehre-

Baukasten. Er bietet speziell auf erziehungswissenschaftliche Fragestellungen abgestimmte Lektionen (http://www.methodenlehre-baukasten.de).
Leider ist dieses Angebot nicht kostenfrei, sondern nur gegen eine geringe Gebühr nutzbar.

Nachschlagen erlaubt

Um auf die Schnelle eine Erklärung zu Methoden oder Begriffen der empirischen Sozialforschung zu bekommen sei ILMES empfohlen, das „Internet-Lexikon der Methoden der empirischen Sozialforschung" (http://wlm.userweb.mwn.de/ilmes.htm). Der Schwerpunkt liegt auf quantitativen Methoden, wichtige qualitative Begriffe werden aber auch erläutert.

Software für Erhebung, Eingabe und Auswertung

An den Universitäten sind die Standardprogramme für statistische Auswertungen (SPSS oder STATA) für Studierende in der Regel frei zugänglich. Jedoch gibt es meist nicht die Möglichkeit, dass Studierende diese Programme auch kostenfrei auf Ihrem eigenen Rechner nutzen können. Als kostenfreie Alternative empfiehlt sich GrafStat (http://www.grafstat. de/), ein Programm zur Erstellung von Fragebögen und zur Dateneingabe und -auswertung, das von der Bundeszentrale für politische Bildung mit gefördert wird. Nicht nur Studierende, sondern auch Schulen können das Programm kostenfrei nutzen. So kann mit den von Studierenden erhobenen Daten weitergearbeitet werden und auch SchülerInnen können in Forschungsprozesse mit eingebunden werden. Der Leistungsumfang der Basisversion endet jedoch bisher bei der Erstellung von Kreuztabellen, statistische Tests können derzeit nicht berechnet werden.

Auswertung qualitativer Daten

Im Gegensatz zur statistischen Auswertung liegen über qualitative Auswertung deutlich weniger Lehrbücher vor, die sich explizit an Studierende wenden. Darüber hinaus ist die Auswertung nicht so festgeschrieben wie in der quantitativen Herangehensweise, obwohl auch hier bereits bei der Wahl der Erhebungsmethode klar sein sollte, wie die Daten später ausgewertet werden.
Wie beschrieben lassen sich qualitative Interviews in der Erhebung grob in Leitfaden- und erzählgenerierende Interviews unterscheiden, damit gehen auch verschiedene Auswertungsverfahren einher. Häufig wird für Leitfadeninterviews die Methode der qualitativen Inhaltsanalyse gewählt (vgl. Mayring 2010), während die Auswertung von narrativen Interviews auf das von Schütze entwickelte oder darauf aufbauende Verfahren zurückgreift (vgl. Küsters 2009). In der letzten Zeit hat auch die Dokumentarische Methode als Auswertungsverfahren an Bedeutung gewonnen (vgl. Bohnsack et al. 2007).
Zentral für die Auswertung von Interviews ist in vielen Fällen die Arbeit mit Kategorien, die beim qualitativen Vorgehen in der Regel induktiv gebildet werden, d.h. aus dem Material heraus. Bei der deduktiven Kategorienbildung werden sie vorab anhand von theoretischem Vorwissen und vorliegenden empirischen Ergebnissen formuliert (vgl. Möller 2013).

Zum Weiterlesen: Auswertung von Leitfadeninterviews
Eine Variante zur Auswertung von Leitfadeninterviews, findet sich in folgendem Text:

Schmidt, Christiane (2010): Auswertungstechniken für Leitfadeninterview. In: Friebertshäuser, Barbara/Prengel, Annedore/Langer, Antje (Hg.): Handbuch qualitative Forschungsmethoden in der Erziehungswissenschaft. Weinheim u.a., 473–486.

Die Auswertung qualitativer Beobachtungen kann je nach gewählter Beobachtungsmethode sehr unterschiedliche Formen haben. Liegen Beobachtungsprotokolle vor, so können sie inhaltsanalytisch ausgewertet werden. Auch ein Vorgehen auf Grundlage der grounded theory ist denkbar.

 Zur Weiterarbeit: Tipps für die qualitative methodische Arbeit
Hilfestellung bei der Transkription von Interviews
Für die Transkription von Interviews ist es hilfreich, ein spezielles Software-Programm zu nutzen, mit dem beispielsweise beim Abspielen die Geschwindigkeit der Wiedergabe reduziert oder Zeitmarken in das Transkript gesetzt werden können. Diese Möglichkeiten bietet u.a. die Software F4 (http://www.audiotranskription.de/f4.htm), die für einen ersten Einblick kostenfrei genutzt werden kann. Zusätzlich werden mit dem darin enthaltenen „Praxisbuch Interview und Transkription" auch Informationen zu unterschiedlichen wissenschaftlichen Transkriptionsregeln kostenlos zur Verfügung gestellt (http://www. audiotranskription.de/content/f4-Lehrlizenz).

Software zur Auswertung von qualitativen Interviews
Die Standardprogramme für die Auswertung von qualitativen Interviews MAXQDA oder ATLAS.ti bieten Demo-Lizenzen an.

Zur Reflexion: Forschungsmethoden – meine persönlichen Favoriten
Ziehen Sie für sich Bilanz und nehmen Sie die folgenden Fragen als Anregung:

- Welche Forschungsmethoden sind mir bereits vertraut?
- Welche Fragestellungen interessieren mich besonders? Welche Forschungsmethode erscheint mir dafür geeignet?
- Welche empirische Untersuchung hat mich besonders angesprochen? War es rein der Inhalt oder auch das Vorgehen, das mich interessiert hat?
- Wenn auch das Vorgehen spannend war, ist die angewandte Methode auch für Studierende geeignet?
- Gibt es empirisch angelegte Bachelorarbeiten von Mitstudierenden, die als Vorbild für ein gutes forschungsmethodisches Vorgehen dienen können?

Blick zurück nach vorn:
Zwischenfazit und Ausblick auf Kapitel 7

Für Forschendes Lernen im Praxissemester gibt es, wie gezeigt wurde, viele gute Gründe. Dieses Kapitel sollte Anregung und Hilfestellung bei der Planung, Durchführung und Auswertung der studentischen Forschungsvorhaben geben. Nach einigen Erläuterungen zur begrifflichen Eingrenzung Forschenden Lernens und dem möglichen Ertrag für das Praxissemester wurden konkret aufgezeigt

- Varianten und Beispiele für studentische Forschungsvorhaben im Praxissemester,
- Hilfen für die Strukturierung und Gestaltung des Forschungsprozesses sowie
- Methoden und Instrumente zur Erhebung und Auswertung von Daten im Rahmen studentischer Forschungsvorhaben.

In Kapitel 7 wird es um das sogenannte Kerngeschäft von Lehrkräften gehen: das Unterrichten. Eine Vielzahl von Anregungen und Hinweisen kann es den Studierenden erleichtern, sich dieses Handlungsfeld unter den Bedingungen des Praxissemesters zu erschließen.

Literatur

Aeppli, Jürgen/Gasser, Luciano/Gutzwiller, Eveline/Tettenborn, Annette (Hg.) (2011): Empirisches wissenschaftliches Arbeiten. Ein Studienbuch für die Bildungswissenschaften. Bad Heilbrunn.

Altrichter, Herbert/Posch, Peter (1998): Lehrer erforschen ihren Unterricht. Eine Einführung in die Methoden der Aktionsforschung. 3. Aufl. Bad Heilbrunn.

Arens, Barbara/Blotzheim, Dirk/Koch-Priewe, Barbara/Roters, Bianca/Schneider, Ralf/Thiele, Jörg/Wildt, Johannes (2009): Forschendes Lernen im Theorie-Praxis-Modul an der TU Dortmund. In: Roters, Bianca/Schneider, Ralf/Koch-Priewe, Barbara/Thiele, Jörg/Wildt, Johannes (Hg.): Forschendes Lernen im Lehramtsstudium. Bad Heilbrunn, 107–125.

BAK [Bundesassistentenkonferenz] (1970): Forschendes Lernen – Wissenschaftliches Prüfen. Schriften der Bundesassistentenkonferenz 5. 2009 Neudruck. Bielefeld.

Behnken, Imbke/Zinnecker, Jürgen (2010): Narrative Landkarten. Ein Verfahren zur Rekonstruktion aktueller und biographisch erinnerter Lebensräume. In: Friebertshäuser, Barbara/Prengel, Annedore/Langer, Antje (Hg.): Handbuch qualitative Forschungsmethoden in der Erziehungswissenschaft. Weinheim, 547–562.

Boelhauve, Ursula/Frigge, Reinhold/Hilligus, Annegret/Olberg, Hans-Joachim (2004): Praxisphasen in der Lehrerbildung. Empfehlungen und Materialien für die Umsetzung und Weiterentwicklung. Ministerium für Schule, Jugend und Kinder des Landes Nordrhein-Westfalen. http://zlb.uni-due.de/documents/documents_pfl/PPEmpfehlungenMSJK.pdf [21.06.2014]

de Boer, Heike/Reh Sabine (2012): Beobachtung in der Schule. Beobachten lernen. Wiesbaden.

Bohnsack, Ralf/Nentwig-Gesemann, Iris/Nohl, Arnd-Michael (Hg.) (2007): Die dokumentarische Methode und ihre Forschungspraxis. Wiesbaden.

Bortz, Jürgen/Döring, Nicola (2006): Forschungsmethoden und Evaluation für Human- und Sozialwissenschaftler. Heidelberg.

Breidenstein, Georg/Hirschhauer, Stefan/Kalthoff, Herbert/Nieswand, Boris (2013): Ethnografie. Die Praxis der Feldforschung. Stuttgart.

Brock, Michael/Rahtjen, Sebastian (2013): Forschungsethik. In: Drink, Barbara (Hg.): Forschen in der Schule. Opladen/Toronto, 172–181.

Eckert, Ela/Fichten, Wolfgang (Hg.) (2005): Schulbegleitforschung. Erwartungen – Ergebnisse – Wirkungen. Münster.

Eikenbusch, Gerhard/Leuders, Timo (Hg.) (2004): Lehrer-Kursbuch Statistik. Alles über Daten und Zahlen im Schulalltag. Berlin.

Feindt, Andreas (2007): Studentische Forschung im Lehramtsstudium. Eine fallrekonstruktive Untersuchung studienbiografischer Verläufe und studentischer Forschungspraxen. Opladen/Farmington Hills.

Fichten, Wolfgang (2012): Über die Umsetzung und Gestaltung forschenden Lernens im Lehramtsstudium. Verschriftlichung eines Vortrags aus der Veranstaltung „Modelle Forschenden Lernens" in der Bielefeld School of Education 2012. http://www.uni-oldenburg.de/fileadmin/user_upload/diz/download/Publikationen/Lehrerbildung_Online/Fichten_01_2013_Forschendes_Lernen.pdf [21.06.2014]

Fichten, Wolfgang (2010): Forschendes Lernen in der Lehrerbildung. In: Eberhardt, Ulrike (Hg.): Neue Impulse in der Hochschuldidaktik. Wiesbaden, 127–182.

Friebertshäuser, Barbara/Langer, Antje (2010): Interviewformen und Interviewpraxis. In: Friebertshäuser, Barbara/Prengel, Annedore/Langer, Antje (Hg.): Handbuch qualitative Forschungsmethoden in der Erziehungswissenschaft. Weinheim, 437–455.

Hafner, Thomas/vom Hofe, Rudolf (2008): Aufgaben analysieren und Schülervorstellungen erkennen. Diagnostische Interviews zur Prozentrechnung. In: mathematik lehren, 150, 14–19.

Hascher, Tina (2005): Die Erfahrungsfalle. In: journal für lehrerinnen- und lehrerbildung, 5, H.1, 39–45.

Heinzel, Frederike (2010): Zugänge zur kindlichen Perspektive – Methoden der Kindheitsforschung. In: Friebertshäuser, Barbara/Prengel, Annedore/Langer, Antje (Hg.): Handbuch qualitative Forschungsmethoden in der Erziehungswissenschaft. Weinheim, 707–721.

Hofe, Rudolf vom (2003): Grundbildung durch Grundvorstellungen. In: mathematik lehren 118, 4–8.

Hofer, Roger (2013): Forschendes Lernen in der Lehrerinnen- und Lehrerbildung: Widersprüchliche Anforderungen zwischen Forschung und Profession. In: Beiträge zur Lehrerbildung, 31, H.3, 310–320.

Hopf, Christel (2012): Qualitative Interviews – ein Überblick. In: Flick, Uwe/Kardorff, Ernst von/ Steinke, Ines (Hg.): Qualitative Forschung. Ein Handbuch. Reinbek bei Hamburg, 349–360.

Huber, Ludwig (2009): Warum Forschendes Lernen nötig und möglich ist. In: Huber, Ludwig/Hellmer, Julia/Schneider, Frederike: Forschendes Lernen im Studium. Aktuelle Konzepte und Erfahrungen. Bielefeld, 9–35.

Klewin, Gabriele/Schüssler, Renate (2012): Forschendes Lernen im Bielefelder Praxissemester. In: Freitag, Christine/von Bargen, Imke (Hg.): Praxisforschung in der Lehrerbildung. Berlin, 75–84.

Koch Priewe, Barbara/Thiele, Jörg (2009): Versuch einer Systematisierung der hochschuldidaktischen Konzepte zum Forschenden Lernen. In: Roters, Bianca/Schneider, Ralf/Koch-Priewe, Barbara/Thiele, Jörg/Wildt, Johannes (Hg.): Forschendes Lernen im Lehramtsstudium. Hochschuldidaktik. Professionalisierung. Kompetenzentwicklung. Bad Heilbrunn, 271–292.

Küsters, Ivonne (2009): Narrative Interviews. Wiesbaden.

Lamnek, Siegfried (2010): Qualitative Sozialforschung. Lehrbuch. Weinheim und Basel.

Mayring, Philipp (2010): Qualitative Inhaltsanalyse. Grundlagen und Techniken. Weinheim.

Möller, Renate (2013): Methoden der Medienforschung. In: Enzyklopädie Erziehungswissenschaft Online. Weinheim.

Porst, Rolf (2011): Fragebogen: Ein Arbeitsbuch. Wiesbaden.

Reimers, Heino (2005): Schulbegleitforschung im Spannungsfeld von Forschung, Aus- und Fortbildung, Beratung und Schulentwicklung. In: Eckert, Ela/Fichten, Wolfgang (Hg.): Schulbegleitforschung. Erwartungen, Ergebnisse, Wirkungen. Münster, 19–40.

Rolff, Hans Günther (2007): Studien zu einer Theorie der Schulentwicklung. Weinheim/Basel.

Rost, Jürgen (2004): Lehrbuch Testtheorie – Testkonstruktion. Bern.

Roters, Bianca/Schneider, Ralf/Koch-Priewe, Barbara/Thiele, Jörg/Wildt, Johannes (Hg.) (2009): Forschendes Lernen im Lehramtsstudium. Bad Heilbrunn.

Scheuermann, Ulrike (2012): Schreibdenken. Schreiben als Denk- und Lernwerkzeug nutzen und vermitteln. Opladen/Toronto.

Terhart, Ewald (2011): Lehrerberuf und Professionalität: gewandeltes Begriffsverständnis – neue Herausforderungen. In: Zeitschrift für Pädagogik, 57, 202–224.

Treumann, Klaus Peter (2005): Triangulation. In: Mikos, Lothar/Wegener, Claudia (Hg.): Qualitative Medienforschung. Ein Handbuch. Konstanz.

Truschkat, Inga/Kaiser-Belz, Manuela/Volkmann, Vera (2011): Theoretisches Sampling in Qualifikationsarbeiten: Die Grounded Theory Methodologie zwischen Programmatik und Forschungspraxis. In: Mey, Günter/Mruck, Katja (Hg.): Grounded Theory Reader. Wiesbaden, 353–379.

Universität Bielefeld/ZfsL Bielefeld, Minden und Paderborn (Hg.) (2011): Leitkonzept zur standortspezifischen Ausgestaltung des Bielefelder Praxissemesters. Erprobungsfassung. 12.10.2011. Arbeitspapier. http://www.bised.uni-bielefeld.de/praxissemester/Bielefelder_Ausgestaltung/leitkonzept.pdf [21.06.2014]

Weyland, Ulrike (2010): Zur Intentionalität schulpraktischer Studien im Kontext universitärer Lehrerausbildung. Paderborn.

Anke Schöning und Volker Schwier

7 Unterricht im Praxissemester – entwickeln, erproben und reflektieren

Wenn Studierende die Praxisphasen ihres Studiums mit hohen Erwartungen herbeisehnen, richtet sich der Fokus ihrer Vorfreude nicht selten auf eines der zentralen Handlungsfelder von LehrerInnen: das Unterrichten. Und in der Tat: Unterricht planen, Ideen dafür entwickeln und später im Prozess des Unterrichts erleben, wie etwas zuvor Geplantes tatsächlich bei SchülerInnen ‚ankommt' und gelingt, gehört wohl mit zu den angenehmsten Erfahrungen in der Tätigkeit von Lehrenden. Daran teilhaben, wenn sich in einer Lerngruppe neue Einsichten entwickeln, gemeinsam etwas entdeckt wird oder nun etwas besser gekonnt wird als zuvor ist für alle Beteiligten oft anregend und manchmal auch vergnüglich. So ist leicht einsichtig, dass schon erste Ideen und planerische Vorüberlegungen Teil in einem kreativen Prozess sind, der idealerweise im Unterricht selbst fortgesetzt wird und in der Rückschau darauf einen vorläufigen Abschluss findet. Die erinnerten Eindrücke, Wahrnehmungen und (Selbst-)Beobachtungen der Unterrichtserfahrungen reichern den Fundus der Möglichkeiten für planerische Entscheidungsalternativen weiter an und können damit Ausgangs- oder Bezugspunkt künftiger Planungsüberlegungen sein: Wenn es Studierenden nicht nur darum geht, *träges Wissen* (Gerstenmaier/Mandl 1995) zu vermitteln, sondern darum, echte Lerngelegenheiten zu schaffen, hat Unterricht sein wesentliches Ziel erreicht. Dennoch sind solche Situationen auch bei kenntnisreicher, adressatengerechter und umsichtiger Planung keineswegs garantiert. Weil es sich beim Unterrichten um kommunikativ sehr voraussetzungsvolle komplexe und nicht selten kontingente Prozesse handelt, kann der Erfolg von Unterricht nicht allein durch eine optimale Planung und deren Vollzug erzielt werden. Dazu sind allein schon die Erwartungen von Lehrenden und ihren Lerngruppen oft zu unterschiedlich und unbestimmt. Entsprechend ist die kritische Reflexion von Unterricht keine zusätzliche Bürde, die hinterfragt, was längst vergangen und also unabänderlich ist. Vielmehr kann eine kontinuierliche Rückschau auf Unterricht und das Abwägen möglicher Alternativen dazu beitragen, auch das eigene Reflexions- und Handlungsrepertoire beständig zu erweitern. In diesem Sinne treiben die Studierenden als reflektierende PraktikerInnen zugleich ihren eigenen Professionalisierungsprozess weiter voran.

In diesem Kapitel geht es darum, Studierenden Anregungen zu geben, um im Praxissemester Lehr-/Lernarrangements zu entwickeln, zu planen, vorzubereiten, Unterrichtsprozesse zu begleiten, selbst zu erproben und zu reflektieren. Dem Handlungsfeld Unterricht können die Studierenden hierbei in zweifacher Weise begegnen: Zum einen, indem sie Anregungen und Ideen anpassen und erproben, die sie im Verlauf ihrer bisherigen Lehrerbildung entwickelt haben und zum anderen, indem sie Fragestellungen und Anregungen identifizieren, denen sie im eigenen weiteren berufsbiografischen Verlauf nachgehen können, ohne dabei auf sich allein gestellt dem unmittelbaren Handlungsdruck unterrichtlicher Praxis ausgesetzt zu sein.

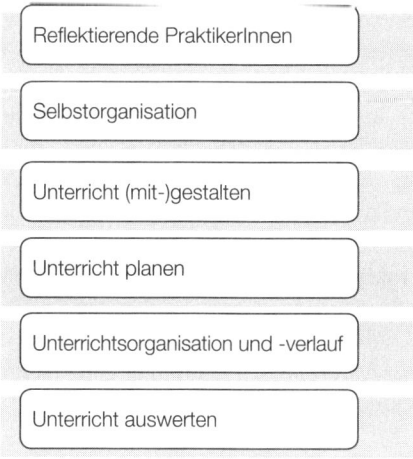

Abb. 7.1: Überblick über Kapitel 7

7.1 Reflektierende PraktikerInnen

Der Begriff des ‚reflektierenden Praktikers' geht zurück auf Donald A. Schön, der das professionelle Handeln von PraktikerInnen untersuchte (vgl. Schön 1983). Die mit Blick auf unterrichtliche Handlungskompetenz noch ganz am Beginn ihrer professionellen Entwicklung stehenden Studierenden neigen bei ihren ersten Unterrichtsversuchen häufig dazu, möglichst viele Tipps und Tricks von erfahrenen KollegInnen oder aus einschlägigen ‚Rezepthandbüchern' einzuholen, um im Unterrichtsgeschehen zu ‚bestehen'. Die Folge ist oftmals die unreflektierte Anwendung von Rezeptwissen, das vielfach auf verkürzten pädagogischen Vorstellungen basiert (vgl. zu derartigen Unterrichtsrezepten Meyer 2007, 21ff.). Mit Schön können Studierende dagegen als reflektierende PraktikerInnen begriffen werden, wenn sie sich in (unterrichtlichen) Handlungssituationen nicht bloß dem Handlungsdruck beugen, sondern während und nach ihren Handlungen die Rahmenbedingungen ihres Handelns reflektieren. Schön unterscheidet hier zwischen ‚reflection-*IN*-action' und ‚reflection-*ON*-action' (vgl. Schön 1983). Von Studierenden als reflektierenden PraktikerInnen ist also eine doppelte Reflexivität gefordert. Zum einen ist dies die Reflexion in der konkreten Unterrichtssituation. Diese wird oftmals eingeleitet durch eine auftauchende Irritation oder ein auftretendes Problem, welches in der Folge unmittelbar handlungsbezogen bearbeitet wird. Zum anderen geht es um die Reflexion über das unterrichtliche Handeln, die als Metakognition bezeichnet werden kann. Diese erfolgt nach der konkreten Handlung und erlaubt einen distanzierten, vom Handlungsdruck befreiten Blick.

In diesem Sinne geht es im Praxissemester darum, Zugänge zum eigenen Unterrichten zu schaffen. Diese reichen von der Mitgestaltung einzelner Unterrichtssituationen (→ Kapitel 5.2) und der Gestaltung ganzer Unterrichtsstunden bis hin zum Umsetzen kleinerer Unterrichtsvorhaben. Die Ausbildung einer forschenden Perspektive gegenüber der eigenen Unterrichtstätigkeit mit dem Ziel der Fähigkeit und Bereitschaft zur (Selbst-)Reflexion und Revision eigenen Verhaltens kann dabei unterstützt werden durch die systematische und kriteriengeleitete Auswertung der unterrichtlichen Erfahrungen der Studierenden, beispielsweise durch kollegiale und Experten-Beratungen (→ Kapitel 4). Studierende reflektieren in diesem Zusammenhang den Ertrag bildungswissenschaftlicher, fachdidaktischer und fachwissenschaftlicher Theorien für konkrete Fragen der Unterrichtspraxis. Und umgekehrt suchen sie zur Erklärung von offenen Fragen und Irritationen, die sich aus der konkreten unterrichtlichen Praxis ergeben, nach Anknüpfungspunkten in den Bildungswissenschaften, Fachdidaktiken und Fachwissenschaften. Eine derart theoriegeleitete Reflexion erlaubt das *Zurückbeugen* auf Theorie, um die singulären Erlebnisse und Einsichten der Studierenden in einen Zusammenhang zu bringen (vgl. Bolle 2013).

Zur Weiterarbeit:
Man nehme ... – Unterrichtsrezepte auf dem Prüfstand
In seinem Leitfaden zur Unterrichtsvorbereitung führt Meyer einen Rezeptkatalog auf, der anhand seiner Befragung von Studierenden entstanden ist (vgl. Meyer 2007, 21ff.). Es ging um die Frage, welche Rezepte ihnen im Praktikum gegeben wurden. Herausgegriffen werden hier fünf, die dabei besonders häufig genannt wurden:

„Die Zügel am Anfang straff halten, damit man sie später lockern kann",
„Wenn die Klasse unruhig ist, leiser reden oder ganz schweigen!",
„Nicht zur Tafel, zu den Schülern sprechen!",
„Schülerfragen an den Lehrer nicht selbst beantworten, sondern Gegenfragen stellen oder an andere Schüler zurückgeben!",
„Keine Stunde ohne Methodenwechsel!".

Haben Sie selbst schon ähnliche Rezepte im Praxissemester oder in vorherigen Praxisphasen gehört? Können Sie die Liste noch mit weiteren eigenen Beispielen ergänzen? Vielleicht besorgen Sie sich Meyers Leitfaden, indem Sie ihn zum Beispiel in Ihrer Universitätsbibliothek ausleihen und sich die Rezepte einmal genau anschauen.

Suchen Sie sich nun in einem folgenden Schritt drei Rezepte heraus und überlegen Sie jeweils, zu welchem (theoretischen) Kontext sich Bezüge herstellen lassen könnten (z.B. Erziehungsauftrag von Schule, LehrerInnen-Handeln).

Setzen Sie anschließend jedes Rezept zu einer Ihnen bekannten Theorie in Bezug (beispielsweise zum Classroom Management, zur unterrichtlichen Kommunikation und Interaktion oder zur Unterrichtsentwicklung).

Reflektieren Sie dann abschließend, wie die Unterrichtsrezepte aus der Perspektive der Theorie bewertet werden können, zum Beispiel indem Sie danach fragen,

• auf welchen (impliziten) Annahmen und Voraussetzungen die Rezepte jeweils aufbauen,
• welche Vorstellungen von Lehr-/Lernprozessen ihnen zugrunde liegen,
• unter welchen Bedingungen und in welchen Situationen sie Geltung beanspruchen oder
• welche alternativen Deutungs- und Handlungsmöglichkeiten begründet werden können.

Reflektierende PraktikerInnen zu sein, bedeutet für die Entwicklung und Erprobung von Unterricht im Praxissemester beispielsweise (vgl. zum Folgenden Universität Bielefeld et al. 2011, 9f.):

• Die Rahmenbedingungen der Schule sowie schulische Angebote für eigene Unterrichtskonzepte zu berücksichtigen und zu nutzen und deren Auswirkungen auf die eigene Unterrichtspraxis zu reflektieren.
• Bei der Entwicklung und Erprobung von Unterricht auf der Basis von Fachwissenschaft, Fachdidaktik und Bildungswissenschaften deren Verzahnung bewusst wahrzunehmen und zu reflektieren (vgl. Shulman 1986 zum berufsspezifischen Wissen von LehrerInnen).

- Eigene unterrichtliche Tätigkeiten kriteriengeleitet auszuwerten und Ergebnisse zu beraten, indem zunehmend selbstständig Fragen zur Unterrichtsreflexion entwickelt und Kriterien benannt werden.
- SchülerInnen als selbstständige LernerInnen wahrzunehmen und sich vor diesem Hintergrund mit der eigenen Lehrtätigkeit auseinanderzusetzen.
- Aspekte der Umsetzung von Unterrichtskonzepten auf der Basis kriteriengeleiteter Erschließungsfragen und der für das Praxissemester vorgesehenen Standards und Kompetenzen zu evaluieren.
- Den eigenen Entwicklungsprozess während des Praxissemesters aktiv in den Blick zu nehmen und dabei positive wie problematische Erfahrungen entsprechend wahrzunehmen, zu beraten und mögliche Ursachen zu reflektieren.
- Zunehmend zu selbstständig entwickelten Planungsentwürfen und kreativen Umsetzungen zu gelangen.
- Sich im System Schule zu verorten und dabei die Perspektiven der verschiedenen Akteure des Systems (SchülerInnen, LehrerInnen, Eltern, Schulleitung etc.) sowie deren Einfluss auf die eigene unterrichtliche Tätigkeit zu reflektieren (vgl. Aich 2006, 4ff. zu den verschiedenen Bezugsgruppen und deren unterschiedlichen Erwartungen an die Lehrerrolle).
- Offen zu sein für Lernprozesse, die sich aus Irritationen im Rahmen der eigenen Unterrichtspraxis ergeben, um Fragen zu stellen und Antworten und Gegebenheiten zu hinterfragen.

Für die meisten der hier genannten Aspekte gilt, dass damit häufig Formen der Beratung, des kollegialen Austausches und des Peer Learning verbunden sind.

Die Studierenden mit Blick auf ihre eigenen Unterrichtstätigkeiten im Praxissemester für den Nutzen einer theoriegeleiteten Reflexion sowie eine forschende Perspektive zu sensibilisieren, war Anliegen dieses Abschnitts. Wie sich Studierende für die Mitgestaltung von Unterricht zunächst selbst organisieren können, indem sie die schulischen Rahmenbedingungen hinsichtlich der Optionen für die eigene Unterrichtspraxis evaluieren, wird im Folgenden dargestellt.

7.2 Selbstorganisation

Gelingt der Einstieg in die schulische Praxisphase (→ Kapitel 5), dann wird den Studierenden die Praktikumsschule bereits nach kurzer Zeit soweit vertraut sein, dass sie sich einen Überblick verschafft haben, der ihnen eine generelle Orientierung ermöglicht. Bekannt sind jene Orte und Räume des Schulgebäudes, an und in denen sich die Studierenden zumeist aufhalten und vertraut werden die Wege, auf denen sie jeweils dorthin gelangen. Ihre Beobachtungen in den ersten Tagen vermitteln einen grundsätzlichen Eindruck davon, über welche Ausstattung eine Schule verfügt. Aus den Begegnungen mit den MitarbeiterInnen im Sekretariat, der Praktikumskoordination und der Schulleitung, mit möglichen MentorInnen und weiteren FachlehrerInnen ergeben sich erste Ansprechpersonen und Kontaktmöglichkeiten. Die Gesichter der KollegInnen und einzelner SchülerInnen verbinden sich schon mit Namen und der Rhythmus der Unterrichtsstunden- und Pausenzeiten wirkt nicht mehr so ungewohnt wie vielleicht noch zu Beginn. Aus der Summe der beobachteten und erlebten Situationen mit und zwischen LehrerInnen und SchülerInnen ergibt sich einstweilen ein Eindruck davon, wie die Studierenden das wahrnehmen, was gemeinhin als wichtige Aspekte des *Schulklimas* umschrieben werden.

Insgesamt verdichten sich die ersten Erfahrungen der Studierenden zu einem vorläufigen Bild der Praktikumsschule. Es bildet den Ausgangspunkt für ihre weitergehenden Aktivitäten. Jetzt ist es an ihnen, sich …

• ganz gezielt der bis hierhin gewonnenen Erfahrungen zu vergewissern,
• der in dieser Phase noch offenen und (un)mittelbar klärungsbedürftigen Aspekte bewusst zu werden,
• weitere Erkundungsschritte zu überlegen und darauf aufbauend,
• Vorschläge für eigene Aktivitäten zu entwickeln, die im weiteren Verlauf des Praxissemesters gezielt von ihnen angegangen werden könnten.

Die hier aufgelisteten Anregungen dienen dazu, eine erste Zwischenbilanz zu ziehen und die Studierenden darin zu bestärken, möglichst frühzeitig und selbstständig den eigenen Blick dafür zu öffnen, welche Möglichkeiten und Optionen ihnen in der Praktikumsschule prinzipiell offenstehen. Es wäre zu diesem Zeitpunkt allerdings vermessen von den Studierenden zu erwarten, dass ihnen jederzeit und bei allen ihren Ideen eine angemessene Einschätzung über deren Realisierungsmöglichkeiten und die mutmaßlichen Voraussetzungen und Konsequenzen gelingen kann. Schon deshalb ist es ebenso sinnvoll wie nötig, dass sich die Studierenden zunächst unbedingt mit den jeweils Beteiligten selbst, den Praktikumsbeauftragten und den MentorInnen und gegebenenfalls mit weiteren Akteuren (Schulleitung, anderen Lehrenden, Peers u.a.) abstimmen. Ziel sollte es sein, …

- sich über ihre Annahmen auszutauschen,
- die Einschätzungen anderer einzuholen,
- die eigenen Überzeugungen mit denen der anderen abzugleichen,
- eine Verständigung herbeizuführen, um
- einvernehmlich mit ihnen zusammen auch die nächsten Schritte zu planen und festzulegen.

Zum Beispiel:
Zwischenfazit ziehen und weitere Erkundungsschritte planen
Lena ist jetzt seit mehr als einer Woche als Studentin mit der Fächerkombination Deutsch und Biologie im Praxissemester an der Astrid-Lindgren-Gesamtschule in Beispielstadt. Sie wurde dort sehr freundlich aufgenommen und außer bei ihrer festen Ansprechperson, der Praktikumskoordinatorin Frau Schmidt, hat sie bereits einige weitere KollegInnen näher kennen gelernt und auch in deren Unterricht hospitiert. 968 SchülerInnen besuchen die Ganztagsschule an der 87 KollegInnen – zum Teil in Teilzeit – unterrichten. Mit einzelnen von ihnen hat sie sich schon unterhalten oder – wie mit der Didaktischen Leiterin der Schule Frau Meier – auch schon eingehender ausgetauscht. Zwar hat sie eine Auflistung mit den Namen und Fächerkombinationen aller KollegInnen erhalten, aber noch hatte sie keine Gelegenheit, überhaupt all diejenigen näher kennen zu lernen, die ihre Fächer unterrichten. Immerhin war sie nun schon mehrfach in der Klasse 6c. Dort teilen sich Herr Lang (Bio, E) und Frau Kurz (D, Ku) die Klassenleitung. Bei Frau Schwarz hat sie im Deutsch-Leistungskurs hospitiert und im Wahlpflichtkurs ‚Naturwissenschaften' der Jahrgangsstufe 7 zusammen mit den SchülerInnen und dem Fachlehrer Herrn Weiß mit Seifenblasen experimentiert.
Gemeinsam mit Frau Schmidt plant Lena die Unterrichtshospitationen der nächsten zwei Wochen und überlegt erste Möglichkeiten der Mitgestaltung von Unterricht. Dabei müssen sie berücksichtigen, dass montags Lenas Studientag ist, der für Veranstaltungen von Universität und Studienseminar sowie Peer Learning Activities reserviert bleiben muss:

Std.	Mo	Di	Mi	Do	Fr	Mo	Di	Mi	Do	Fr
1		D/6c	Bio/6c	D/6c		D/6c	D/6c	D/6c	Bio/6c SuS-*Unterstützung: Mikroskopier-Führerschein?*	D/6c
2										GK Bio-2
3			D/6c				GK Bio-2		D/6c GA *zu Klassenlektüre?*	
4					D/6c Förderstunde *AB zur Groß-/Kleinschr. entwickeln?*					D/6c Förderstunde.
5										
6										
7										
8	Studientag		Projekttag: „Gesunde Schule"	AG Tanz		Studientag	L-Konf.		AG Tanz	
9										

Abb. 7.2: Stundenplan für die zweite und dritte Woche des Praxissemesters

Außerdem erstellt Lena sich eine Übersicht mit all jenen Anliegen, die noch abzuklären, zu organisieren oder anderweitig zu erledigen sind.

Worum geht es?	Was ist zu tun?			Absprache mit:	Bis wann?	Anm.:
	erarbeiten	organisieren	erledigen			
Deutsch 6c	Klassenlektüre lesen	Unt.-Materialien zur Lektüre	Kooperatives Lernen planen	Frau Kurz	Wochenende	Seminarunterlagen zum Koop.-Lernen heraussuchen
Deutsch 6c Förderstunde	Schulgrammatik	Förderpläne besorgen/ lesen	AB „Groß-/Kleinschreibung" erstellen	Frau Kurz	Mi	
Bio 6c	Aufbau Mikroskop	Elodea canadensis (Zoofachhandel)		Herrn Lang	Mo	
GK Bio (Q1)		Bio-Lehrbuch für die Oberstufe entleihen		Herrn Müller wg. Hosp. im GK	Minachm.	Herr Müller ist ab Do auf Kursfahrt!
Projekttag Gesundheitserziehung als Schwerpunkt im Schulprogramm: Gesunde Ernährung	Vgl. versch. Konzepte		Materialien bestellen: BZgA-Bundeszentrale f. gesundh. Aufkl.	Did. Leitung, Schulsozialarbeiterin, Uni-Doz.		Datenschutzrechtliche Bestimmungen beachten
AG Tanz		Musik	Filmsequenz besorgen	Frau Schmidt	Mo	

Abb. 7.3: Arbeitsplan für die zweite und dritte Woche

In diesem Abschnitt wurden Vorschläge unterbreitet, die den Studierenden helfen können, sich gezielt auf Hospitationen im Unterricht vorzubereiten sowie erste Planungen bezüglich der Mitgestaltung von Unterricht vorzunehmen.

Um die besondere Interaktionsform schulischer Unterricht wird es im folgenden Abschnitt gehen.

7.3 Unterricht (mit-) gestalten

Was meint Unterricht (nicht)?

Es bedarf keines Unterrichts, damit Menschen etwas lernen. Umgekehrt kann auch kein noch so kreativ wie umsichtig gestalteter Unterricht tatsächlich die Lernerfolge garantieren, die angestrebt wurden. Sich dessen zu vergewissern klingt zunächst zwar trivial, ist aber gleichwohl folgenreich, wenn es Studierenden im Praxissemester darum geht, die Gestaltungsmöglichkeiten und die Begrenzungen ihrer Handlungsspielräume abzuschätzen, die sich auf Unterricht in ihren jeweiligen Praktikumsschulen beziehen. Im Allgemeinen werden unter *Unterricht* intentionale, inhaltlich und zeitlich umgrenzte Sequenzen von Lehr-/Lernprozessen in pädagogischen Institutionen (vgl. Arnold 2009, 15, Helsper/Keuffer 1996, 81) verstanden. Damit wird ein Ursache-Wirkungsgefüge umschrieben, an dessen Ende aber womöglich gar kein Lernerfolg steht, sondern im extremen Fall das genaue Gegenteil: Die SchülerInnen haben nicht nur nichts gelernt, sondern sind womöglich irritierter als zuvor oder begegnen den Inhalten des Unterrichts anstatt mit erweiterter Neugier nun mit gesteigertem Desinteresse. Mit anderen Worten: Trotz gut begründeter Absichten, im Vertrauen auf pädagogisch legitimierte Handlungen und nach Maßgabe bildungstheoretischer wie fachdidaktischer Einsichten bleibt das Resultat von Unterricht immer auch ungewiss, denn jeder Unterricht ist kontingent, also auch von vielerlei Unvorhersehbarem und Zufällen abhängig. Diese Kontingenz ist auch mit keiner noch so differenzierten Planung und Ausgestaltung umgehbar, nicht zuletzt weil die Wahrnehmung und das Handeln aller am Unterricht Beteiligten für sich genommen nicht vorab ausrechenbar sind. Erst Recht gilt das in der Interaktion miteinander, die sich nicht vollzieht wie bei *Trivialmaschinen* (Luhmann 1991).

> **Zum Weiterlesen: Kontingenz von Unterricht**
> In seinem Aufsatz beschreibt Thomas Kurtz die Unsicherheiten im Lehrerhandeln, die in modernen Wissensgesellschaften unvermeidlich sind. Als wesentliche Unsicherheitsfaktoren beschreibt er u.a. die Unterrichtssituation und die komplexe Interaktion zwischen den Beteiligten. Dabei betont er die Zufallsabhängigkeit des Unterrichts.
> Kurtz, Thomas (2006): Unsicheres Handeln. In: Pädagogische Rundschau, H. 5. 549 – 558.

Aus der Einsicht in die grundsätzliche Unverfügbarkeit über die am Unterricht Beteiligten und die Ungewissheit über die Ergebnisse von Unterricht lässt sich jedoch keineswegs schlussfolgern, dass damit auch wissenschaftliche Erkenntnisse über Unterricht entbehrlich sind. Im Gegenteil sind die Kenntnis von und die Auseinandersetzung mit Theorien, Konzepten, Begründungen oder Forschungen über Unterricht hilfreich, um sich in der Planung und Gestaltung eigener Unterrichtsversuche daran zu orientieren. Jedoch selbst für fortgeschrittene Studierende ist es nicht immer leicht, einen Überblick über die Fülle an unterrichtsbezogenen Erkenntnissen zu behalten und aus diesen heraus dann auch noch bedarfsgerechte Orientierungen für die Anforderungen im Praxissemester abzuleiten.

Tatsächlich sprechen nicht nur ressourcenökonomische Argumente dafür, sich stattdessen von den eigenen Erfahrungen über ‚guten Unterricht' leiten zu lassen oder an den Modellen der als besonders geeignet ausgewiesenen LehrerInnen in der eigenen Schulzeit oder im Praktikum selbst auszurichten. Ein solches Ansinnen ist zwar nicht verwerflich, jedoch keineswegs hinreichend, um den schon im Praxissemester anstehenden unterrichtlichen Herausforderungen zu begegnen. Sofern es überhaupt gelingen kann, mit der eigenen Person das Handeln von Vorbildern im Unterricht zu kopieren, bietet es keine Gewähr dafür, auch auf künftige unterrichtliche Situationen jeweils angemessen zu reagieren. Eine andere, ebenfalls naheliegende Strategie zur Bewältigung der mutmaßlichen wie tatsächlichen Unterrichtsanforderungen ist ebenso wenig ratsam: Es wird nicht ausreichen, als StudentIn im Praxissemester darauf zu vertrauen, dass sich qua Altersunterschied, Autorität, alltagspraktischem Wissen und Können, pädagogischem Rezeptwissen oder Informationsvorsprung gegenüber den Lernenden ein erfolgreicher Unterricht quasi automatisch einstellen wird. Ein solches Handeln läuft Gefahr, sowohl die Komplexität von Unterricht aus dem Blick zu verlieren als auch den Stellenwert und die Selbstwirksamkeit der Lehrenden im Prozess des Unterrichtsgeschehens misszuverstehen.

Unabhängig von der Beantwortung der Frage, woran sich guter Unterricht überhaupt ermessen lässt, ist nicht zu bestreiten, dass auch Unterricht, der sich eher spontan, situativ oder unter Umständen vollkommen unvorbereitet vollzieht, sehr erfolgreich sein kann, weil SchülerInnen die Lerngelegenheiten nutzen, die ihnen eröffnet werden. Die Wahrscheinlichkeit erfolgreichen Unterrichts erhöht sich aber in dem Maße, in dem es gelingt, dessen maßgebliche Dimensionen – also Ziele, Inhalte und Methoden – wechselseitig aufeinander zu beziehen und produktiv werden zu lassen. Dazu bedarf die Planung und Gestaltung von Unterricht vielfältiger Begründungen auf unterschiedlichen Ebenen. Ebensolche Begründungen zu liefern beansprucht eine Teildisziplin der Schulpädagogik für sich – die Didaktik.

Didaktik und Unterrichtsqualität

Sofern der bisherige Studienverlauf noch keine ausreichenden Möglichkeiten eröffnet hat, sich eingehender mit didaktischen Fragestellungen zu befassen und mögliche Konsequenzen für das Unterrichtshandeln zu erörtern, bieten sich – zumindest dem Anspruch nach – mit dem Praxissemester mannigfache Gelegenheiten dazu. Es sollte einsichtig geworden sein, dass die Beobachtung, Planung, Organisation, Ausgestaltung und Auswertung von Unterricht der fortdauernden und theoriegeleiteten Reflexion bedürfen – ganz unabhängig davon, ob es um einzelne kurze Unterrichtsphasen, Unterrichtsstunden, -sequenzen oder umfangreichere Unterrichtsreihen geht. Im Kontext Forschenden Lernens der Studierenden im Praxissemester richten sich die Erwartungen dabei insbesondere auch auf eine entsprechende Reflexivität in dem schulischen Aufgabenfeld ‚Unterricht'. Die Auswahl der nötigen und sinnvollen theoretischen Rahmungen ergibt sich dabei im Wesentlichen aus dem jeweiligen Erkenntnisinteresse.

Dieses Studienbuch zum Praxissemester kann und will aber weder allgemeines und schon gar kein fachdidaktisches Grundlagenwissen abbilden oder zusammenfassen. Stattdessen geht es darum, einen knappen Überblick darüber zu geben, …

- welche didaktischen Vorstellungen gegenwärtig in der Diskussion sind,
- auf welche Modell-Vorstellungen sich die Kommunikation über ‚Unterricht' bezieht und
- welche Vorschläge diskutiert werden, um die Qualität von Unterricht zu erfassen.

Jene bildungswissenschaftlichen Theorien, die aufzuzeigen versuchen, unter welchen Bedingungen Lehren und Lernen im Rahmen von Unterricht geplant, ausgestaltet und analysiert werden können und sollen, werden *Didaktische Modelle* genannt.

Vor dem Hintergrund ihrer besonderen unterrichtspraktischen Relevanz beziehen sich viele der gegenwärtigen Diskussionen vornehmlich auf die Tradition der *bildungstheoretischen* (und ihre Fortentwicklung zur kritisch-konstruktiven) Didaktik und auf didaktische Ansätze im Rahmen des *Konstruktivismus*.

Zum Weiterlesen: Diskurse zur Didaktik
Neben den erwähnten gibt es eine Reihe weiterer didaktischer Theorien und Konzepte, die sich auf die Voraussetzungen, Bedingungen und Wirksamkeit von Unterricht beziehen. Außer der am Ende des Kapitel verzeichneten Literatur dazu finden sich weitere Übersichten beispielsweise in:

Terhart, Ewald (2009): Didaktik. Eine Einführung. Stuttgart.

Kron, Friedrich Wilhelm/Jürgens, Eiko/Standop, Jutta (2014): Grundwissen Didaktik. 6. überarb. Aufl. München.

Tulodziecki, Gerhard/Herzig, Bardo/Blömeke, Sigrid (2009): Gestaltung von Unterricht. Eine Einführung in die Didaktik. 2. durchgeseh. Aufl. Bad Heilbrunn.

Eine sehr grundsätzliche Kritik an der Didaktik und ihren Voraussetzungen entfaltet:

Gruschka, Andreas (2011): Didaktik: das Kreuz mit der Vermittlung. Elf Einsprüche gegen den didaktischen Betrieb. Wetzlar.

Weit verbreitet ist ein heuristisches Modell, mit dem versucht wird, die Komplexität von Unterricht in eine kommunizierbare Form zu überführen, indem die wechselseitigen Beziehungen und Abhängigkeiten zwischen Lerninhalten, Lehrenden und Lernenden zu einem *‚Didaktischen Dreieck'* verdichtet werden:

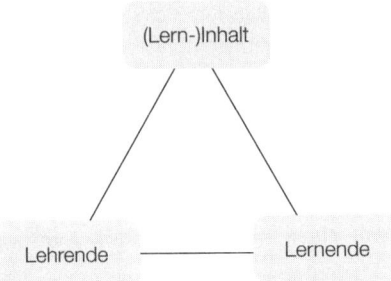

Abb. 7.4: Didaktisches Dreieck

Zur Verständigung: Funktionen Didaktischer Modelle
Als möglicher Einwand gegen derartige Modelle kann angeführt werden, dass sie sowohl selektiv als auch für unterschiedlichste Zwecke nutzbar seien. Eben darin kann jedoch gerade ihr Nutzen liegen. Euler und Hahn (2004, 47) unterscheiden vier Funktionen Didaktischer Modelle.

- In einer *Ordnungsfunktion* dienen sie allgemein dazu, didaktische Strukturen und Prozesse zu beschreiben und zu erklären. Sie lenken den Blick auf diejenigen Aspekte der Realität, die als besonders bedeutsam erachtet werden.
- In einer *Planungs- und Steuerungsfunktion* bieten sie eine Grundlage zur Vorbereitung und Durchführung von didaktischem Handeln in Lehr-Lernsituationen. Sie weisen auf die Faktoren hin, die bei der Vorbereitung des zukünftigen Handelns in besonderer Weise berücksichtigt werden sollten.
- In einer *heuristischen Funktion* können sie zur Entdeckung von Handlungsalternativen und Erklärungen beitragen, beispielsweise im Kontext einer Unterrichtsvorbereitung. Sie schärfen den Blick für Aspekte, die in der Routine oder Hektik des Alltags vielleicht vergessen worden sind, deren Berücksichtigung aber neue Optionen für didaktisches Handeln verspricht.
- Schließlich unterstützen sie in einer *Kritikfunktion* die Überprüfung von didaktischem Handeln. Sie bieten die Kriterien, um das eigene Handeln kritisch zu reflektieren.

Abb. 7.5: Funktionen Didaktischer Modelle nach Euler/Hahn 2004

In der Darstellung deutlich umfangreicher und differenzierter sind Modellvorstellungen, die in der Überzeugung ihren Ausgang nehmen, dass jeder Unterricht eingebettet ist in Faktoren, die einerseits die Qualität des Angebots von Unterricht bestimmen und die andererseits die Wirkungen, Erträge und die Intensität bestimmen, mit denen SchülerInnen die jeweiligen Angebote nutzen. Ein viel beachtetes

Modell ist das sogenannte *Angebots-Nutzungs-Modell der Unterrichtswirksamkeit*, dass Helmke aufbauend auf Überlegungen von Fend und zunächst gemeinsam mit Weinert entwickelt hat (z.B. Helmke 2012).

Die herausgehobene Bedeutung des Handelns der LehrerInnen für die Wirksamkeit von Unterricht wird aktuell mit der *Hattie-Studie*', einer Metaanalyse quantitativer Daten der empirischen Unterrichtsforschung, unterstrichen (vgl. Hattie 2013; unter dem Titel „Lernen sichtbar machen" ist die Studie seit 2013 in deutschsprachiger Übersetzung verfügbar). Die Studie basiert auf mehr als 50.000 Einzeluntersuchungen in die 250 Millionen SchülerInnen einbezogen wurden.

Zum Weiterlesen: Hattie-Studie

Um die Studie herum hat sich eine rege Diskussion entwickelt, die weiter andauert. Einen Überblick bietet:

Terhart, Ewald (Hg.) (2014): Die Hattie-Studie in der Diskussion. Probleme sichtbar machen. Seelze.

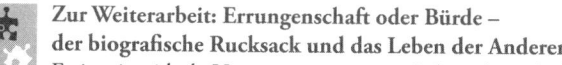

**Zur Weiterarbeit: Errungenschaft oder Bürde –
der biografische Rucksack und das Leben der Anderen**

Es ist eine ideale Voraussetzung, wenn Lehrende und eben auch Studierende im Praxissemester ein starkes Interesse für ihr Unterrichtsfach und für ausgewählte (Unterrichts-)Gegenstände mitbringen. Es wird ihnen oft leichter fallen, auch etwas von der eigenen Begeisterung, Neugier und Freude in den Unterricht zu transportieren.

Aus welchen Motiven heraus Sie auch immer ihre Fächer gewählt haben – vielleicht vergewissern Sie sich noch einmal selbst: Was fasziniert mich so an meinen Fächern? Welche Schwerpunkte und Themen interessieren mich besonders? Was macht die Beschäftigung mit meinem Fach so spannend?

Nicht immer ist jedoch alles gleichermaßen packend: Welchen Aspekten/Themen etc. stehe ich selbst eher ambivalent oder sogar kritisch gegenüber?

Zu einem Problem kann Ihre eigene Motivation und Begeisterung für ,Ihr' Fach allerdings in dem Moment werden, wenn Sie diese Haltung auch den SchülerInnen unterstellen, denen Sie begegnen…

- Was ist mit den SchülerInnen, denen ,mein' Fach nicht gefällt, die sich nicht dafür begeistern? Wie kann ich mit der Situation umgehen?
- Welche Bedeutung haben die (fachlichen) Inhalte, die mir selbst im meiner eigenen Bildungsbiografie besonders bedeutsam waren, wohl für SchülerInnen, die damit bislang kaum oder gar nicht konfrontiert waren?
- Entwickeln Sie Ideen: Auf welche Weise kann es gelingen, SchülerInnen für diese Inhalte zu interessieren?
- In welcher Form können die Inhalte meines Studiums überhaupt eine Bedeutung für SchülerInnen im Unterricht haben?

Betrachten Sie die von Ihnen ausgewählten möglichen Unterrichtsinhalte einmal aus der Perspektive ‚Schülerjob' (→ Kapitel 5.2) und beantworten Sie sich die Frage, was es für SchülerInnen bedeuten kann, dass sie dem Unterricht (meist) nicht entfliehen können: Welche Strategien der SchülerInnen sind hier denkbar? Wie könnten Lehrkräfte darauf reagieren?

Die zusammengestellten Aspekte zum Unterricht im Allgemeinen werden im nächsten Abschnitt weiter konkretisiert, indem skizziert wird, wie Unterricht geplant werden kann.

7.4 Unterricht planen

Wer unterrichtet, muss die im Unterricht ablaufenden intentionalen Lehr- und Lernprozesse planen. Planung kann daher mit Peterßen (2000) als strukturelles Moment des Unterrichtens bezeichnet werden. Mit der Planung erfolgen vielfältige *Entscheidungen* über die konkrete Ausgestaltung des Unterrichts, zum Beispiel:

- über Themen und Inhalte
- über die zu erreichenden Lernziele bzw. die zu entwickelnden Kompetenzen
- über die Arbeitsformen im Unterricht
- über den Einsatz von Materialien und Medien
- über die Überprüfung von Lernergebnissen
- über zeitliche Abläufe
- …

 Zur Weiterarbeit: Im (Didaktischen) Dreieck springen
Nicht nur für AnfängerInnen, auch für alle an Innovation von Unterricht Interessierte kann es lohnend sein, sich ganz bewusst Zeit für Planungsüberlegungen zu reservieren. Anstatt allein auf Vorgaben (Curricula, Lehrbücher, Vorbereitungsveranstaltungen) zu vertrauen, können Sie selbst aktiv werden und Ideen entwickeln. Teilweise kann es hilfreich sein, wenn Sie zu einzelnen Ihrer ersten Ideen auch gleich mögliche Alternativen mitbedenken, anschließend alles gegeneinander abwägen, gegebenenfalls Einfälle wieder verwerfen, sie durch andere ersetzen usw.

Vielleicht nutzen Sie das Instrument *Didaktisches Dreieck*, um darin ‚umher zu springen': Ausgehend von den Ecken des Dreiecks gelingt es Ihnen so womöglich, erste Ideen für mögliche Themen und Inhalte von Unterricht zu überprüfen und weiter zu entfalten.

(Lern-)Inhalt
- Warum ist er für SchülerInnen bedeutsam?
- Was an ihm ist grundsätzlich wichtig und interessant?
- Was ist exemplarisch und wofür?

Lehrende
- Welche Vorerfahrungen habe ich mit dem Unterrichtsgegenstand?
- Wie ist meine Einstellung zum Unterrichtsgegenstand?
- Welche fachlichen Voraussetzungen und welche Kompetenzen bringe ich selbst mit, was muss ich mir noch erarbeiten?

Lernende
- Welche (unterschiedlichen) Lernvoraussetzungen bringen die SchülerInnen vermutlich mit?
- Wie lassen sie sich diagnostizieren und erfassen?
- Welche Kompetenzen der Schüler sollen ausgebildet und gefördert werden?

> **Zum Weiterlesen: Unterricht im Spannungsfeld zwischen Lebensweltbezügen und fachlichen Anforderungen**
>
> Kahlert (1998) liefert mit seinem Modell der Didaktischen Netze ein Planungsinstrument, das ursprünglich für die Besonderheiten des Sachunterrichts entwickelt wurde. Es lässt sich aber wohl auch für andere Unterrichtsfächer adaptieren. Dabei soll es helfen, zwischen der Lebensweltorientierung und den Fachbezügen eine Balance herzustellen, also bei der Betrachtung von Unterrichtsgegenständen sowohl die lebensweltlich orientierten Dimensionen als auch die fachlich orientierten Perspektiven zu berücksichtigen, um die Gefahren der Trivialisierung und der curricularen Überreglementierung gleichsam zu vermeiden (vgl. ebd., 70ff.). Sein Modell kann dazu anregen, relevante Unterrichtsinhalte vielperspektivisch zu erschließen, um auf diese Weise das didaktische Potenzial, d.h. die inhaltlichen Möglichkeiten des Unterrichtsgegenstandes zu erkennen (vgl. ebd., 75).
>
> Kahlert, Joachim (1998): Grundlegende Bildung im Spannungsverhältnis zwischen Lebensweltbezug und Sachanforderungen. In: Marquardt-Mau, Brunhilde/Schreier, Helmut (Hg.): Grundlegende Bildung im Sachunterricht. Bad Heilbrunn, 67–81.

Planungsentscheidungen sind daran zu messen, „ob und wie sie zur Schaffung pädagogischer und didaktischer Situationen beitragen, in denen Erziehung und Lernen optimal möglich werden können" (Peterßen 2000, 17). Dabei steht die Planung von Unterricht in einem Spannungsverhältnis zwischen der planerischen Festlegung dieser optimalen Situationen und den Grenzen der Planbarkeit durch unvorsehbare Ereignisse, die sich im Rahmen der Unterrichtsdurchführung ergeben. Bei der Planung wird das spätere unterrichtliche Handeln antizipiert, indem didaktische und methodische Möglichkeiten und Alternativen vorweg bedacht und gegeneinander abgewogen werden können. Die Planung reduziert somit die Komplexität des Unterrichtsgeschehens. Das Planungshandeln ist befreit vom ‚Handeln unter Druck' (Interaktionshandeln) in konkreten Unterrichtssituationen, in denen die Situationen unmittelbar analysiert und Entscheidungen unmittelbar getroffen werden müssen (vgl. Wahl 2002). Gerade für Studierende, die erste Erfahrungen im unterrichtlichen Handeln sammeln, ermöglicht die sorgfältige Unterrichtsplanung „jene Autonomie und Distanz, die für ein pädagogisch sinnvolles Handeln […] unerläßlich sind" (Peterßen 2000, 18). Durch das Planen strukturieren die Studierenden den Unterricht bereits im Vorfeld und entlasten so die komplexe reale Unterrichtssituation. Derart befreit von konzeptionellen Überlegungen können sie sich im Unterricht ganz auf die Interaktion mit den Lernenden konzentrieren. Allerdings darf Planung dabei nicht als starre Vorgabe missverstanden werden, die im schlimmsten Fall eine Flexibilität und Spontaneität im konkreten Unterrichtsgeschehen verhindert. Gerade AnfängerInnen machen vielleicht den Fehler, im Unterricht auch dann an der Planung festzuhalten, wenn deutlich erkennbar ist, dass sich die Planung in der vorgegebenen Form nicht umsetzen lässt und alternative Vorgehensweisen vonnöten wären. Die Unterrichtsplanung kann immer nur einen strukturellen Rahmen vorgeben. In der konkreten unterrichtlichen Situation können sich die Lehr-/Lernprozesse jederzeit in eine nicht-intendierte Richtung bewegen. In diesen Situationen müssen Studierende dann flexibel und spontan handeln, dazu gehört gegebenenfalls die völlige Abkehr vom zuvor Geplanten.

Für die Unterrichtsplanung lassen sich fünf Prinzipien ausmachen, die hinsichtlich der im Kontext der Planung zu treffenden Entscheidungen über Unterricht zu berücksichtigen sind (vgl. zum Folgenden Peterßen 2000, 32ff.):

- *Prinzip der Kontinuität*: Dieses verlangt die kontinuierliche Fortsetzung der getroffenen Entscheidungen über alle Planungsstufen hinweg, um eine konsequente und erkennbare Verfolgung der Unterrichtsziele zu gewährleisten. Es bedeutet aber nicht, dass bei erkennbar negativer Entwicklung an der Entscheidung festgehalten werden muss.

- *Prinzip der Reversibilität*: Hiermit ist gemeint, dass alle Entscheidungen so getroffen werden, dass sie einer permanenten Revision unterzogen und unter bestimmten Umständen verändert oder aufgehoben werden können. Erforderlich ist dies zum einen, weil Entscheidungen über Unterricht einen Prozess mit vielen Stufen durchlaufen bis sie sich in einer konkreten Unterrichtssituation realisieren. Zum anderen beeinflussen sich die Entscheidungen wechselseitig, sind also interdependent und können nicht isoliert voneinander getroffen werden. Schließlich muss Unterricht auch deshalb flexibel geplant werden, weil in der konkreten Unterrichtssituation die Reaktion der Lernenden als unmittelbare Rückmeldung auf die Entscheidungen unter Umständen so erfolgt, dass eine Anpassung erforderlich wird.

- *Prinzip der Eindeutigkeit*: Entscheidungen über Unterricht sind eindeutig zu treffen, so dass die beabsichtigten Maßnahmen hinsichtlich der Auslösung, Steuerung und inhaltlichen Gestaltung deutlich erkennbar sind. Eindeutige Entscheidungen sind dabei eine Grundvoraussetzung für die Reversibilität der Unterrichtsplanung. Denn nur wer weiß, wohin es wie gehen soll, kann beispielsweise bezüglich des Ziels und des Weges flexibel agieren. Dies schließt das Einbeziehen von Alternativen nicht aus, diese müssen ebenfalls eindeutig bestimmt werden.

- *Prinzip der Widerspruchsfreiheit*: Dieses fordert die Stimmigkeit der Entscheidungen. Da die Entscheidungen im Rahmen der Unterrichtsplanung nicht unabhängig voneinander zu treffen sind, sondern in einem interdependenten Verhältnis stehen, müssen sie auf einander bezogen und abgestimmt werden. Die einzelne Entscheidung, beispielsweise über eine bestimmte Arbeitsform im Unterricht, wird nicht isoliert getroffen, sondern im Kontext aller weiteren Entscheidungen (zum Beispiel zu den Inhalten, Lernzielen etc.), mit denen sie im Einklang stehen muss.

- *Prinzip der Angemessenheit*: Hier wird erstens verlangt, dass sich die Entscheidungen über Unterricht an zweckrationalen Gesichtspunkten bezüglich des Ziels des Unterrichts orientieren. Insofern Unterricht als intentionaler Lernprozess verstanden werden kann, müssen alle auf diesen Lernprozess einwirkenden Maßnahmen und Mittel dem jeweils spezifischen Zweck des Lernprozesses untergeordnet werden. Zweitens ist hiermit gemeint, dass der Aufwand der Planung in einem angemessenen Verhältnis zu den Erfordernissen der Unterrichtspraxis steht. Die planerische Aufgabe darf kein Selbstzweck sein, sondern ist stets auf die konkrete unterrichtliche Praxis bezogen.

Peterßen (2000) betont, dass diese Prinzipien für alle Konzeptionen der Unterrichtsplanung gelten.

Zum Weiterlesen: Unterrichtsplanung
Die Planung von Unterricht gehört zu den zentralen Aufgaben von LehrerInnen. Für die Unterrichtsplanung sind zahlreiche Modelle entwickelt worden, die die Planungsarbeit von Lehrpersonen unterstützen sollen. Hierzu gehören z.B. die oben genannten didaktischen Modelle, die ein Theoriegebäude für die Analyse und Gestaltung des didaktischen Handelns liefern.

Die sogenannten Unterrichtskonzeptionen – auch Unterrichtskonzepte genannt – (Offener Unterricht, Handlungsorientierter Unterricht, Projektunterricht etc.) geben unterrichtspraktische Orientierungen für das didaktisch-methodische Handeln. Sie können zur Strukturierung der Lehr-/Lernsituationen beitragen und fokussieren meist unterrichtsmethodische Aspekte (vgl. Jank/Meyer 2009).

Einen Überblick über Unterrichtskonzeptionen geben u.a.:

Bovet, Gislinde/Huwendiek, Volker (Hg.) (2008): Leitfaden Schulpraxis. Pädagogik und Psychologie für den Lehrerberuf. 5. überarbeitete und erweiterte Aufl. Berlin.

Jank, Werner/Meyer, Hilbert (2009): Didaktische Modelle. 9. Aufl. Berlin.

Wiater, Werner (2013): Unterrichtsplanung. Prüfungswissen – Basiswissen Schulpädagogik. Donauwörth.

Wenn Studierende im Praxissemester Unterricht planen, ist dabei die *Planungsgröße* zu berücksichtigen. Diese reicht von einer langfristigen (Jahres- oder Halbjahresplanung etc.) über eine mittelfristige (etwa Unterrichtsreihe, Unterrichtsepoche oder Unterrichtsprojekt) bis hin zu einer kurzfristigen Unterrichtsplanung (Unterrichtsstunde, Unterrichtssituation etc.). In den allermeisten Fällen werden sich die diesbezüglichen Aktivitäten der Studierenden im Praxissemester auf die kurz- und mittelfristige Planung von Unterricht beziehen.

Zur Weiterarbeit:
Weder überfordern noch unterschätzen – Unterrichts-Miniaturen
Beobachtungen und Eindrücke zu den Aktivitäten von Studierenden in Praxisphasen offenbaren, dass viele von Ihnen die Komplexität von Unterricht unterschätzen und sich mit den Erwartungen an Ihr eigenes Handeln dabei nicht selten überfordern. Um dem ver-

breiteten Risiko zu begegnen, ist es deshalb angeraten, Ihre eigenen Planungsüberlegungen zunächst auf einen sehr eng umgrenzten Zeitrahmen zu beziehen. Entwickeln Sie dazu *Unterrichts-Miniaturen*, die in ihrer möglichen Umsetzung nicht länger andauern als zehn Minuten. Dafür bieten sich kurze SchülerInnen-Arbeitsphasen, Übungs- und Wiederholungsphasen oder auch der Einstieg in eine neue Unterrichtsphase an. Indem Sie sich in Ihrer Kreativität so auf eine äußerlich sehr übersichtliche Unterrichtszeitspanne begrenzen, können Sie sich zugleich Freiräume eröffnen, die Sie für die Erarbeitung einer möglichst kenntnisreichen, vielperspektivischen, umsichtigen, adressatengerechten und flexiblen Planung nutzen können. Dabei kann sich Ihr Fokus beispielsweise auf Aspekte wie (Binnen-)Differenzierungsmöglichkeiten, Erstellung von Arbeitsmaterialien oder einen konstruktiven Umgang mit ‚Fehlern' richten.

Die konkreten Aufgaben zur Unterrichtsvorbereitung und -ausgestaltung ergeben sich aus den Vorgaben der einzelnen Hochschulen und Standorte sowie den Kompetenzen und Standards für das jeweilige Praxissemester. Da die Begriffe für die unterschiedlichen Planungsgrößen zum Teil unterschiedlich verwendet werden, wird an dieser Stelle als Orientierung für die Studierenden die folgende Systematik nach Brand (2010) vorgestellt.

Unterrichtsreihe
Abfolge thematisch oder methodisch verwandter Unterrichtseinheiten
Eine Unterrichtsreihe umfasst in der Regel mehrere Monate

Unterrichtseinheit
Thematisch/inhaltlich oder methodisch eng zusammenhängende Abfolge von Unterrichtsstunden
Eine Unterrichtseinheit umfasst etwa zwei bis fünf Wochen

Unterrichtssequenz
Funktional zusammenhängender Teil einer Unterrichtseinheit
Unterrichtssequenzen sind in ihrem Umfang sehr unterschiedlich: Eine einzelne Stunde kann eine Sequenz bilden, es können aber auch bis zu zehn Stunden sein

Unterrichtsstunde
Abfolge von Unterrichtszeit ohne äußere Unterbrechung
Hierbei handelt es sich in der Regel um eine einzelne Unterrichtsstunde oder Doppelstunde

Unterrichtsphase
Funktional zusammenhängende Einheit innerhalb einer Unterrichtsstunde
Die einzelnen Phasen (Einstig, Erarbeitung, Anwendung, Ergebnissicherung etc.) haben in Abhängigkeit ihrer jeweiligen didaktischen Funktion und methodischen Realisierung eine je eigene Länge

Abb. 7.6: Übersicht der Planungsgrößen nach Brand 2010

Planen einer Unterrichtsstunde

Bei der Planung von Unterricht sind ganz unabhängig von der Planungsgröße die Vorgaben (Bildungsstandards, Rahmenrichtlinien, Lehrpläne etc. und Schulcurricula) sowie die maßgeblichen Dimensionen der Unterrichtsplanung – Inhalte, Ziele, Methoden, Medien, Organisation und Interaktion (vgl. Peterßen 2000) – zu berücksichtigen. Hinzu kommen die anthropogenen und soziokulturellen Voraussetzungen, die Einfluss auf den Unterricht haben und daher bei der Planung ebenfalls Beachtung finden. Dazu gehören u.a. die Lernvoraussetzungen der SchülerInnen, ihr Leistungsstand, ihre Interessen, aber auch die konkreten schulischen Rahmenbedingungen, die sich für eine Einzelschule aufgrund ihrer räumlichen, materiellen und organisatorischen Voraussetzungen ergeben (vgl. zu den Lernvoraussetzungen Becker 2007 und Plöger 2008 mit Beispielen zu spezifischen Voraussetzungen). An dieser Stelle kann, wie auch schon an anderer Stelle erwähnt, keine Einführung in die Planungsdimensionen erfolgen. Mit Blick auf die Planung einer Unterrichtsstunde können folgende Planungsschritte, jeweils verknüpft mit den dazugehörigen spezifischen Fragestellungen, eine Hilfe sein (vgl. zum Folgenden Bovet/Huwendiek 2008 und Brand 2010):

- Bedingungen klären:
  Wo kommt die Lerngruppe her – wo soll sie hin (Lernvoraussetzungen, Ziele)?
  Was steht aus der letzten Stunde noch an (z.B. Hausaufgaben)?

- Aufgaben- und Themenstellung klären:
  Was ist die prägnante Aufgabenstellung? Wie lautet das Thema der Stunde?

- Gestaltung und Planung der Strukturen:
  Welche wesentlichen Aspekte des Themas sind zu differenzieren?
  Mit welchen Methoden soll gearbeitet werden?
  Wie soll der Unterricht sozial organisiert werden?
  Welche Medien und Materialien sind erforderlich?

- Entwicklung des Stundenverlaufs:
  In welchen Phasen, Unterrichtsschritten soll die Aufgabe bewältigt werden?
  Was bietet sich als Einstieg an? Welche Erarbeitungs-, Übungs-, Transferphasen etc. bieten sich an?
  Welche Ergebnissicherung, Auswertung bietet sich an?
  Welche Alternativen sind möglich?

- Überprüfung der Planung:
  Ist die Planung konsistent und stringent (beispielsweise: Bauen die Phasen aufeinander auf? Sind sie auf das Lernziel ausgerichtet?)
  Woran ist zu beurteilen, ob die Stunde gelungen oder misslungen ist?

Die letzte Frage verweist bereits explizit auf den Aspekt der Qualität von Unterricht und damit auf die Maßstäbe für die Unterrichtsplanung, Durchführung und

Auswertung. Auch wenn hier nun insgesamt der Eindruck erweckt wird, bei der Planung von Unterricht handele es sich um eine stringent lineare Abfolge von abgrenzbaren und abzuarbeitenden Schritten, so ist zu betonen, dass die reale Unterrichtsplanung nur selten diesem Idealbild folgt. Häufiger haben konkrete Planungsideen und -entscheidungen nicht nur Auswirkungen auf nachfolgende Planungsschritte, sondern wirken zugleich auf vorangegangene Planungsüberlegungen zurück, die dann ihrerseits erneut anzupassen sind. So ist z.B. die Entscheidung für die Umsetzung einer Erarbeitungsphase auf Basis arbeitsteiliger Gruppenarbeit wieder zu revidieren, wenn Material weder verfügbar noch zu erstellen ist, das in einem ausgewogenen Verhältnis (bezogen etwa auf Umfang, Zeitbedarf, Anforderungsniveau etc.) zueinander steht. Nicht selten erweist erst der fortgeschrittene Planungsverlauf, dass sich inhaltliche und methodische Stundenziele nicht aufeinander abstimmen lassen oder die angestrebten thematischen Differenzierungen im verfügbaren zeitlich-organisatorischen Rahmen nicht umsetzbar sind. Angesichts dessen lässt sich Unterrichtsplanung eher als ein iterativer Prozess vorstellen, bei dem auch wiederholte Revisionen planerischer und didaktischer Entscheidungen nicht untypisch sind. Rekursive Schleifen im Planungsverlauf stellen also keine Ausnahme, sondern womöglich den Regelfall dar. Das gilt besonders für Studierende im Praxissemester, die dabei erste unterrichtsplanerische Erfahrungen sammeln. Die von ihnen begründeten und nachvollziehbaren Korrekturen in der Auswahl didaktisch-methodischer Entscheidungen sind nicht notwendig als Indikator für fehlende Planungskompetenz zu werten. Im Gegenteil ist es zumeist auch hilfreich, wenn sich Studierende nicht gleich mit den ersten Ideen zu einem möglichen Verlauf begnügen, denn besonders die Fähigkeit zur Selbstkritik und ein Überdenken von (Handlungs-) Alternativen stellen einen bedeutsamen Aspekt professionellen Planungshandelns dar. Das gilt umso mehr, als zu jeder Unterrichtsplanung eine Vielzahl an vermutlich ebenso geeigneten Alternativen existiert, die guten Unterricht ermöglichen sollten und könnten.

Zur Reflexion: Vom Wiederentdecken und Weiterentwickeln

Aus zurückliegenden Praxisphasen sind einigen von Ihnen vermutlich noch eigene Unterrichtsplanungen in Erinnerung; vielleicht verfügen Sie sogar noch über entsprechende Aufzeichnungen?

Greifen Sie einmal aktiv auf Ihre Erinnerungen und/oder Materialien zurück und betrachten Sie Ihre Überlegungen von damals aus der Perspektive von heute:

Was ist mir schon damals gut gelungen, was lässt sich auch in der gegenwärtigen Situation so oder so ähnlich nutzen?

Welche Schwierigkeiten sind mir noch vertraut, wie würde ich ihnen heute begegnen?

Wie hilft mir das, was ich inzwischen weiß, weiter?

Was ist es überhaupt, was ich heute mehr oder anders weiß?

Peer Learning Activity:
Von eigenen Erfahrungen und anderen Möglichkeiten
Oft fällt es schwer, dem eigenen Denken und Handeln distanziert und kritisch gegenüber zu treten. Dabei kann gerade eine entsprechende Selbstdistanz dazu verhelfen, ein Denken in Alternativen einzuüben und zu verstetigen. Nutzen Sie – neben dem Blick zurück auf die eigene Bildungsbiografie – deshalb auch die Möglichkeiten, die sich Ihnen im Austausch mit Ihren Peers bieten:

Verständigen Sie sich zunächst untereinander, welche Aspekte für alle Beteiligten von Interesse sind und legen Sie gemeinsame thematische Schwerpunkte fest (z.B. Differenzierung, Methodenauswahl, Individuelle Förderung, Leistungsmessung o.ä.).

Berichten Sie sich gegenseitig von Ihren jeweiligen Erfahrungen und seien Sie aufgeschlossen für Nachfragen und Anregungen der anderen. Wenn es darum geht, Ihre Überlegungen weiterzuentwickeln, kann ein Blick von außen ab und an gerade jene Selbstverständlichkeiten und Gewohnheiten hinterfragen, die das eigene Handeln unnötig begrenzen. Indem sich im Austausch mit anderen wechselseitig die ‚blinden Flecken‘ offenbaren, können zugleich Ansatzpunkte für Entscheidungsalternativen identifiziert werden.

Die Frage danach, was ‚guter‘ Unterricht ist, kann nicht losgelöst von Bildungstheorien sowie dem Bildungs- und Erziehungsauftrag der Schule beantwortet werden. Mit dem Paradigmenwechsel von der Input- zur Outputorientierung muss sich Unterricht daran messen lassen, welche Wirkungen und welchen Ertrag er bei den SchülerInnen erzielt (vgl. auch zum Folgenden Helmke 2007). Die Orientierung am ‚Output‘ stellt das, was das Ergebnis von Unterricht sein soll, in den Fokus. Mit Blick auf die Unterrichtsqualität ist es wünschenswert, dass sich (angehende) LehrerInnen zum einen auf empirisch fundiertes Wissen beziehen, statt auf rezepthafte Unterrichtsempfehlungen und Methodenkataloge. Zum anderen sollten sie die Qualität ihres Unterrichts selbst empirisch überprüfen, beispielsweise durch die Videografie des eigenen Unterrichts und die Nutzung von Schülerfeedbacks (vgl. Bastian et al. 2007 zur Einführung und Nutzung von Schülerrückmeldungen im Unterricht). Zu berücksichtigen ist, dass die fachbezogenen Aspekte bei der Unterrichtsqualität eine ebenso große Rolle spielen wie die allgemeindidaktischen Aspekte – ‚guter‘ Deutschunterricht ist etwas anderes als ‚guter‘ Biologieunterricht.

Peer Learning Activity: Was ist ‚guter‘ Unterricht?
Überlegen Sie zunächst allein und diskutieren Sie anschließend gemeinsam mit Ihren Mitstudierenden:

1. Wie würden Sie ‚guten‘ Unterricht definieren? Überlegen Sie sich zunächst allein, auf welches Ihrer Unterrichtsfächer Sie sich beziehen und notieren Sie Ihre Überlegungen: Welche allgemein-didaktischen und fachbezogenen Kriterien kennen Sie? Notieren Sie ca. sieben Kriterien jeweils auf eine Karteikarte.

2. Vergleichen Sie Ihre Kriterien mit denen Ihrer Peers: Wo gibt es Übereinstimmungen; welche Unterschiede bestehen?

3. Welche Kriterien sind Ihnen allen besonders wichtig; welche weniger? Welche Kriterien sind Ihnen mit Blick auf Ihr Unterrichtsfach wichtig?
4. Wie begründen Sie Ihre Auswahl? Ziehen Sie zur Begründung auch Ihre Kenntnisse aus dem Studium (z.B. zu Unterrichtstheorien, fachdidaktischen Prinzipien) heran.
5. Wählen Sie drei bis vier Kriterien aus: Worauf wollen Sie in den nächsten Wochen bei den Unterrichtshospitationen und bei der Mitgestaltung von Unterricht gezielt achten?

Nach Helmke muss sich die Qualität von Unterricht an empirisch messbaren Erträgen manifestieren (vgl. Helmke 2007). Guter Unterricht ist dann bezogen auf das fachliche Lernen ein Unterricht

„dem es gelingt, die Schülerinnen und Schüler entsprechend ihren Eingangsvoraussetzungen optimal zu fördern und *intelligentes Wissen* aufzubauen" (Helmke 2007, 15).

Auf der Grundlage von Studien aus der empirischen Unterrichtsforschung und bildungstheoretischen Grundpositionen hat Meyer (2004) einen Katalog von Merkmalen guten Unterrichts entwickelt, der gegenwärtig in der schulischen und bildungspolitischen Diskussion eine wichtige Rolle spielt und hier deshalb exemplarisch vorgestellt wird. Bei den Merkmalen handelt es sich zumeist um empirisch erforschte Ausprägungen von Unterricht, die zu dauerhaft hohem Lernerfolg beitragen. Meyer definiert guten Unterricht als Unterricht, in dem

„(1) im Rahmen einer demokratischen Unterrichtskultur (2) auf der Grundlage des Erziehungsauftrags (3) und mit dem Ziel eines gelingenden Arbeitsbündnisses (4) eine sinnstiftende Orientierung (5) und ein Beitrag zur nachhaltigen Kompetenzentwicklung aller Schülerinnen und Schüler geleistet wird" (Meyer 2004,13).

Zehn Merkmale guten Unterrichts

1. **Klare Strukturierung des Unterrichts** (Prozess-, Ziel- und Inhaltsklarheit; Rollenklarheit, Absprache von Regeln, Ritualen und Freiräumen)
2. **Hoher Anteil echter Lernzeit** (durch gutes Zeitmanagement, Pünktlichkeit; Auslagerung von Organisationskram; Rhythmisierung des Tagesablaufs)
3. **Lernförderliches Klima** (durch gegenseitigen Respekt, verlässlich eingehaltene Regeln, Verantwortungsübernahme, Gerechtigkeit und Fürsorge)
4. **Inhaltliche Klarheit** (durch Verständlichkeit der Aufgabenstellung, Plausibilität des thematischen Gangs, Klarheit und Verbindlichkeit der Ergebnissicherung)
5. **Sinnstiftendes Kommunizieren** (durch Planungsbeteiligung, Gesprächskultur, Sinnkonferenzen, Lerntagebücher und Schülerfeedback)
6. **Methodenvielfalt** (Reichtum an Inszenierungstechniken; Vielfalt der Handlungsmuster; Variabilität der Verlaufsformen und Ausbalancierung der methodischen Großformen)
7. **Individuelles Fördern** (durch Freiräume, Geduld und Zeit; durch innere Differenzierung und Integration; durch individuelle Lernstandsanalysen und abgestimmte Förderpläne; besondere Förderung von Schülern aus Risikogruppen)

8. **Intelligentes Üben** (durch Bewusstmachen von Lernstrategien, passgenaue Übungsaufträge, gezielte Hilfestellungen und ‚übefreundliche' Rahmenbedingungen)

9. **Transparente Leistungserwartungen** (durch ein an den Richtlinien oder Bildungs-standards orientiertes, dem Leistungsvermögen der Schülerinnen und Schüler entsprechendes Lernangebot und zügige förderorientierte Rückmeldungen zum Lernfortschritt)

10. **Vorbereitete Umgebung** (durch gute Ordnung, funktionale Einrichtung und brauchbares Lernwerkzeug)

Abb. 7.7: Zehn Merkmale guten Unterrichts (Meyer 2004, 17f.)

Meyer selbst erläutert, wie der Merkmalskatalog genutzt werden kann (vgl. Meyer 2004). Ein umsichtiger Umgang mit diesen Merkmalen ist allerdings geboten. Eine grundsätzliche Kritik an Meyers Katalog (u.a. zum methodischen Vorgehen und zur Trennschärfe der Kriterien) übt Gruschka (2007). So stehe hinter den Merkmalen keine empirisch gehaltvolle Theorie guten Unterrichts, vielmehr versammle der Katalog

> „vielleicht nicht alles, aber doch das Meiste von dem, was intuitiv zur Vorstellung von einem guten Unterricht gehört. Irgendwie stimmt alles als Postulat. Zugleich machen seine [Hilbert Meyers, Anm. d. Verf.] Schematisierungen deutlich, dass er nicht die wichtigsten zehn Merkmale auswählt, sondern bei deren Erläuterung alles hineinpackt, was im Unterricht geschieht/geschehen soll" (Gruschka 2007, 27).

Von Meyer übergangen werde die Frage, was Unterricht eigentlich zum Unterricht macht. Damit gerieten die normativen Strukturen von Bildung und Erziehung, die sich im Unterricht entfalten, aus dem Blick (vgl. Gruschka 2007).

 Zur Weiterarbeit:
Planung von Unterricht als Aufgabe im Praxissemester
Vorgaben/Erwartungen

Machen Sie sich frühzeitig damit vertraut, welche Aufgaben Sie im Rahmen der Unterrichts-planung im Praxissemester erfüllen sollen. Informationen dazu finden Sie in der Regel in den jeweiligen Konzeptionen, Modulen und/oder Praktikumsordnungen Ihrer jeweiligen Universität. An Ihrer Praktikumsschule sollten Sie dann mit den Praktikumsbeauftragten bzw. Ihren MentorInnen klären, wie Sie in die Planungsarbeit schrittweise mit einbezogen werden können. In der Regel werden Sie zunächst einzelne Unterrichtsphasen oder Teile von Unterrichtsphasen planen, bevor Sie sich an der Planung ganzer Unterrichtsstunden oder Unterrichtreihen versuchen können. Da Sie im Praxissemester in bereits bestehende Strukturen kommen und die Rahmenvorgaben (Lehrpläne, Schulcurricula, Themen und Inhalte, Lern- bzw. Kompetenzziele) für Ihre Planungen beachten müssen, ist es unerlässlich, dass Sie sich im Vorfeld Ihrer Planung mit Ihren MentorInnen darüber verständigen, wann welches Thema ansteht und was die SchülerInnen wie lernen sollen bzw. welche Kompetenzen sie erwerben sollen.

Ideen für's Lehren/Lernen

Vielleicht haben Sie bereits während Ihrer universitären Vorbereitungsphase (→ Kapitel 3) erste Ideen und Umsetzungsbeispiele für Unterrichtsstunden und/oder -sequenzen erarbeitet. In der Regel werden Sie diese nicht 1:1 umsetzen können, sondern Anpassungen und Modifizierungen im Hinblick auf die konkrete Lerngruppe vornehmen müssen.

Zeiten/Räume

Erkundigen Sie sich bei Ihren MentorInnen auch nach den organisatorischen Rahmenbedingungen, die Sie in Ihrer Planung berücksichtigen müssen. Beispielsweise ob es besondere Termine (Wandertage, Klassenfahrten) gibt, an denen der Unterricht nicht stattfinden kann. Oder über welche Ausstattung der jeweilige Klassen- oder Fachraum, die Biologiesammlung, die Sporthalle etc. verfügen?

Zum Weiterlesen: Beurteilung als eine Aufgabe von Lehrkräften

Unterrichtliche Tätigkeiten von LehrerInnen gehen immer schon mit beurteilenden Aufgaben einher. Schon bei der Planung von Unterricht müssen also auch Lernzielkontrollen und Leistungskontrollen mit bedacht werden. Obwohl Studierende im Praxissemester in der Regel nicht eigenständig beurteilend tätig werden, sollten Sie sich einen Überblick über verschiedene Möglichkeiten der Leistungsbeurteilung verschaffen und nach Möglichkeit erste Ansätze in Ihren Planungen berücksichtigen. Orientierung können Ihnen folgende Publikationen geben:

Bohl, Thorsten (2009): Prüfen und Bewerten im Offenen Unterricht. 4., neu ausgestattete Aufl. Weinheim/Basel.

Grunder, Hans-Ulrich/Bohl, Thorsten (Hg.) (2008): Neue Formen der Leistungsbeurteilung in den Sekundarstufen I und II. Baltmannsweiler.

Jürgens, Eiko (1998): Leistung und Beurteilung in der Schule. Eine Einführung in Leistungs- und Bewertungsfragen aus pädagogischer Sicht. 4. Aufl. Sankt Augustin.

Jung, Johannes (2013): Schülerleistungen erkennen, messen, bewerten. Stuttgart.

Maier, Uwe (2014): Lerndiagnostik und Leistungsbeurteilung. Bad Heilbrunn.

Winter, Felix (2014): Leistungsbewertung: Eine neue Lernkultur braucht einen anderen Umgang mit den Schülerleistungen. 4. unveränd. Neuaufl. Baltmannsweiler.

Die Planung einer Unterrichtsstunde mündet in der Regel in der Erstellung einer Unterrichtsskizze (auch Verlaufsplan oder Kurzentwurf) genannt. Wie eine solche Skizze aussehen kann, wird im nächsten Abschnitt thematisiert.

7.5 Unterrichtsorganisation und -verlauf

Die Sinnhaftigkeit einer schriftlichen Unterrichtsplanung wird in der Fachliteratur nicht angezweifelt. Insbesondere für noch ungeübte Lehrende, wie es Studierende im Praxissemester sind, hat sie verschiedene Vorzüge. Eine schriftliche Planung (vgl. zu den folgenden Ausführungen Peterßen 2000):

- schafft die Voraussetzung für einen distanzierten und sachlichen Vergleich von Plan und Realität und somit für die Auswertung von Unterricht. Schriftliche Planungen decken dabei insbesondere auch Planungsfehler auf,
- ermöglicht eine sicherere und konsequente Vorbereitung des Unterrichts, indem der Plan daran erinnert, welche Arbeitsmaterialien, Medien etc. benötigt werden, wie der Fachraum vorbereitet werden muss etc.,
- sichert den kontinuierlichen Fortgang des Unterrichts, da Folgeplanungen unmittelbar an vorhergehende Planungen angeschlossen werden können.

Die schriftliche Unterrichtsplanung dient zuallererst der Klärung des eigenen Handelns. Im Rahmen der Lehrerbildung wird sie allerdings auch zum Gegenstand der Beurteilung von Planungskompetenz, etwa bei Unterrichtsbesuchen, Staatsprüfungen oder dienstlichen Beurteilungen zur Verbeamtung und Beförderung. Dabei variieren die Erwartungen, die von Studienseminaren, Schulleitungen etc. an die schriftliche Planung von Unterricht gestellt werden. Auch hinsichtlich ihrer Länge und Funktion unterscheiden sich die schriftlichen Planungen. Während die Unterrichtsskizze den Unterrichtenden und den BeobachterInnen des Unterrichts als schnelle Orientierung über den geplanten Verlauf der Stunde dient, enthält der Langentwurf eine umfassende Darstellung der Unterrichtsplanung. Darüber hinaus zeigt sich die schriftliche Planungsarbeit in der Erstellung von Curricula und Lehrplänen, Jahres- und Arbeitsplänen (vgl. Peterßen 2000).

Die schriftlichen Planungen von Studierenden im Praxissemester werden sich häufig auf eine einzelne Unterrichtsstunde beziehen. Daher wird an dieser Stelle exemplarisch erläutert, wie eine Unterrichtsskizze erstellt werden kann. Für die Struktur der Skizze gibt es je nach Vorgabe der Universität, des Studienseminars oder der MentorInnen verschiedene Möglichkeiten. In der Regel wird die Skizze so angelegt sein, dass sie

- eine Angabe zur Lerngruppe enthält,
- das Thema der Unterrichtsreihe oder Unterrichtseinheit benennt, in die die Stunde eingebettet ist,
- über das Thema der Stunde und das Stundenziel Auskunft gibt,
- in tabellarischer Form über den geplanten Verlauf der Stunde informiert sowie
- gegebenenfalls Informationen zu den Hausaufgaben enthält.

Eine Stundenskizze kann wie folgt aussehen:

Lerngruppe:	Thema der Reihe:			
Stundenthema:				
Stundenziel:				
Phase	Interaktionsgeschehen/ Inhaltliche Schwerpunkte	Sozial-/Aktions- Formen	Medien	Anmerkungen zum Lernprozess
Hausaufgabe zur Stunde:				
Hausaufgabe im Anschluss an die Stunde:				

Abb. 7.8: Vorlage für eine Unterrichtsskizze

Der tabellarische Verlaufsplan der Stunde enthält Angaben …

- zu den geplanten Phasen (Unterrichtsschritten). Hierzu gehören etwa Einstieg, Erarbeitung, Übung, Sicherung, Transfer etc. Für Studierende, die wenig Routine hinsichtlich des zeitlichen Ablaufs haben, empfiehlt es sich, die Phasen mit Zeitangaben zu versehen. Wie viel Zeit wird für eine Phase eingeplant?
- zur LehrerIn-SchülerIn-Interaktion und den inhaltlichen Schwerpunkten. Hier erfolgen Hinweise zu den Handlungen von LehrerIn und SchülerInnen. Zentrale Arbeitsaufträge und Fragen werden wortwörtlich notiert.
- zu den Sozial-/Aktionsformen des Unterrichts, beispielsweise Unterrichtsgespräch, Sitzkreis, Einzelarbeit, Gruppenarbeit, Lernzirkel etc.
- zu den im Unterricht eingesetzten Medien wie beispielsweise Lehrbuch, Arbeitsblätter, Tafel, Whiteboard, OHP, Taschenrechner, Karten etc.
- zum Lernprozess, indem erläutert wird, warum etwas gemacht wird.

Eine Unterrichtsskizze ist kurz und enthält prägnant und zum Teil stichwortartig formuliert die wichtigsten Informationen zu der geplanten Stunde. Wie sich eine Skizze ausfüllen lässt, zeigt die nächste Abbildung. Das Beispiel zeigt den geplanten Verlauf einer Englischstunde in einer 7. Klasse.

Lern-gruppe: 7	Thema der Reihe: The World of Sport			
Stundenthema: Eddie the Eagle – Ein ungewöhnlicher Sportstar?!				
Stundenziel:	Die SuS setzen sich mit Rollenvorstellungen von Sportstars auseinander, indem sie die Figur Eddie the Eagle charakterisieren und anschließend mit ‚ihren' Stars vergleichen.			
Phase	Interaktionsgeschehen/ Inhaltliche Schwerpunkte	Sozial-/ Aktions-Formen	Medien	Anmerkungen zum Lernprozess
Einstieg 10'	Schülerpräsentationen: "My favourite sports star" - What are the reasons for being a star? - Which are his/her special qualities? - What do all the stars have in common? - Finish the sentence: "A sports star is/has …"	SV → UG	Schüler poster, Magnete TA AB 1	Die Präsentation ihres Lieblingssport-lers stellt einerseits motivierende Alltagsbezüge zur Lebenswelt der SuS her und bietet andererseits Gelegenheit, erste altersgemäße Rollenvorstellungen von Sportstars abzurufen und zu diskutieren. Letztere können später für die Kontrastierung mit Eddie Edwards Sportlerbiografie genutzt werden.
Problema-tisierung 5'	L-Impuls: - Look at the picture and describe Eddie. - What do you think about him? - Why did he become a sports star?	UG	Folie 1, OHP	Die SuS nehmen als pre-reading activity eine Bildbeschreibung zu Eddie the Eagle vor. Sie stellen Vermutungen an, warum auch er ein Sportstar sein könnte.
Erarbei-tung 15'	Textverständnis zu Eddie the Eagle Kennenlernen einer unge-wöhnlichen Sportlerbiografie - Are there any words in the text whose meaning you can't guess from the context? - What are Eddie's qualitites? What do you think about him? Fill in the grid to answer these questions.	EA → UG	Englisch-buch S. 16-17, Textteil A, B, D AB 1 (ggf. TA)	Die SuS lesen arbeitsteilig den in Abschnitte unterteilten Text Eddie the Eagle. Nach einem ersten, schnellen Lesen der Textabschnitte (skimming the text), wird das grobe Textverständnis im Unterrichtsge-spräch gesichert. Nach einem sich anschließenden detaillierten Lesen des Textes (scanning the text) füllen die SuS die auf dem AB 1 aufgeführte Tabelle zur Charakteri-sierung von Eddie bezogen auf die jeweiligen Textabschnitte aus.
Sicherung 10'	Ergebnisse sichern: Is Eddie the Eagle a "real" sports star? - Tell me your results. What did you find out?	Murmel-phase in PA UG	TA Englisch-buch	Die SuS nehmen eine Charakteri-sierung von Eddie Edwards vor, die arbeitsteilig erarbeiteten Ergebnisse werden zusammengetragen und gesichert.
Transfer 5'	Think of your favourite sports star again and compare him to Eddie Edwards. - Who do you like best? Give reasons.	UG		Die SuS vergleichen Eddie Edwards ungewöhnliche Sportlerbiografie mit der ihrer Sportstars. Ihre Rollenvor-stellungen von Sportstars sollen zusammenfassend diskutiert werden.

Hausaufgabe zur Stunde: Who is your favourite sports star? Find a nice photo and collect the words and phrases that describe him/her best. Prepare a talk to the class.

Hausaufgabe im Anschluss an die Stunde: Why did Eddie the Eagle nevertheless become a sports star? Read parts C and E and answer the question (6 sentences).

Abb. 7.9: Beispiel für eine Unterrichtsskizze

Studierende können mit der Skizze auch in der Stunde selbst arbeiten, indem sie sie für ihre eigene Orientierung im Rahmen des Unterrichtsgangs nutzen. Mit ihrer kompakten Form gibt sie Überblick über die wichtigsten Elemente und Arbeitsaufträge und sie gibt Sicherheit, falls Studierende im komplexen Unterrichtsgeschehen nervös werden und befürchten, ‚den roten Faden' zu verlieren.

 Zum Weiterlesen: Kompetenzorientierter Unterricht
Die von der Kultusministerkonferenz (KMK) entwickelten, bundesweit geltenden Bildungsstandards dienen der Orientierung hinsichtlich der Ziele gelingender Bildung. Diesen Standards liegt eine Kompetenzorientierung zu Grunde, mit der ausgewiesen wird, über welche Kompetenzen – also Kenntnisse, Fähigkeiten/Fertigkeiten sowie Einstellungen/Haltungen – SchülerInnen am Ende eines bestimmten Zeitraums verfügen sollen. Definiert wird also nicht mehr, welche Inhalte SchülerInnen lernen, sondern welche Kompetenzen sie erwerben sollen.

Viele der entsprechenden Diskurse im deutschsprachigen Raum beziehen sich dabei auf eine Definition von Weinert:

Weinert, Franz Emanuel (Hg.) (2014): Leistungsmessungen in Schulen. 3. aktual. Aufl. Weinheim.

Zur Einführung in die Diskussionen um *Kompetenz* eignen sich z.B.:

Pfadenhauer, Michaela/Kurtz, Thomas (Hg.) (2010): Soziologie der Kompetenz. Wiesbaden.

Pfadenhauer, Michaela/Kunz, Alexa M. (Hg.) (2012): Kompetenzen in der Kompetenzerfassung. Ansätze und Auswirkungen in der Vermessung von Bildung. Weinheim, Basel.

Einen methodischen Überblick über das kompetenzorientierte Unterrichten gibt:

Gerhard Ziener (2008): Bildungsstandards in der Praxis. Kompetenzorientiert unterrichten. 2. Aufl. Seelze-Velber.

Mit Fragen der Kompetenzorientierung spezifisch für die Lehrerausbildung beschäftigt sich die folgende Publikation:

Schmoll, Lars/Braun, Dirk (Hg.) (2014): Kompetenzorientiert unterrichten – Kompetenzorientiert ausbilden. Ein Kompetenzraster für die schulische Aus- und Fortbildung. Baltmannsweiler.

Die Bildungsstandards sind online verfügbar unter:

http://www.kmk.org/bildung-schule/qualitaetssicherung-in-schulen/bildungsstandards/dokumente.html [07.07.2014]

Kritische Auseinandersetzungen mit dem Paradigma der Kompetenzorientierung finden sich beispielsweise bei:

Kissling, Beat/Klein, Hans Peter (2010): Bildungsstandards auf dem Prüfstand. Der Bluff der Kompetenzorientierung. Kritische Stimmen zu den Reformen nach PISA auf einer internationalen Tagung an der Universität zu Köln im Juni 2010. In: Gymnasium Helveticum, 6, 12–17.

Weitere, zumeist kritische Beiträge zur Debatte, werden im online-Angebot der Gesellschaft für Bildung und Wissen e.V. dokumentiert unter:

http://bildung-wissen.eu/[08.07.2014].

Ausblick: Unterricht durchführen

In der Regel findet die Planung ihre Fortsetzung in der Durchführung des Unterrichts. Inwieweit Studierende im Praxissemester teilweise eigenständig den von ihren MentorInnen begleiteten Unterricht durchführen, hängt von den Vorgaben für das Praxissemester an den einzelnen Hochschulstandorten und von den jeweiligen Gegebenheiten an der Praktikumsschule ab. Über die konkrete Durchführung einer geplanten Unterrichtsstunde kann und soll hier deshalb nicht spekuliert werden. Dennoch gilt es, daran zu erinnern, dass auch keine noch so minutiöse Planung das zukünftige Unterrichtsgeschehen direkt abbildet oder die Durchführung des Unterrichts bereits schon vorweg nehmen kann. Im günstigsten Fall bietet eine Unterrichtsplanung Orientierung und Unterstützung im Ablauf von Unterricht, aber sie ist allenfalls ein grobes storyboard – und sollte deshalb in ihrer Funktion auch nicht überschätzt oder gar als Vorwegnahme von Unterricht missverstanden werden.

Indem hier die gewichtige Differenz zwischen einer Planung von Unterricht und seiner Durchführung herausgestellt wird, gerät erneut die Komplexität von Unterricht in den Blick, aber anders als bislang nun im Hinblick auf den *Ablauf von Unterricht* als komplexem sozialen Kommunikations- und Interaktionsgeschehen. Erst im Vollzug von Unterricht, d.h. im konkreten Aufeinandertreffen von Lernenden, Lehrenden und Lerninhalten wird über Ausmaß, Art, Intensität und Qualität der sozialen Beziehung ‚Unterricht‘ entschieden.

Zur Weiterarbeit: Unterricht als Interaktion
Bedeutsame Aspekte im Hinblick auf die Durchführung von Unterricht können z.B. sein:

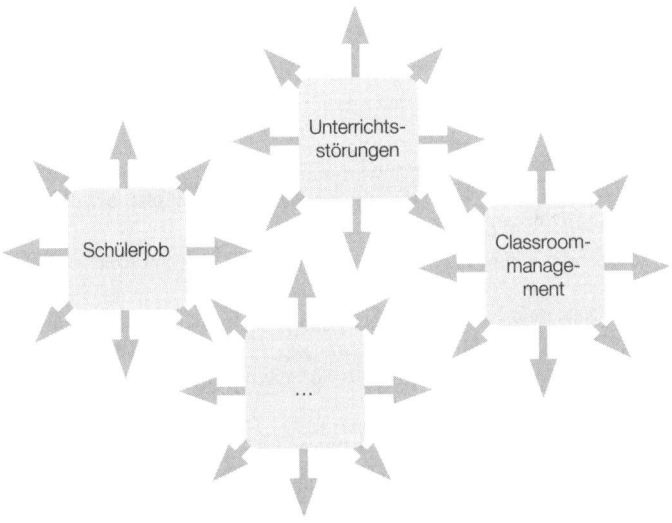

Die Durchsicht verfügbarer Aufzeichnungen von Unterricht – unabhängig davon, ob es dabei um Unterricht geht, den Sie selbst gehalten, beobachtet oder über den Sie aus Berichten erfahren haben – kann Ihnen dazu verhelfen, mögliche thematische Schwerpunkte für die Reflexion zu identifizieren.

1) Aspekte auswählen:

Welche Ereignisse machen Sie neugierig?

Worüber haben Sie sich besonders gewundert, gefreut oder geärgert?

Um welche Auffälligkeiten, Häufungen und Besonderheiten in den Beschreibungen von Unterricht geht es?

Welche Fragen, Probleme und Themen stehen dabei im Mittelpunkt?

2) Aspekte abgleichen:

Mit welchen (fach-)didaktischen) Theorien oder Konzepten lassen sich die ausgewählten Aspekte in Verbindung bringen?

Welche (unterschiedlichen) Erklärungen und Deutungen werden diskutiert?

Stellen Sie die wesentlichen Argumente heraus, die Sie überzeugen.

3) Aspekte verallgemeinern

Welche Einsichten leiten Sie daraus ab?

Was bleibt unbeantwortet?

Welcher weitere Klärungsbedarf ergibt sich für Sie?

7.6 Unterricht auswerten und reflektieren

Wie oben schon beschrieben, orientiert sich die Durchführung von Unterricht nicht nur an der Planung, sondern auch an der jeweiligen Unterrichtssituation. Bei der Planung wird antizipiert und konstruiert, der Unterricht selbst kann eine nicht vorhersehbare Eigendynamik entwickeln. Zum Planungshandeln von LehrerInnen gehört deshalb immer auch die Reflexion des durchgeführten Unterrichts (vgl. Peterßen 2000). Anhand des Vergleichs von tatsächlichem Unterrichtsverlauf und zugrundeliegender Planung kann danach gefragt werden, in welchem Umfang und mit welchem Erfolg es gelungen ist, den intendierten Lehr-/Lernprozess umzusetzen. Gefragt werden kann einerseits danach, inwiefern sich die Planungen in der unterrichtlichen Interaktion realisieren ließen. Andererseits kann sich die Frage darauf beziehen, inwieweit flexible Reaktionen auf die situativen Gegebenheiten des Unterrichtsgeschehens erfolgt sind. Denn insbesondere die Flexibilität im Verlauf der unterrichtlichen Interaktion stellt ein zentrales Qualitätsmerkmal professionellen Lehrerhandelns dar. Aus den gewonnenen Erkenntnissen lassen sich alternative Planungs- und Umsetzungsaspekte bestimmen und es ergeben sich so Konsequenzen für die weitere Unterrichtsplanung, wie auch für den Transfer auf andere Lerngruppen.

Hinsichtlich der Auswertung von Unterricht gibt es unterschiedliche Verfahren und Techniken. Ein in der Praxis häufig anzutreffendes Verfahren der *Selbstevaluation* ist die Selbstreflexion der Lehrkraft, die auch schon während der Unterrichtsdurchführung stattfindet. Mit Blick auf die Bewertung der Unterrichtsqualität wird die Beurteilungsfähigkeit von Lehrkräften hinsichtlich ihres eigenen unterrichtlichen Handelns allerdings kritisch gesehen (vgl. Helmke 2007). Das doppelte Involviert-Sein – in der Planung und Durchführung – macht einen unvoreingenommenen Blick auf das Unterrichtsgeschehen kaum möglich. Bereits in Kapitel 1 wurde darauf hingewiesen, dass Studierende tendenziell zur Selbstüberschätzung ihrer unterrichtspraktischen Kompetenzen neigen. Trotzdem ist die oben beschriebene Reflexion für die persönliche Unterrichtsentwicklung sinnvoll und wichtig, vor allem wenn Techniken entwickelt werden, anhand derer sich die eigenen Einschätzungen professionalisieren lassen. Für Studierende im Praxissemester bietet es sich beispielsweise an, ihre Selbstreflexionen schriftlich festzuhalten, etwa mittels eines Portfolios (→ Kapitel 4), eines Lerntagebuches oder ähnlichen Instrumenten.

Zum Weiterlesen: Checklisten zur Selbstreflexion
Selbstreflexionen des Unterrichts finden im Schulalltag zwar ständig, meist aber zufällig und unsystematisch statt. Auslöser sind häufig Unterrichtssituationen, in denen der Unterrichtsverlauf von der Planung abweicht.
In der Literatur gibt es zahlreiche Beispiele für Checklisten, mit deren Hilfe Lehrkräfte ihren eigenen Unterricht auswerten können. Insofern der Schwerpunkt für Studierende im Praxissemester weniger auf der Entwicklung von Handlungs- und mehr auf der Entwicklung einer theoriegeleiteten Reflexionskompetenz liegt, sollten Checklisten nicht einfach abgearbeitet

werden. Ertragreicher wird es sein, jeweils Einzelaspekte auszuwählen und diese fundiert mit Rückgriff auf Theorien zu reflektieren.

Checklisten für die Selbstreflexion finden sich zum Beispiel in:

Becker, Georg E. (2007): Unterricht auswerten und beurteilen. Weinheim und Basel.
Wiater, Werner (2013): Unterrichtsplanung. Prüfungswissen – Basiswissen Schulpädagogik. Donauwörth.

Neben der Selbstevaluation können im Praxissemester auch verschiedene Verfahren der *Fremdevaluation* ausprobiert und umgesetzt werden. Diese Verfahren ermöglichen einen erweiterten Blick auf den eigenen Unterricht anhand der Einschätzung Dritter. Hierzu gehört beispielsweise das Feedback durch SchülerInnen (vgl. Bastian et al. 2007) und die kollegiale Beratung durch Peers, MentorInnen und Lehrende der Universität und Studienseminare (vgl. Kempfert/Ludwig 2008 zu unterschiedlichen Methoden der kollegialen Unterrichtshospitation). Grundlage solcher Beratungen können (un-)strukturierte Beobachtungsprotokolle, aber z.B. auch Videografien von Unterrichtsstunden oder ausgewählten -phasen sein. Die Zustimmung aller Beteiligten dabei immer vorausgesetzt eröffnen sich damit vielfältige Möglichkeiten der Evaluation von Interaktionen im Unterricht. Das Ziel sollte dabei sein, möglichst eine Reihe verschiedener Reflexionsverfahren kennenzulernen und im Hinblick auf ihren jeweiligen Beitrag zur eigenen Professionalitätsentwicklung einschätzen zu können.

 Peer Learning Activity:
Mit den Augen der anderen – Fremdevaluation
1. Bitten Sie Ihre Peers, Sie in Ihren Unterricht zu begleiten.
2. Während Sie unterrichten, werden Sie von den Peers zum Beispiel mithilfe der folgenden Kriterien (vgl. Kiel 2010) beobachtet:

Strukturierung
Der Unterricht ist übersichtlich strukturiert.
Die Arbeitsaufträge für die SchülerInnen sind klar formuliert.
Der Unterricht ist abwechslungsreich gestaltet.
…

Schülerorientierung
Die SchülerInnen haben Gelegenheit zum selbstständigen Lernen.
Die Sozialformen sind so gewählt, dass sie Kommunikation und Kooperation fördern.
Die Lernaufgaben sind anregend.
…

Klassenführung
Die SchülerInnen wissen, welches Verhalten von ihnen erwartet wird.
Die Lehrkraft bemerkt, was in der Klasse vor sich geht.
Die Lehrkraft reagiert flexibel auf unerwartete Situationen.
…

Lehrer-Schüler-Beziehung
Die Lehrkraft begegnet den SchülerInnen freundlich und wertschätzend.
Die Lehrkraft behandelt die SchülerInnen fair und gerecht.
Die Lehrkraft steuert das Verhalten der SchülerInnen durch Lob und Anerkennung.
…

Verständigen Sie sich vorab mit Ihren Peers über die Kriterien und klären Sie gegebenenfalls die begrifflichen Inhalte. Die Liste kann mit Blick auf die konkrete Situation reduziert oder um weitere Kriterien erweitert werden. Bitten Sie Ihre Peers, die Beobachtungen schriftlich fest zu halten. Je nachdem wie gut Ihre Peers bereits in der Beobachtung von Unterricht geübt sind, kann es angeraten sein, sich auf einige wesentliche Aspekte zu beschränken.

3. Vergleichen Sie die Beobachtungen Ihrer Peers mit Ihren eigenen Eindrücken. Wo gibt es Übereinstimmungen? Welche Unterschiede gibt es in der Wahrnehmung? Wie lassen sich diese erklären?

Insbesondere in der 2. Phase der Lehrerausbildung, aber auch im Rahmen der universitären Praxisphasen erfolgt die Unterrichtsauswertung im Rahmen von Unterrichtsnachbesprechungen. Das *Nach*-Besprechen des eigenen unterrichtlichen Planens und Handelns ist dabei eine Form der Theorie-Praxis-Verknüpfung, in der das eigene Tun im Gespräch zum Gegenstand der professionellen Entwicklung wird (vgl. Schüpbach 2007). Dass Unterrichtsnachbesprechungen jedoch häufig nicht der Ort sind, an dem die mit ihnen intendierte Theorie-Praxis-Vermittlung stattfindet und zudem Diskrepanzen zwischen dem berichteten Handeln und den Überzeugungen der Befragten bestehen, zeigt die Studie von Schüpbach 2007. Während die Lehrkräfte, befragt nach ihrer eigenen Rolle in der Beratung und im Coaching, zu positiven Einschätzungen gelangen, beschreiben die PraktikantInnen dagegen Nachbesprechungen zumeist als ein bewertendes Gespräch.

Wichtig ist es, in Unterrichtsbesprechungen der Versuchung zu widerstehen, eine Fülle an Beobachtungen, Auffälligkeiten und Details zu thematisieren. Aus den Niederlanden stammt der Vorschlag, die Besprechungen auf eine Auswahl an Problemen und Zielen zu beschränken und daraus Entwicklungsaufgaben abzuleiten, die auf der Basis eines Prozessmodells (‚Reflexionszyklus') bearbeitet werden können (vgl. z.B. Korthagen/Vasalos 2005).

Das Praxissemester als Studienelement

Zum Abschluss des Kapitels mögen sich bei der einen oder dem anderen nun mehr Fragen als Antworten einstellen und Gefühle der Überforderung und Resignation an die Stelle der Hoffnung auf Gewissheiten treten. Eine solche Reaktion ist bei Studierenden im Praxissemester auch nicht abwegig, verbindet sich mit schulischen Praxisphasen im Allgemeinen und besonders mit den Konzeptionen zum Praxissemester doch oftmals auch das Versprechen, sich selbst im mutmaßlichen ‚Kerngeschäft' von Schule – dem Unterrichten – zu erleben. Im Rahmen dieses Studienbuches konnte lediglich ein rudimentärer Einblick eröffnet werden. Die Literatur dazu füllt ganze Säle und hier konnte und sollte nicht zusammengefasst werden, was sich in der Fülle an Literatur zu Unterricht, Unterrichtsplanung, Unterrichtsqualität usw. findet. Immerhin sollte jedoch deutlich werden, dass…

- didaktische Modelle dazu genutzt werden können, sich einen ersten Überblick über den Stand der Forschung zu Unterricht zu verschaffen,
- Unterricht ein umsichtiges Planungshandeln erfordert und
- das Praxissemester einen nachfolgenden Vorbereitungsdienst weder vorwegnehmen noch ersetzen kann.

Die Erfahrungen von Unterricht im Praxissemester sind stattdessen *ein* Aspekt in einem auf zunehmende Professionalisierung hin ausgerichteten Studienelement. Es geht dabei gar nicht darum, perfekten Unterricht hervorzubringen. Im Gegensatz zum Vorbereitungsdienst hat das Unterrichten im Praxissemester an vielen Stand orten den großen Vorteil, dass sich Studierende hier noch bewertungsfrei erproben können. Erneut festzuhalten ist, was wesentliche Anliegen des Unterrichtens im Praxissemester sind:

- Nicht die Handlungskompetenz steht im Vordergrund, sondern eine theoriegeleitete Reflexionskompetenz, die eine zentrale Voraussetzung darstellt, um die Entwicklung der eigenen Professionalität voranzutreiben.
- Das Praxissemester kann nicht mehr als einen Einblick in Ausschnitte des Praxisfeldes Schule eröffnen. An Studierende leitet sich daraus die Erwartung ab, immer wieder abzugleichen: Wie lassen sich die eigenen Vorstellungen an der konkreten Praktikumsschule, in der konkreten Lerngruppe überhaupt umsetzen? Es wird immer wieder darum gehen, die meist normativen Idealvorstellungen von Unterricht und Lernen mit der tatsächlichen Situation zu kontrastieren.
- Perspektivisch geht es insbesondere darum, Frage- und Problemstellungen für den weiteren Studien- und Ausbildungsverlauf zu entdecken, zu identifizieren, diese weiterzuentwickeln und ihnen in Situationen nachzuspüren, die vom unmittelbaren Handlungsdruck weitgehend entlastet sind.

Blick zurück nach vorn:
Zwischenfazit und Ausblick auf Kapitel 8

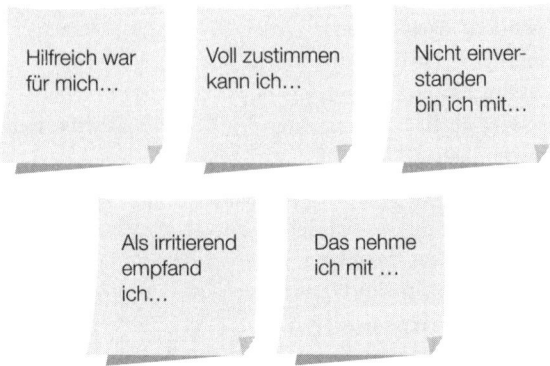

In diesem Kapitel wurden Bedingungen, Möglichkeiten und Begrenzungen der Ausgestaltung von Unterricht in den Blick genommen. Vor dem Hintergrund didaktischer Überlegungen wurden Hinweise zur Planung und Auswertung von Unterricht gegeben und erörtert. Ideen zur gezielten Erprobung ausgewählter Aspekte runden das Kapitel ab.

Unterricht ist ein wichtiger Teil von Schule. Das folgende Kapitel 8 zeigt gleichwohl auf, dass Schule weit mehr ist als Unterricht. Zur Sprache kommen u.a. Veränderungsprozesse in Schulen und Fragen der Schulentwicklung. Denn es bleibt doch immer anders.

Literatur

Aich, Gernot (2006): Kompetente Lehrer. Ein Konzept zur Verbesserung der Konflikt- und Kommunikationsfähigkeit. Baltmannsweiler.

Arnold, Karl-Heinz (2009): Unterricht als zentrales Konzept der didaktischen Theoriebildung und der Lehr-Lern-Forschung. In: Arnold, Karl-Heinz/Sandfuchs, Uwe/Wiechmann, Jürgen: Handbuch Unterricht. 2. Aufl. Bad Heilbrunn.

Bastian, Johannes/Combe, Arno/Langer, Roman (2007): Feedback-Methoden. Erprobte Konzepte, evaluierte Erfahrungen. Weinheim/Basel.

Becker, Georg E. (2007): Unterricht planen. Weinheim/Basel.

Bolle, Rainer (2013): Theoriegeleitete Reflexion in Schulpraxis und Lehrerbildung. In: Bolle, Rainer (Hg.): Professionalisierung im Lehramtsstudium: Schulpraktische Kompetenzentwicklung und theoriegeleitete Reflexion. Leipzig, 191–216.

Bovet, Gislinde/Huwendiek, Volker (Hg.) (2008): Leitfaden Schulpraxis. Pädagogik und Psychologie für den Lehrerberuf. 5. überarb. und erweiterte Aufl. Berlin.

Brand, Tilman von (2010): Deutsch unterrichten. Eine Einführung in die Planung, Durchführung und Auswertung in den Sekundarstufen. Seelze-Velber.

Euler, Dieter/Hahn, Angela (2004): Wirtschaftsdidaktik. Bern u.a.

Gerstenmaier, Jochen/Mandl, Heinz (1995): Wissenserwerb unter konstruktivistischer Perspektive. In: Zeitschrift für Pädagogik, Nr. 6, 867–888.

Gruschka, Andreas (2007): Was ist guter Unterricht? Über neue Allgemein-Modellierungen aus dem Geiste der empirischen Unterrichtsforschung. In: Pädagogische Korrespondenz, H. 36, 10–36.

Hattie, John (2013): Lernen sichtbar machen. Baltmannsweiler.

Helmke, Andreas (2012): Unterrichtsqualität und Lehrerprofessionalisierung. Seelze.

Helmke, Andreas (2007): Unterrichtsqualität. Erfassen. Bewerten. Verbessern. 6. Aufl. Seelze.

Helsper, Werner/Keuffer, Josef (1996): Unterricht. In: Krüger, Heinz-Hermann/Helsper, Werner: Einführung in Grundbegriffe und Grundfragen der Erziehungswissenschaft. 2. durchges. Aufl. Opladen, 81–91.

Jank, Werner/Meyer, Hilbert (2009): Didaktische Modelle. 9. Aufl., Berlin.

Kempfert, Guy/Ludwig, Marianne (2008): Kollegiale Unterrichtsbesuche. Besser und leichter unterrichten durch Kollegen-Feedback. Weinheim/Basel.

Kiel, Ewald (Hg.) (2010): Schule anders sehen. Ein Praktikumsleitfaden für Studierende. 3. Aufl. Donauwörth.

Korthagen, Fred A. J./Vasalos, Angelo (2005): Levels in reflection: core reflection as a means to enhance professional growth. In: Teachers and Teaching: theory and practice, Vol. 11, Issue 1, 47–71.

Luhmann, Niklas (1991): Das Kind als Medium der Erziehung. In: Zeitschrift für Pädagogik, 37, 19–40.

Meyer, Hilbert (2007): Leitfaden Unterrichtsvorbereitung (Der neue Leitfaden). Berlin.

Meyer, Hilbert (2004): Was ist guter Unterricht? 2. Aufl. Berlin.

Peterßen, Wilhelm H. (2000): Handbuch Unterrichtsplanung. 9. aktual., überarb. Aufl., München u.a.

Plöger, Wilfried (2008): Unterrichtsplanung. Ein Lehr- und Arbeitsbuch für Studium und Seminar. Köln.

Schön, Donald A. (1983): The Reflective Practitioner. How Professionals Think in Action. London.

Schüpbach, Jürg (2007): Über das Unterrichten reden. Bern, u.a.

Shulman, Lee S. (1986): Those Who Understand: The Knowledge Growth in Teaching. In: Educational Researcher, 15 (2), 4–14.

Universität Bielefeld/ZfsL Bielefeld, Minden und Paderborn (Hg.) (2011): Leitkonzept zur standortspezifischen Ausgestaltung des Bielefelder Praxissemesters. Erprobungsfassung. 12.10.2011. Arbeitspapier. http://www.bised.uni-bielefeld.de/praxissemester/Bielefelder_Ausgestaltung/leitkonzept.pdf [09.06.2014]

Wahl, Diethelm (2002): Mit Training vom trägen Wissen zum kompetenten Handeln. In: Zeitschrift für Pädagogik, 48, 227–241.

Gabriele Klewin

8 Es bleibt immer anders – Schule verändert sich

Schule heute sieht sicher anders aus als vor 20 Jahren. Aber auch wer nach nur fünf Jahren an seiner alten Schule wieder mal einen gesamten Schultag begleiten würde, wäre wahrscheinlich überrascht, was sich verändert hat. Schule reagiert auf gesellschaftliche Veränderungen, nimmt Innovationsimpulse von außen auf und bestimmt auch selbst ihre Entwicklung. Aber nicht nur im zeitlichen Verlauf werden Veränderungen deutlich. Auch im Vergleich von Einzelschulen wird erkennbar, dass neben den allgemeinen Anforderungen, die an alle Schulen gestellt werden, jede Schule darüber hinaus spezifischen Bedingungen unterworfen ist und auch eigene Schwerpunkte setzt. Von Schule im Singular zu sprechen, wie es zu Beginn des Kapitels getan wurde, trifft also strenggenommen nicht zu.

Einige der Anforderungen, Reformen, aber auch ‚Dauerbrenner' sollen in diesem Kapitel aufgegriffen werden. Aufgrund der Fülle der Aspekte kann dies nur exemplarisch geschehen. Zur besseren Orientierung sollen zunächst die Dinge thematisiert werden, die sich auf Unterricht beziehen, bevor der Blick geweitet wird, um das Schulleben zu betrachten. Im dritten Teil steht Schulentwicklung im Zentrum, da dies eine systematische Vorgehensweise ist, nicht nur auf Anforderungen von außen zu reagieren, sondern die eigene Entwicklung in Teilen selbst zu bestimmen. Dass im Kapitel der Fokus weg geht vom Fachunterricht, der im Praxissemester im Zentrum steht, ist keine ‚Nebenwirkung', sondern gewollt. Geht man vom Bildungs- und Erziehungsauftrag von Schule aus, so ist beispielsweise Bildung mehr als der Erwerb von Fachwissen und Erziehung umfasst den gesamten Schulalltag nicht nur den Fachunterricht.

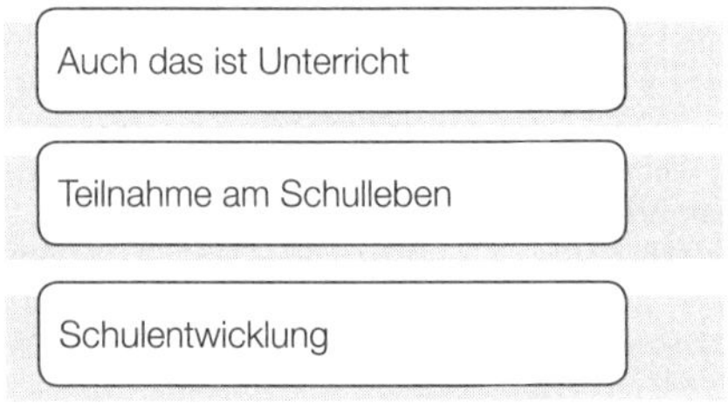

| Auch das ist Unterricht |
| Teilnahme am Schulleben |
| Schulentwicklung |

Abb. : 8.1: Überblick über Kapitel 8

8.1 Auch das ist Unterricht – ist das noch Unterricht?

Die Vorstellung von Unterricht, in der eine Lehrkraft eine alters- und leistungsho-
mogene Klasse in einem Fach unterrichtet, mag in der Realität häufig anzutreffen
sein, sie ist inzwischen aber erweitert worden um verschiedene Varianten und alternative Lernangebote. Schlaglichter auf neue Anforderungen und daraus resultieren-
de neue Herangehensweisen zu werfen, ist Anspruch dieses Abschnitts. Trotzdem
orientiert er sich in seinem Aufbau an einem ‚Klassiker‘, dem didaktischen Dreieck
aus SchülerInnen – LehrerInnen – Lerninhalt (→ Kapitel 7) und greift entlang der
drei Bereiche die Beispiele Heterogenität, Kooperation und fachübergreifendes Arbeiten heraus. Als eine Möglichkeit, Lernen anders zu gestalten, wird abschließend
ein Ausblick auf Projektunterricht bzw. Projektarbeit gegeben.

 Zur Weiterarbeit: Mein Bild von Unterricht
Greifen Sie zu Stift und Papier und zeichnen Sie spontan ein in Ihren Augen typi-
sches Lernsetting.
Sieht Ihre Skizze eher so aus wie in Abbildung 8.2, wie in Abbildung 8.3 oder noch anders?

Heterogenität als Normalfall

Das Thema Heterogenität, in dem verschiedene Dimensionen berücksichtigt
werden (Leistung, Geschlecht, Ethnie, Religion, körperliche Konstitution etc.),
bekommt mit der breiten Diskussion um Inklusion zwar einerseits eine erhöhte
Aufmerksamkeit, aber andererseits auch eine andere Gewichtung. Ein produktiver
Umgang mit Heterogenität erfordert zumindest phasenweise Methoden der inneren Differenzierung, die das klassische Unterrichtssetting auflösen (vgl. Boller/Lau
2010). Hier setzen auch Angebote zur individuellen Förderung von SchülerInnen
an, die nicht nur innerhalb des Unterrichts stattfinden, sondern auch mit zusätzlichen Kursen, Arbeitsgruppen oder individuellen Förderplänen realisiert werden
können. Individuelle Förderung wird häufig verstanden als Angebot für leistungs-
schwache SchülerInnen. Wird jedoch ernst genommen, dass jede Schülerin und
jeder Schüler darauf Anspruch hat, wie es im nordrhein-westfälischen Schulgesetz
(2012) festgeschrieben ist, dann bedeutet individuelle Förderung auch die leis-
tungsstarken SchülerInnen je spezifisch zu fördern. Es heißt ebenfalls, nicht nur an
den Schwächen, sondern auch an den Stärken der Einzelnen anzusetzen.
Zur Heterogenität gehört auch die Altershomogenität oder -heterogenität und damit verbunden die Frage nach Jahrgangsunterricht oder jahrgangsübergreifenden
Angeboten, wie sie sich insbesondere in der Grundschule finden.

Zum Weiterlesen: Heterogenität nicht nur im Unterricht
Der Umgang mit Heterogenität wird aktuell als nahezu allgegenwärtige Anforderung an Lehrkräfte gestellt. Eine Auseinandersetzung mit dem Themenfeld Heterogenität findet sich in folgender Publikation:

Trautmann, Matthias/Wischer, Beate (2011): Heterogenität in der Schule. Eine kritische Einführung. Wiesbaden.

 Zur Weiterarbeit: Wie heterogen ist meine Lerngruppe?
Sollten Sie sich, wenn Sie dieses Studienbuch lesen, bereits im Praxissemester befinden, so wählen Sie eine der Lerngruppen aus, in denen Sie tätig sind. Sollten Sie noch nicht im Praxissemester sein, denken Sie an eine schulische Lerngruppe, an die Sie sich aus einer Ihrer letzten Praxisphasen gut erinnern.
Beschreiben Sie die Lerngruppe hinsichtlich unterschiedlicher Heterogenitätsdimensionen. Das können die im Text genannten sein (Leistung, Geschlecht, Ethnie, Religion, körperliche Konstitution), aber auch andere, die Ihnen wichtig erscheinen. Überlegen Sie dann, welchen Einfluss diese Ausprägungen von Heterogenität auf den Unterricht haben. Haben einzelne Dimensionen vielleicht auch keine Bedeutung?

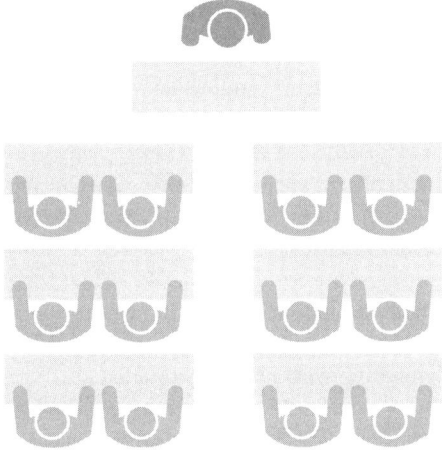

Abb. 8.2: Mögliches Lernsetting in der Schule – Beispiel A

Teamwork statt Soloprogramm

Während Gruppenarbeit auf Seiten der SchülerInnen eine weit verbreitete Methode ist, scheint die direkte Kooperation von Lehrkräften im selben Unterricht, z.B. in Form von Team-Teaching, immer noch eine Ausnahme zu sein. Dennoch gibt es viele gute Gründe für eine solche Zusammenarbeit (vgl. Köker 2012). So bieten Klassenleitungsteams, die aus einer Lehrerin und einem Lehrer gebildet werden, den SchülerInnen geschlechtsgleiche Ansprechpersonen. Auf Lehrkräfteseite kann Team-Teaching den Einstieg für neue Lehrende in besondere Unterrichtsformen erleichtern. Und letztlich ist für die gute Einbindung von PraktikantInnen ebenfalls eine gelingende Kooperation erforderlich.

Die aktuell deutlichste Veränderung in Bezug auf die Frage, wer als Erwachsener im Unterricht anwesend ist, ergibt sich durch den Anspruch auf Inklusion. Einige SchülerInnen benötigen für ihren Schulalltag kontinuierliche Unterstützung, so beispielsweise blinde SchülerInnen, wenn die Schule auf Sehende ausgerichtet ist. Hier helfen SchulbegleiterInnen oder IntegrationshelferInnen, die auf die je individuellen Bedürfnisse der SchülerInnen eingehen können. Unabhängig von der Frage der Inklusion auf Ebene der SchülerInnen verändert sich dadurch aber auch das Klassengefüge, weil zusätzlich zur Lehrkraft eine weitere erwachsene Person anwesend ist (vgl. Heinrich/Lübeck 2013).

Kooperation ist nicht nur auf eine kontinuierliche Anwesenheit im Unterricht beschränkt. Haben SchülerInnen psychische oder soziale Probleme, kann die Zusammenarbeit mit SchulpsychologInnen und SchulsozialarbeiterInnen angeraten sein.

Zur Reflexion: Wie gelingt mir Teamarbeit im Unterricht?

Teamarbeit, gerade wenn es um gemeinsames Unterrichten geht, funktioniert nicht ohne Weiteres. Im Praxissemester haben Sie an Ihrer Praktikumsschule wahrscheinlich zumindest im kleinen Umfang die Möglichkeit auch das Team-Teaching zu erproben. Sei es, dass Sie mit anderen Studierenden eine Unterrichtsstunde gemeinsam planen und durchführen, sei es, dass Sie eine Phase im Unterricht Ihrer MentorInnen übernehmen.

Sollten Sie das Team-Teaching erprobt haben, nehmen Sie die folgenden Fragen als Anlass zur Reflexion:

- Welche Rolle habe ich im gemeinsamen Unterricht eingenommen?
- Wie habe ich, wenn ich selbst eine Unterrichtsphase übernommen habe, den Wechsel mit der Lehrkraft gestaltet?
- Welche Absprachen im Vorfeld sind nötig, damit Team-Teaching gelingen kann?

Abb. 8.3: Mögliches Lernsetting in der Schule – Beispiel B

Fachspezifischer oder fachübergreifender Unterricht?

Die dritte Überlegung, die an dieser Stelle bezogen auf Unterricht angeregt werden soll, betrifft die Inhalte. Dabei zuerst an die Fachinhalte zu denken, ist in der Mehrzahl der Fälle sicher angemessen. Aber Probleme sind nicht immer nur aus der Sicht eines Faches zu bearbeiten. Die Frage der zuverlässigen Energieversorgung ohne Atomstrom betrifft nicht nur das Fach Physik. Sollen Aspekte wie die Bezahlbarkeit von Energie und der Widerstand gegen Atomkraftwerke behandelt werden, sind dazu Beiträge aus den Bereichen Wirtschaft und politische Bildung nötig. Ein fächerübergreifender Ansatz bietet sich nicht nur bei gesellschaftlichen Problemen an. Die Themen Gesundheit in der Schule und individuelles gesundheitsbezogenes Verhalten können Inhalte der Fächer Biologie, Sport und Psychologie berühren (vgl. Eckhardt et al. 2012).

Projektunterricht als Möglichkeit einer umfassenden Lerngelegenheit

Eine Lerngelegenheit, in der viele der oben angesprochenen Ideen vereint werden, ist der Projektunterricht. Projektunterricht ist keine neue Form von Unterricht, sondern eher ein alter Bekannter (vgl. Frey 2007). Projektunterricht, zum Teil wird auch von Projektarbeit oder Projektmethode gesprochen, lässt sich in sehr unterschiedlichen Varianten finden. Es kann ein Projekt in einem Fach sein, an dem SchülerInnen in Gruppen für eine bestimmte Zeit arbeiten. Es kann eine Phase im Schuljahr sein, in der SchülerInnen selbst ein Thema wählen und/oder setzen können. Dieses Thema wird dann in Projektgruppen bearbeitet, die sich nach Interesse finden, so dass der Klassenverband aufgelöst ist und sich Lernende unterschiedlicher Jahrgangsstufen in einer Gruppe zusammenfinden. Die Rolle der Lehrkraft beschreibt Frey mit dem Ausdruck „Hintergrundlehrer" (2007, 164), da die SchülerInnen weitgehend eigenständig arbeiten und die Lehrkraft nur im Bedarfsfall unterstützt. Die Spanne an Themen, die sich für mögliche Projekte eignen, ist weit. Ein größeres Projekt könnte eine Schülerfirma sein, in der für MitschülerInnen Hefte, Stifte o.ä. angeboten werden sollen. Als erster Schritt kann in einem Projekt erfragt werden, was die Bedürfnisse der Schülerschaft sind und wie das genaue Konzept aussehen soll. In einem weiteren Projekt kann dies dann umgesetzt werden. Kleinere Projekte sind auch im Unterricht möglich, so könnten im Informatikunterricht schulspezifische Apps entwickelt werden.

Zur Weiterarbeit: Unterrichtsformen an meiner Praktikumsschule
Wenn Sie sich bereits im Praxissemester befinden, notieren Sie doch mal eine Woche lang, welche verschiedenen Unterrichtsformen Sie beobachten konnten. Sprechen Sie dies jedoch vorher mit den zuständigen Lehrkräften ab.

Zum Weiterlesen: Projektunterricht als Studieninhalt?
Haben Sie in Ihrem bisherigen Studium schon etwas über Projektunterricht gehört oder sich gefragt, welche Kompetenzen es dafür braucht? Keine weitere Anleitung zum Projektunterricht, sondern eine Auseinandersetzung damit, wie Projektunterricht in der Lehrerbildung seinen Platz haben kann, finden Sie in der folgenden Publikation:

Schumacher, Christine/Rengstorf, Felix/Thomas, Christina (Hg.) (2013) Projekt: Unterricht. Projektunterricht und Professionalisierung in Lehrerbildung und Schulpraxis. Göttingen.

222 | Gabriele Klewin

8.2 Teilnahme am Schulleben

Mit der zunehmenden Zahl von Ganztagsschulen (vgl. Kielblock/Stecher 2014) wird die Notwendigkeit von außerunterrichtlichen schulischen Angeboten besonders augenfällig. Je nach Ausrichtung als offene oder gebundene Ganztagsschule werden zwar unterschiedliche Varianten zu finden sein, auf jeden Fall müssen in der jeweiligen Schule Überlegungen durchgeführt werden, wie die zusätzliche Zeit, die die Kinder und Jugendlichen in der Schule verbringen, gestaltet sein soll: Werden schulische Förderangebote in diese Zeit gelegt? Gibt es Kooperationen mit außerschulischen Partnern wie Sportvereinen oder Musikschulen? Wird das gesamte Unterrichtsangebot neu konzipiert, so dass auch Zeiten im Vormittagsbereich zur Verfügung stehen und ‚klassischer' Unterricht am Nachmittag stattfindet?

Aber auch unabhängig von den Anforderungen an eine Ganztagsschule gibt es vielfältige Initiativen in Schulen, mit denen entweder

- Problemen und Entwicklungsaufgaben begegnet wird,
- auf Interessen von SchülerInnen eingegangen wird oder
- die Beteiligung und das Engagement von SchülerInnen unterstützt werden.

Zu der ersten Gruppe gehören beispielsweise Maßnahmen, mit denen Gewalt an Schulen minimiert werden soll, Suchtprävention geleistet wird oder weiter gefasst die Stärkung sozialer Kompetenzen von SchülerInnen im Zentrum stehen. Das können die bereits erwähnten Streitschlichterprogramme sein (vgl. Behn et al. 2006) oder auch Ansätze wie die Initiative *Fairplayer*, bei der soziale Kompetenzen und Zivilcourage im Zentrum stehen (vgl. Melzer et al. 2011).

Zum Weiterlesen:
Maßnahmen zur Prävention und zum Umgang mit Unterrichtsstörungen
Unterrichtsstörungen gehören zum Alltag in der Schule. Nehmen sie Überhand, gibt es verschiedene Programme, ihnen zu begegnen. Vorgestellt werden hier zwei recht unterschiedliche Ansätze: das *Konstanzer Trainingsmodell*, das sich an Lehrkräfte richtet und das *Trainingsraum-Programm*, in welchem SchülerInnen im Mittelpunkt stehen.
Beim Konstanzer Trainingsmodell (vgl. Humpert/Dann 2001) finden sich Lehrende zu Tandems, die ausgehend von der Auseinandersetzung mit ihren subjektiven Theorien zu Störungen und aggressivem Verhalten in unterschiedlichen Schritten ihr Lehrerverhalten so verändern, dass Störungen im Schulalltag reduziert werden.
Im Trainingsraum-Programm (vgl. Bründel/Simon 2007) werden mit den SchülerInnen Regeln für ungestörtes Lernen vereinbart, auf die die Lehrkraft die SchülerInnen im Fall von Störungen hinweist und fragt, ob sie weiterhin am Unterricht teilnehmen wollen. Darüber hinaus werden sie über die Konsequenzen – den Besuch des Trainingsraums – bei einer weiteren Störung unterrichtet.
In dem von einer Lehrkraft betreuten Trainingsraum sollen die störenden SchülerInnen ihr Verhalten reflektieren und überlegen, wie sie in Zukunft weniger stören können und wie sie den versäumten Unterrichtsstoff nachholen können.

Bründel, Heidrun/Simon, Erika (2007): Die Trainingsraum-Methode. Unterrichtsstörungen – klare Regeln, klare Konsequenzen. Weinheim u.a.
Humpert, Winfried/Dann, Hanns-Dietrich (2001): KTM kompakt. Basistraining zur Störungsreduktion und Gewaltprävention für pädagogische und helfende Berufe auf der Grundlage des „Konstanzer Trainingsmodells". Bern u.a

Neben dem Projektunterricht, in dem auf Schülerinteressen eingegangen werden kann, gibt es viele weitere Ansatzpunkte im Schulalltag. Eine Möglichkeit sind kontinuierliche Arbeitsgemeinschaften. Häufig finden sich diese im musischen oder kulturellen Bereich in Form von Schulchören, Orchestern oder Theaterpartnerschaften sowie im Sport. Einige Schulen beteiligen sich auch an Städtepartnerschaften und bieten einen Schüleraustausch an oder organisieren Fahrten und Wandertage. Aber wieso sollte es keine Gruppe geben, die sich mit der Vorbereitung einer schulischen Ausstellung, einer Feier oder mit der Umgestaltung von Räumen beschäftigt? Die Leitung einer Arbeitsgemeinschaft muss nicht zwangsläufig durch Lehrkräfte geschehen. So wird die Partizipation von SchülerInnen ermöglicht und gefördert. In sehr umfassender Weise soll Partizipation von SchülerInnen im buddY-Programm verwirklicht werden (vgl. buddY e.V. o.J.). Hier stehen nicht die Inhalte von Maßnahmen und Angeboten im Zentrum, sondern die Prinzipien des Vorgehens, wie Peer-Education oder die Berücksichtigung von Schulentwicklungsfragen bereits von Beginn an. So kann als Schülerprojekt die Ausgabe von Spielen in der Pause realisiert werden, aber auch die Nachhilfe von SchülerInnen für SchülerInnen.

Zur Weiterarbeit: Förderung auf dem Bildungsweg – Übergänge in der Schullaufbahn

Bevor AbsolventInnen deutscher Schulen eine berufliche Ausbildung oder ein Studium aufnehmen, haben sie bereits mehrere Übergänge zwischen verschiedenen Bildungsinstitutionen gemeistert: von der Kita in die Grundschule, von der Grundschule in eine weiterführende Schule der Sekundarstufe I. Von der Sekundarstufe I erfolgt dann gegebenenfalls der Übergang in die Sekundarstufe II, zu der nicht nur die gymnasiale Oberstufe gehört. Der Wechsel von einer Schule zu einer anderen ist für die Betroffenen immer auch mit zusätzlichen Anforderungen verbunden. Es müssen neue FreundInnen gefunden werden, neue Lehrkräfte haben einen neuen Unterrichtsstil, die Leistungsanforderungen verändern sich und, und, und; nicht umsonst ist die Rede vom „Sekundarstufenschock" (Horstkemper 1987).
Im Praxissemester lohnt sich deshalb ein Blick darauf, ob und wie eine Schule ihre SchülerInnen in dieser Hinsicht unterstützt.

• Gibt es für Kita-Kinder Schnuppertage in der Grundschule o.ä. für Grundschulkinder in weiterführenden Schulen?
• Wird der Start in der Sekundarstufe I mit Angeboten wie Klassengemeinschaftstagen erleichtert?

- Werden neue Lernformen systematisch eingeführt und geübt, z.B. Angebote wie *Lernen lernen* oder Unterstützung des Erlernens von selbstständigem Arbeiten?
- Welche Angebote zur Berufsorientierung werden an einer Schule durchgeführt?
- Was geschieht nach Ende der Schulzeit? Wie kann der Einstieg in eine berufliche Ausbildung oder ein Studium gelingen?

Die oben genannten Fragen können den Ausgangspunkt für ein studentisches Forschungsvorhaben bilden. Besonders interessant können dabei nicht geradlinige Verläufe der Schullaufbahn sein.

8.3 Schulentwicklung

In den beiden vorangegangenen Abschnitten wurden verschiedene Programme und Ansätze genannt, mit denen auf pädagogische Anforderungen reagiert werden kann. Offen geblieben ist jedoch, wie eine Schule ein solches Programm in ihren Schulalltag einführt. Wie wird vorher eine Einigung darüber erzielt, was aus gemeinsamer Sicht überhaupt ein Problem oder eine wünschenswerte Neuerung darstellt und welcher Ansatz für die Schule der richtige sein könnte? Ein Weg wie die an Schule Beteiligten systematisch Veränderungen gestalten können, ist der der Schulentwicklung. In den 2004 von der Kultusministerkonferenz herausgegebenen *Standards zur Lehrerbildung: Bildungswissenschaften* fällt Schulentwicklung unter den Kompetenzbereich *Innovieren* (vgl. KMK 2004).

Worum es geht bei Schulentwicklung

Zur Verständigung: Alles im Fluss – Was ist Schulentwicklung?
Schulentwicklung – ein Begriff, der viele Assoziationen weckt. Doch was bedeutet Schulentwicklung genau? Altrichter und Helm, die in einem Übersichtsartikel verschiedene Verständnisse von Schulentwicklung diskutieren, kommen zu folgender Definition, die auch für den vorliegenden Text als Grundlage dienen soll. Sie verstehen unter Schulentwicklung „nicht die ohnehin geschehende Veränderung, der alle sozialen Institutionen in ihrem ‚Lebenslauf‘ unterworfen sind, sondern bewusste, absichtsvolle, koordinierte und meist längerfristige Bemühungen von Organisationsmitgliedern, die eigene Organisation in eine bestimmte Richtung zu entwickeln" (Altrichter/Helm 2011, 15f.).

Mit dieser Definition wird Schulentwicklung bewusst auf den Prozess der Einzelschule eingegrenzt. Wurde unter Schulentwicklung in den 1970er Jahren das Schulsystem als Ganzes gefasst, herrscht in den letzten Jahren das Verständnis von Schulentwicklung als Einzelschulentwicklung vor (vgl. Dedering 2012). Die hier vorgenommene Eingrenzung ist sinnvoll, weil die Studierenden in Ihren jeweiligen Praktikumsschulen konkrete Erfahrungen mit Schulentwicklung machen. Dennoch soll nicht verschwiegen werden, dass Schulen für ihre Entwicklung die entsprechenden Rahmenbedingungen benötigen (vgl. Rolff 2013) und dass Schulentwicklung nicht unabhängig von bildungspolitischen Entscheidungen zu sehen ist.

Neuere theoretische Ansätze beziehen auch die Entwicklung einer Region oder Schulnetzwerke mit ein oder richten, unter der Perspektive der Educational Governance, den Blick stärker auf die Steuerung im Bildungswesen (vgl. Altrichter/Helm 2011). Gegenstände von Schulentwicklung können die Planung und Durchführung gezielter Lehrerfortbildung zum Thema Inklusion für das gesamte Kollegium sein, die systematische Einführung der Arbeit mit einer bestimmten Software im Mathematikunterricht oder die Einrichtung von Selbstlernphasen im Stundenplan für die gesamte Schule. Damit sind bereits die drei Felder von Schulentwicklung illustriert, in die Rolff (2012) sie einerseits unterscheidet – Personalentwicklung, Unterrichtsentwicklung und Organisationsentwicklung – anderseits aber auch deutlich macht, dass alle drei Bereiche miteinander in Beziehung stehen, wenn von systemischer Schulentwicklung die Rede sein soll. Eine Lehrerfortbildung zu neuen Unterrichtsmethoden sollte ja eben nicht auf der Ebene der Personen stehen bleiben, sondern Einfluss auf den Unterricht haben.

Zur Weiterarbeit: Auf dem Dienstweg – Gremien im Schulalltag
Schule ist auch ein System, in dem die beteiligten Akteure die Möglichkeit der Partizipation haben. In den Schulgesetzen der Länder ist geregelt, welche Gremien in welcher Besetzung für welche Entscheidungen zuständig sind. Was so zunächst recht formal und trocken klingt, wird spannender, wenn es um konkrete Änderungen des Schulalltags geht und um die Frage, wer zustimmen muss. Wer ist beteiligt, wenn beispielsweise der Zeittakt von 45 auf 60 Minuten verändert wird, wenn aus einer Halbtagsgrundschule eine gebundene Ganztagsschule werden soll oder wenn in einem Fach neue Inhalte behandelt werden sollen? Es ist also gerade unter der Perspektive von Schulentwicklung durchaus sinnvoll, im Praxissemester die verschiedenen Gremien an einer Schule zu betrachten. Den meisten werden die Schülervertretung (SV) und die Lehrerkonferenz bekannt sein. Was aber sind die Aufgaben einer Fachkonferenz? Wer sitzt alles in der Schulkonferenz? In welchen Gremien sind Erziehungsberechtigte aktiv? Und vertritt der Lehrerrat auch die Belange von PraktikantInnen?
Protokolle von schulischen Gremien können sich in einigen Fällen gut für eine Dokumentenanalyse im Rahmen eines studentischen Forschungsvorhabens eignen.

Sich auf den Weg machen – Abläufe von Schulentwicklung

Bisher deutlich geworden ist, was unter Schulentwicklung verstanden wird, welche Bereiche dazu gehören und mit welchen Inhalten sich Schulentwicklung beschäftigt. Offen geblieben ist noch, *wie* Schulentwicklung in einer Schule vonstatten geht. In diesem Zusammenhang ist die Rede vom Schulentwicklungs*prozess*. Damit wird verdeutlicht, dass Schulentwicklung keine einmalige Veranstaltung ist, sondern längerfristig angelegt ist bzw. ein kontinuierliches Bemühen um eine systematische und zielgerichtete Veränderung bedeutet.

Zur Verständigung: Schulprogramm, Leitbild und Schulprofil
Für die drei Begriffe, die in der Überschrift genannt werden, gibt es keine einheitlichen Definitionen. Dieses Kapitel folgt dem Verständnis von Rolff, einem der bekanntesten Forscher im Bereich der Schulentwicklung (vgl. zum Folgenden Rolff 2013, 58ff.).

Von den drei Begriffen, ist der des *Schulprogramms* am umfassendsten. Es bezieht sich auf eine Einzelschule und sollte im Idealfall von allen Beteiligten zusammen erarbeitet werden. In einem Schulprogramm ist schriftlich festgehalten, wie sich die aktuelle Situation in einer Schule darstellt, welche Ziele angestrebt werden und wie sich die Schule weiterentwickeln will. Damit ist der Anspruch verbunden, den Entwicklungsprozess systematisch zu gestalten. Das *Leitbild* kann Teil des Schulprogramms sein, ist aber deutlich kürzer. Im Leitbild finden sich die (pädagogischen) Grundsätze und wichtigsten Ziele der Schule. Ein Satz aus einem Leitbild könnte sein: „Wir verstehen Verschiedenheit als Bereicherung." Ein *Schulprofil* können Schulen auch haben, wenn sie gar nichts davon wissen. Zum Profil gehört das Spezifische einer Schule, wie besondere fachliche Ausprägungen oder die aktive Zusammenarbeit mit Partnerschulen in anderen Ländern. Sich dieser Besonderheiten bewusst zu werden, kann Teil der Arbeit am Schulprogramm sein.

Rolff, Heinz-Günter (2013): Schulentwicklung kompakt. Modelle, Instrumente, Perspektiven. Weinheim.

Ein bekanntes Verfahren, die schulischen Veränderungen systematisch anzugehen, ist die Schulprogrammarbeit, an die sich die folgende Beschreibung anlehnt (vgl. Holtappels 2011).

Damit es sich bei Schulentwicklung um einen zielgerichteten Prozess handelt, muss verständlicherweise zunächst einmal das Ziel festgelegt werden. Aber bevor man sich auf den Weg macht, ist es sinnvoll zu bestimmen, von wo aus man eigentlich losläuft, d.h. die Ausgangssituation zu beschreiben:

- Wer ist alles Teil unserer Schule: SchülerInnen, Erziehungsberechtigte, Lehrkräfte, weitere Beschäftigte, externe Kooperationspartner?
- Welche Schwerpunkte, verbunden mit speziellen Angeboten, gibt es an unserer Schule?
- Gibt es Bereiche, in denen aktuell oder künftig Entwicklungsbedarf besteht?
- Existiert ein Leitbild, in dem bereits gemeinsame Ziele festgelegt wurden? Wenn ja, passen diese Ziele immer noch?
- Welche Gruppen engagieren sich in der Schule und wie sind sie eingebunden?
- Stehen zukünftig Veränderungen an, sei es durch ministerielle Vorgaben (z.B. Einführung von Standards oder zentralen Prüfungen), kommunale Entscheidungen (z.B. Schulzusammenlegungen) oder von der Schule selbst getroffene Beschlüsse?

Bereits die Beschreibung der aktuellen Situation als *erster Schritt* wird Diskussionen über Ziele und geeignete Wege dorthin hervorrufen. Anhand dieser Überlegungen sollte entschieden werden, welche gemeinsamen Ziele in naher oder mittlerer Zukunft angestrebt werden. Im besten Fall nehmen alle Gruppen der Schulöffentlichkeit an dieser Verständigung teil. Damit ist bereits der *zweite Schritt* des gesamten Prozesses benannt, der idealtypisch so aussehen könnte:

1) Beschreibung des Ist-Stands (mit Problemanalyse),
2) Festlegung eines gemeinsamen Ziels,
3) Entscheidung über das Vorgehen,
4) Implementation der gewählten Maßnahme und
5) Evaluation.

Der *dritte Schritt*, die Entscheidung darüber, wie das gewählte Ziel zu erreichen ist, kann unterschiedlich komplex ausfallen. Wenn es bei dem Ziel um die Verbesserung eines bestehenden Problems geht und bereits bewährte Programme vorliegen, kann die gezielte Auswahl als zweiter Schritt genügen. Häufig aber werden pädagogische Programme, die an anderen Schulen erfolgreich eingesetzt wurden, noch auf den spezifischen Kontext der Einzelschule angepasst werden müssen. Liegen noch keine Programme vor oder ist unklar, was der Grund für bestimmte Probleme sein kann, werden Lehrkräfte selber Maßnahmen entwickeln oder Ursachen erforschen müssen. Die Entwicklung von Maßnahmen wie beispielsweise die, ein schuleigenes Curriculum zum selbstständigen Arbeiten, zu entwickeln, greift auf Kompetenzen zurück die Lehrkräfte auch im ‚normalen' Schulalltag einsetzen. Die Erforschung der eigenen Unterrichts- oder Schulwirklichkeit erfordert Kenntnisse in Forschungsmethodik und -vorgehen. Da es sich bei diesen Vorhaben nicht um groß angelegte Studien mit dem Anspruch auf Verallgemeinerung handelt, ist der Umfang zu bewältigen (vgl. Altrichter/Posch 2007).

Der *vierte Schritt* ist schließlich die Implementation des ausgewählten pädagogischen Programms bzw. der pädagogischen Maßnahme. Hierzu reicht es nicht aus, die Zuständigen mit Materialien und Informationen zu versorgen, es können gezielte Fortbildungen notwendig sein, zum Teil sollten Informationen für SchülerInnen sowie deren Erziehungsberechtigte angeboten werden.

Mit der erfolgreichen Einführung einer pädagogischen Maßnahme ist der Schulentwicklungsprozess noch nicht beendet. Die sorgfältige Auswahl der Maßnahme, die gelungene Anpassung an die spezifische Situation der Schule sowie die umfangreiche Information und Fortbildung im Vorfeld machen es zwar wahrscheinlicher, dass sich die gewünschten Veränderungen einstellen, all dies ist aber noch keine Garantie dafür. Hier kann und sollte Evaluation einsetzen, die untersucht, wie gut die umgesetzte Maßnahme greift, wo unter Umständen noch Punkte sind, die zu bearbeiten sind und ob mit der Maßnahme auch die erhofften Veränderungen in Gang gesetzt wurden. Da der individuelle Entwicklungsprozess der Einzelschule im Mittelpunkt steht und es nicht um den allgemeinen Nachweis der Wirksamkeit einer Maßnahme geht, wird in den meisten Fällen eine sogenannte formative Evaluation angebracht sein. Im Unterschied zur summativen Evaluation, bei der z.B. nach Beendigung der Maßnahme anhand Vorher-Nachher-Daten die Wirksamkeit beurteilt wird, ist es Ziel der formativen Evaluation, bereits im Prozess Daten zurück zu melden, damit dadurch der Prozess, sofern nötig, verändert werden kann. Wird z.B. das Trainingsraumprogramm zur Verminderung von Unterrichtsstörungen (vgl. Bründel/Simon 2007) an einer Schule neu eingeführt, so kann es geschehen, dass sich SchülerInnen über ungerechte Behandlung beklagen, weil auf dasselbe Verhalten von verschiedenen Lehrkräften unterschiedlich reagiert wird. Hier könnte eine Befragung der Lehrkräfte über ihre Vorgehensweise Aufschluss geben und im Falle von stark unterschiedlichem Vorgehen zu einem Verständigungsprozess führen.

Das hier beschriebene Vorgehen legt einen linearen Ablauf nahe: Ist-Analyse – Planung von Zielen – Auswahl geeigneter Maßnahmen – Durchführung der gewählten Maßnahme – abschließende Beurteilung. Dass dem nicht immer so ist, deutet sich schon in der Empfehlung an, formative Evaluationen einzusetzen, die die Entwicklung unterstützen helfen. Darüber hinaus kann der vermeintliche Endpunkt eines Schulentwicklungsprozesses auch der Anfang eines neuen sein, da entweder das Problem noch weiter bearbeitet werden muss oder sich Ergebnisse gezeigt haben, die ihrerseits Ausgangspunkt für eine Weiterarbeit sind. So verstanden sind hier Überschneidungen zur Praxisforschung von Lehrkräften (vgl. Altrichter/Posch 2007) zu verzeichnen (→ Kapitel 6.2).

Zur Reflexion: Schulentwicklung immer und überall?

„Fast alle Maßnahmen von Politik und Verwaltung, sogar Sparmaßnahmen, werden Schulentwicklung genannt. (…) Der Begriff erscheint ebenso populär wie inflationär" (Rolff 2013, 11).

In den vorangegangenen Abschnitten wurde dargestellt, dass nahezu alle Bereiche der Schule Thema von Schulentwicklung sein können und dass alle Akteure daran beteiligt sein können.

Überlegen Sie, was Schulentwicklung zu Schulentwicklung macht. Benennen Sie auch, was nicht Teil von Schulentwicklung ist.

 Zur Weiterarbeit: Schulentwicklung im Praxissemester?

Das Praxissemester bietet durch seine Dauer und Intensität die Möglichkeit, Schulentwicklungsprozesse an der Praktikumsschule zu beobachten, in einigen Fällen aber auch darüber hinaus selbst an dem Prozess beteiligt zu sein.

So haben Studierende im günstigen Fall aktuelle Kenntnisse beispielsweise über pädagogische Programme oder didaktische Vorgehensweisen, die sie in die Diskussion einbringen können.

In den Fällen, in denen ein studentisches Forschungsvorhaben (→ Kapitel 6) für das Praxissemester durchgeführt wird, kann die Fragestellung des Forschungsvorhabens zugleich eine (Teil-)Frage der notwendigen Analyse der Ausgangssituation oder die Evaluation der in der Schulentwicklung umgesetzten pädagogischen Maßnahme sein.

Sollten Sie daran Interesse haben, überlegen Sie zunächst, in welche Schulentwicklungsprozesse an Ihrer Praktikumsschule Sie bisher Einblick erhalten haben. Was erscheint Ihnen davon geeignet, um Ihr Forschungsvorhaben anzusiedeln? Welche Fragestellung lässt sich dazu formulieren?

Und wer macht das Alles? – Steuerung von Schulentwicklungsprozessen

Aus dem vorangegangenen Abschnitt wird ersichtlich, dass Schulentwicklung mit einer Menge Arbeit einhergeht und immer wieder Abstimmungsprozesse zwischen den Beteiligten erfordert. Dies soll an exemplarischen Fragen illustriert werden:

- Wer trägt die Informationen über die aktuelle Ausgangssituation zusammen?
- Wie werden Termine für die Information über geplante Maßnahmen und Entscheidungen koordiniert?
- Wer legt fest, welche Kriterien für eine erfolgreiche Umsetzung der Maßnahme sprechen?
- Wer untersucht, ob die Kriterien für eine erfolgreiche Umsetzung erfüllt sind?

Auch wenn Studien die Bedeutung der Schulleitung für Schulentwicklungsprozesse belegen (vgl. Huber 2011), macht die Fülle der Aufgaben deutlich, dass sie allein nicht dafür zuständig sein kann. Häufig wird deshalb eine Steuergruppe für die Schulentwicklung gebildet, an der neben der Schulleitung Lehrkräfte beteiligt sind. Auch SchülerInnen sowie Erziehungsberechtigte können darin mitarbeiten. Aber auch die Steuergruppe wäre mit der alleinigen Arbeit überfordert. Sie kann den Prozess organisieren und Schulentwicklungstage vorbereiten, geeignete ReferentInnen einladen, auf den vereinbarten Zeitplan achten und vieles mehr. Dennoch sollten die Aufgaben auf mehrere Schultern verteilt werden. Dies entlastet nicht nur die Mitglieder der Steuergruppe, sondern ist auch unter der Perspektive von Partizipation sinnvoll.

Blick zurück nach vorn:
Zwischenfazit und Ausblick auf das Schlusskapitel

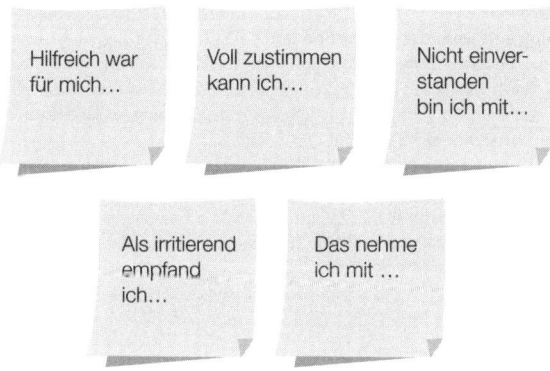

In diesem Kapitel wurden Schule und Unterricht unter unterschiedlichen Perspektiven betrachtet. Welche Anforderungen werden an Lehrkräfte gestellt, aber auch welche Maßnahmen und Programme gibt es, um den pädagogischen Alltag zu gestalten? Mit Schulentwicklung wurde ein Ansatz beschrieben, wie Veränderungen einer Einzelschule systematisch vorgenommen werden können.

An dieser Stelle ist die Reise durch das Studienbuch noch nicht zu Ende. Das Schlusskapitel nimmt die Fäden noch einmal auf und gibt Impulse für die Zeit nach dem Praxissemester.

Literatur

Altrichter, Herbert/Helm, Christoph (2011): Schulentwicklung und Systemreform. In: Altrichter, Herbert/Helm, Christoph (Hg.): Akteure & Instrumente der Schulentwicklung. Baltmannsweiler, 13–35.

Altrichter, Herbert/Posch, Peter (2007): Lehrerinnen und Lehrer erforschen ihren Unterricht. Unterrichtsentwicklung und Unterrichtsevaluation durch Aktionsforschung. 4. Aufl. Bad Heilbrunn.

Behn, Sabine/Kügler, Nicolle/Lembeck, Hans-Josef/Pleiger, Doris/Schaffranke, Dorte/Schroer, Miriam/Wink, Stefan (2006): Mediation an Schulen. Eine bundesdeutsche Evaluation. Wiesbaden.

Boller, Sebastian/Lau, Ramona (Hg.) (2010): Innere Differenzierung in der Sekundarstufe II. Ein Praxishandbuch für Lehrer/innen. Weinheim und Basel.

Bründel, Heidrun/Simon, Erika (2007): Die Trainingsraum-Methode. Unterrichtsstörungen – klare Regeln, klare Konsequenzen. Weinheim u.a.

Buddy e.V. (o.J.): Alles über das buddY-Programm. www.buddy-ev.de/buddy-programm/

Dedering, Kathrin (2012): Steuerung und Schulentwicklung. Bestandsaufnahme und Theorieperspektive. Wiesbaden.

Eckhardt, Manuela/Mergelkuhl, Tim/Schweihofen Christian (2012): „Body/Soul" – Fächerverbindendes Lernen. In: Roth, Anne-Christin/Balz, Eckart/Frohn, Judith/Neumann, Peter (Hg.): Kompetenzorientiert Sport unterrichten. Aachen.

Frey, Karl (2007): Die Projektmethode. „Der Weg zum bildenden Tun". 12. Auflage. Weinheim u.a.

Heinrich, Martin/Lübeck, Anika (2013): Hilflos häkelnde Helfer? Zur pädagogischen Rationalität von Intergrationshelfer/inne/n im inklusiven Unterricht. In: bildungsforschung, 10, H. 1, 91–110.

Holtappels, Heinz Günter (2011): Schulinterne Steuerungsinstrumente der Schulentwicklung. In: Altrichter, Herbert/Helm, Christoph (Hg.): Akteure/Instrumente der Schulentwicklung. Baltmannsweiler, 131–149.

Horstkemper, Marianne (1987): Schule, Geschlecht und Selbstvertrauen. Weinheim u.a.

Huber, Stefan Gerad (2011): Die Rolle von Schulleitung und Schulaufsicht in der Schulentwicklung. In: Altrichter, Herbert/Helm, Christoph (Hg.): Akteure/Instrumente der Schulentwicklung. Baltmannsweiler, 75–88.

Kielblock, Stefan/Stecher, Ludwig (2014): Ganztagsschule und ihre Formen. In: Coelen, Thomas (Hg.): Die Ganztagsschule. Eine Einführung. Weinheim, 13–28.

KMK (2004): Sekretariat der Ständigen Konferenz der Kultusminister der Länder in der Bundesrepublik Deutschland. Standards für die Lehrerbildung: Bildungswissenschaften (KMK, 16.12.2004).

Köker, Anne (2012): Bedeutungen obligatorischer Zusammenarbeit von Lehrerinnen und Lehrern. Eine neue Perspektive auf professionelle Lerngemeinschaften. Bad Heilbrunn.

Melzer, Wolfgang/Schubarth, Wilfried/Ehninger, Frank (2011) Gewaltprävention und Schulentwicklung. Bad Heilbrunn.

Rolff, Hans-Günter (2012): Grundlage der Schulentwicklung. In: Buhren, Claus G./Rolff, Hans-Günter (Hg.): Handbuch Schulentwicklung und Schulentwicklungsberatung. Weinheim, 12–39.

Rolff, Heinz-Günter (2013): Schulentwicklung kompackt. Modelle, Instrumente, Perspektiven. Weinheim.

Schulgesetz für das Land Nordrhein-Westfalen (Schulgesetz NRW – SchulG) mit den Änderungen vom 13. November 2012.

Praxissemester – und dann?

Rückblenden und Ausblicke

Und dann ist er vorbei – der letzte Schultag als PraktikantIn im Praxissemester. Eine sicher aufregende, vielleicht auch turbulente Zeit liegt hinter den Studierenden – sie nehmen viele Eindrücke, Erfahrungen und neue Erkenntnisse mit. Wie können sie das, was sie an den unterschiedlichen Lernorten des Praxissemesters erfahren haben, produktiv in den weiteren Studienverlauf einbinden und nutzen? An welchen Stellen ist es besonders interessant oder sogar erforderlich, noch einmal vertiefend einzusteigen und weiterzuarbeiten?

Im Laufe des Praxissemesters sollte deutlich geworden sein: Dieses besondere Studienelement ist kein bloßes ,praxisbezogenes Anhängsel', kein plan- und zielloser Ausflug in die schulische Praxis. Das Praxissemester ist vielmehr eine wichtige Gelegenheit, Theorie und Praxis zueinander in Beziehung zu setzen, um somit einen systematischen Beitrag zum eigenen Professionalisierungsprozess zu leisten.

Am Ende dieses Studienbuchs angekommen, werden die Studierenden eingeladen, erneut die verschiedenen Erfahrungen und Lernaufgaben, sei es z.B. zum Unterrichten oder zum Forschenden Lernen, Revue passieren zu lassen und über die Gestaltung der eigenen weiteren Lernprozesse nachzudenken. Schlaglichtartig werden dabei einige Themen und Inhalte, die im Studienbuch zur Sprache gekommen sind, aufgegriffen. Zugleich werden Wege und Möglichkeiten aufgezeigt, wie im weiteren Studienverlauf und in der zweiten Phase der Lehrerbildung das bisher erworbene Wissen vertieft und die erworbenen Fähigkeiten und Haltungen weiterentwickelt werden können.

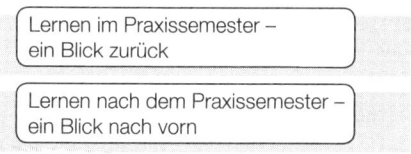

Abb. 9.1: Überblick

Lernen im Praxissemester – ein Blick zurück

Lehrerbildung – das wurde bereits am Anfang dieses Studienbuches beschrieben – ist zu verstehen als ein phasenübergreifender Professionalisierungsprozess. Daher sollten Studierende zum Abschluss des Praxissemesters nicht nur für sich die Frage klären, was sie gelernt haben, sondern auch, wie sie die erworbenen Fähigkeiten und Haltungen für ihren weiteren Professionalisierungsprozess nutzen können.

Ein erster Schritt kann es sein, innezuhalten und die Aufmerksamkeit auf den eigenen Lernprozess im Praxissemester zu lenken. Entlastung und Unterstützung können dabei die im Praxissemester gebildeten Banden bieten.

Peer Learning Activity: Bildet Banden – immer wieder
Der Austausch mit Peers kann in den unterschiedlichen Phasen des Professionalisierungsprozesses hilfreich sein. Ausgehend von den Erfahrungen im Praxissemester haben Sie ja vielleicht Lust, auch in der Abschlussphase des Studiums, im Vorbereitungsdienst oder in der Berufseinstiegsphase Peer-Arbeitsgruppen zu gründen oder fortzuführen, um gemeinsam zu diskutieren, zu reflektieren, sich gegenseitig zu entlasten – oder einfach, um gemeinsam Zeit zu verbringen und ein offenes Ohr füreinander zu haben.

Rückblende I – Zielsetzungen und Lernchancen

Das Praxissemester kann einen bedeutsamen Beitrag zur Professionalisierung angehender Lehrkräfte leisten – sofern es gut vorbereitet, begleitet und ausgewertet wird. Die situierten Lernanlässe im Praxissemester eröffnen den Studierenden dabei vielfältige Chancen. Im Aufeinandertreffen von schulischer Praxis und schulbezogener Wissenschaft kann den Studierenden im Praxissemester der Nutzen wissenschaftlichen Wissens erfahrbar und einsichtig werden. Das *In-Beziehung-Setzen* von wissenschaftlichem Begründungswissen einerseits und praktischem Handlungs- bzw. Entscheidungswissen andererseits stellt eine besondere Erfahrungs- und Lernmöglichkeit im Praxissemester dar.

Aber auch die Auseinandersetzung mit dem ‚eigenen Fall‘ ist ein wesentlicher Bezugspunkt für das Lernen im Praxissemester, denn professionelles Lernen geht, so Wildt, immer auch durch das „Nadelöhr des Subjekts" (Wildt 2006, 81). Somit schließt ein solches Lernen u.a. den Rückbezug auf eigene Sichtweisen und subjektive Theorien, die Auseinandersetzung mit der persönlichen Motivation, aber auch die Reflexion über eigene Ressourcen und deren Begrenzungen mit ein.

Zur Reflexion oder Peer Reflexion:
Überraschungen und Irritationen produktiv nutzen
Denken Sie noch einmal an das Praxissemester zurück: Ziehen Sie dafür Ihre persönlichen Aufzeichnungen und auch das Portfolio zu Rate. Sie können für die Reflexion die folgenden Fragen zum Anlass nehmen oder noch weitere ergänzen:

- Gab es persönliche Schlüsselerlebnisse im Praxissemester?
- Was hat mich besonders gefreut?
- Gab es etwas, das mich sehr überrascht hat?
- Was hat mich geärgert?
- Wo haben sich Konflikte positiv geklärt?
- Gab es Dinge, die sich in der Praxis fast genauso dargestellt haben, wie ich vorher erwartet hatte?

Der spezifische Professionalisierungsbeitrag des Praxissemesters ist nicht losgelöst von der vorrangigen Aufgabe der ersten Phase der Lehrerbildung, in der zunächst eine wissenschaftliche Basis auf dem Weg zum professionellen Lehrerhandeln gelegt werden muss. Das bedeutet aber nicht, dass Studierende lediglich weitgehend abstraktes Wissen erwerben. Ebenso wichtig ist es, dass Studierende dazu befähigt werden, das erworbene Wissen produktiv in Beziehung zu setzen zu den in der Schule gewonnenen Erfahrungen. In der Folge können die Studierenden ihr Wissen und ihre Kompetenzen nutzen, um ihr Handeln zu begründen und professionell mit den unterschiedlichen Akteuren am Lernort Schule umzugehen.

Zur Reflexion:
Wissenschaft und Praxis – miteinander, nebeneinander, ohne einander?
- Kann ich mich an Momente im Praxissemester erinnern, in denen mir mein wissenschaftliches Wissen in der konkreten Situation geholfen hat?
- Gab es Umstände, die ich im Nachhinein auf Basis meines Fachwissens reflektiert habe?
- Gab es Situationen, in denen ich mein wissenschaftliches Wissen noch einmal überdenken, vielleicht sogar revidieren musste?
- Welche Zielsetzungen wurden aus meiner Sicht erreicht, welche eher nicht?

Rückblende II – Von der Rolle

Am Praxissemester wirken verschiedene Akteure und Institutionen mit unterschiedlichen Aufträgen, Selbstverständnissen und Funktionen mit. So kann es passieren, dass sich Studierende im Praxissemester mitunter fühlen, als würden sie sprichwörtlich ‚zwischen den Stühlen' sitzen. Spannungsfelder, die sich aufgrund möglicher divergenter Erwartungen der Akteure aus Universität, Schule und Studienseminar, aber auch der Studierenden und ihrer Mitstudierenden untereinander ergeben können, haben Einfluss auf das Lernen und Erleben im Praxissemester.

Unter dem Blickwinkel der Rollentheorie wurde versucht, die komplexe Situation unter Einschluss der Erwartungen und Ansprüche der Akteure zu analysieren und für die Studierenden besser verstehbar zu machen. Zugleich wurden Wege aufgezeigt, wie Studierende die Kenntnis solcher Dilemmata produktiv für den eigenen Lernprozesses aufgreifen können.

Zur Reflexion oder Peer Reflexion: Ihre Rolle …
Denken Sie an Ihre Zeit im Praxissemester zurück:

* Hatte ich je den Eindruck, ‚zwischen den Stühlen' von divergierenden Anforderungen und Erwartungen zu sitzen?
* Wie bin ich damit umgegangen?
* Was bedeuten diese Erfahrungen für meinen weiteren Professionalisierungsprozess?

Rückblende III – Forschen und Unterrichten im Praxissemester

Besondere Erfahrungs- und Lerngelegenheiten im Praxissemester ergeben sich entlang der an vielen Standorten zentralen Aufgaben im Kontext von Forschen – Unterrichten – Reflektieren.

Das besondere Potenzial Forschenden Lernens besteht darin, dass es helfen kann, Distanz zum eigenen Handeln aufzubauen und eine forschend-reflexive Haltung zu entwickeln. Es geht also nicht um ein bloßes Ansammeln von Erfahrungen im Handlungsfeld Schule. Stattdessen kann die Einnahme einer distanzierten Haltung im Forschungsprozess den Studierenden dabei helfen, Schule, Unterricht und Lehrerhandeln konzeptionell zu durchdringen. Es geht – wie im Studienbuch ausgeführt – also weniger um die Ergebnisse der Forschung, sondern vor allem um den *eigenen Lernprozess* und *Erkenntnisgewinn*. Vor diesem Hintergrund gilt es nun, am Ende des Praxissemesters, Bilanz zu ziehen und den eigenen Lernzuwachs auszuwerten.

Zur Reflexion oder Peer Reflexion: Forschend lernen
Nehmen Sie sich Zeit, um an Ihre Erfahrungen im Rahmen der studentischen Forschungsvorhaben zurück zu denken:

* Welche Erkenntnisse habe ich durch mein Forschungsvorhaben gewonnen, was habe ich gelernt?
* Wie verlief mein Forschungsprozess, was würde ich beim nächsten Mal anders machen?
* War meine eigene Forschungstätigkeit hilfreich, um die notwendige professionelle Distanz gegenüber dem eigenen unterrichtlichen Handeln bewusst einzunehmen?
* Konnte ich Ergebnisse meiner studentischen Forschungsvorhaben an die Schule zurückmelden?

Besondere Erwartungen richten sich nicht selten auf das ‚Kerngeschäft von Schule' – das Unterrichten. Unter der Zielperspektive der ‚reflektierenden PraktikerInnen' wurden Bedingungen und Möglichkeiten der Ausgestaltung von Unterricht im Praxissemester in den Blick genommen. Studierende erhielten so Anregungen, wie sie ausgewählte Lehr-/Lernarrangements im Praxissemester unter Rückgriff auf didaktische Modelle entwickeln, erproben und reflektieren können.

Zur Reflexion: Unterricht entwickeln, erproben und reflektieren
- In welchen Situationen habe ich mich als ‚reflektierende Praktikerin' oder ‚reflektierenden Praktiker' wahrgenommen?
- Inwiefern hat mein theoretisches Wissen meine Unterrichtsplanung und -durchführung beeinflusst?
- Was hat mir besondere Freude bereitet beim Unterrichten im Praxissemester?
- Habe ich durch die eigene unterrichtliche Praxis Fragen oder Klärungsbedarfe mitgenommen, mit denen ich mich im weiteren Studienverlauf auseinandersetzen will?

Lernen nach dem Praxissemester – ein Blick nach vorn

Mit dem erfolgreichen Abschluss des Praxissemesters sind weder das Studium noch der Professionalisierungsprozess beendet. Nun heißt es am Ball bleiben – und Weiterdenken, Weiterlernen und neugierig bleiben. Auf den Erfahrungen des Praxissemesters aufbauend können nun

- das weitere Studium und die Abschlussarbeit sowie
- der Vorbereitungsdienst

in den Fokus des weiteren Lern- und Entwicklungsprozesses rücken.

Ausblick I – Abschluss des Studiums

Je nach zeitlicher Platzierung des Praxissemesters haben Studierende noch einige Semester vor sich, wenn sie das Praxissemester abgeschlossen haben. Die Lernerfahrungen im Praxissemester können idealerweise Grundlage einer gezielten Schwerpunktsetzung im weiteren Studium werden. Sei es, indem bestimmte Inhalte der Unterrichtsfächer vertieft werden oder indem bildungswissenschaftliche Themen aus anderer Perspektive beleuchtet werden.

Zur Reflexion: Am Ende – oder am Anfang …
Führen Sie sich Ihr weiteres Studium vor Augen und klären Sie, was Sie noch vertiefen möchten. Greifen Sie dabei auf Ihre Aufzeichnungen zurück, die Sie während des Praxissemesters erstellt haben, beispielsweise die Ausformulierungen der Forschungsvorhaben, eigene Notizen, Ihre Unterrichtsplanungen oder Ihr Portfolio.

Überlegen Sie anhand dieser Materialien, welche Themen Sie in Ihrem weiteren Studium stärker bearbeiten wollen:
- Was hat mich besonders interessiert?
- Wo gab es Irritationen?
- Welche Themenfelder sind mir im Rahmen des Praxissemesters in den Blick geraten, welche habe ich vielleicht aus den Augen verloren (z.B. Schulentwicklungsprozesse oder Diagnose und Förderung)?
- Welche Anregungen für die weitere Gestaltung meines Studiums habe ich durch das Praxissemester erhalten?
- Habe ich Ideen oder Anregungen für eine mögliche Fragestellung meiner Abschlussarbeit mitgenommen?

Am Ende des Studiums steht die Masterarbeit oder eine andere Abschlussarbeit. Diese bringt zwar neue Anforderungen mit sich, birgt aber zugleich auch die Chance, eigenen Interessen noch einmal intensiver nachzugehen. Vielleicht sind gerade durch die studentischen Forschungsvorhaben neue, weiterführende Fragen entstanden, die nun bearbeitet werden können. Die Studierenden haben mit der Abschlussarbeit die Möglichkeit, weiter forschend zu lernen und einer bereits behandelten Fragestellung vertiefend nachzugehen. So bietet es sich vielleicht auch an, Studieninhalte und Erfahrungen aus den Forschungsvorhaben im Praxissemester in der Abschlussarbeit aufzugreifen und Lernprozesse somit anschlussfähig zu gestalten.

 Zur Weiterarbeit: Vertiefung eines Forschungsvorhabens in der Abschlussarbeit
Wenn Sie im Praxissemester ein oder mehrere Forschungsvorhaben durchgeführt haben, kann es sich lohnen, die Ausarbeitung(en) erneut zur Hand zu nehmen.
- Ist es möglich, Ihr Forschungsvorhaben zu erweitern und so zu einer Abschlussarbeit ,auszubauen'?
- Haben Sie vielleicht viel zu viele Daten erhoben, die Sie – die Zustimmung der Beteiligten vorausgesetzt – im Rahmen Ihrer Masterarbeit auswerten können?
- Gibt es an Ihrer Praktikumsschule Schulentwicklungsprozesse, die zumindest teilweise durch eine Masterarbeit begleitet werden können?

Vielleicht ergeben sich aus der Auseinandersetzung mit Fragen wie diesen erste Anknüpfungspunkte für mögliche Fragestellungen Ihrer Abschlussarbeit.

Ausblick II – Vorbereitungsdienst

Nach dem erfolgreichen Studium steht in den meisten Fällen der Übergang in den Vorbereitungsdienst an und die Studierenden wechseln in eine neue Rolle: die der Lehramtsanwärterin oder des Lehramtsanwärters. Studierende sind nach

Abschluss des Studiums zwar noch keine Lehrkräfte, haben aber hoffentlich eine fundierte Grundlage an Begründungs- und Reflexionswissen erworben, das für eine professionelle Lehrertätigkeit notwendig ist. In vielen Fällen wird das professionsbezogene Lernen nun in jenen Institutionen – Studienseminar und Schule – fortgeführt, die den Studierenden aus dem Praxissemester schon bekannt geworden sind.

> **Zur Reflexion: Stichwort Vorbereitungsdienst**
> * Welche Vorstellungen habe ich von meiner späteren Rolle als LehramtsanwärterIn?

Der Vorbereitungsdienst schließt an die universitäre Lehrerausbildung zwar in den meisten Fällen direkt an. Das bedeutet aber nicht, dass die universitären Studien unmittelbar fortgesetzt werden – der Vorbereitungsdienst hat vielmehr eine ganz eigene Funktion. Nach Keuffer und Oelkers ergibt sich „die Besonderheit der Referendarsausbildung […] aus der geringeren Distanz zur Praxis, der alltäglichen Unterrichtserfahrung sowie der gezielten Berufsvorbereitung" (Keuffer/Oelkers 2001, 36).

Im Vorbereitungsdienst sind die LehramtsanwärterInnen stärker in die unterrichtliche Praxis eingebunden. Denn sie haben – teilweise recht umfangreiche – Unterrichtsverpflichtungen: Sie planen und führen Unterricht eigenverantwortlich durch und ihre unterrichtliche Tätigkeit wird durch die Studienseminare bewertet. Das eigene unterrichtliche Handeln steht stets unter dem Blickwinkel des professionellen Weiterlernens. Das heißt, dass der Rückbezug auf theoretische Wissensbestände ganz wesentlich sein kann.

Die Herausforderung besteht nun im *Ausbalancieren* von wissenschaftlichem Wissen einerseits und situativem praktischem Handlungswissen andererseits. LehramtsanwärterInnen müssen nun im unterrichtlichen Handeln selbst die Spannung von situativer Entscheidungsfindung und allgemein vertretbarer Begründungsverpflichtung aushalten und dazu eine professionelle Haltung einnehmen. Dies schließt auch das Bewusstsein über den eigenen Blickwinkel mit ein, d.h. über die eigenen subjektiven Theorien zum Lehren und Lernen sowie die Frage nach eigenen Motivationen, Überzeugungen und Haltungen.

Studierende können beim Übergang in den Vorbereitungsdienst an die Lernerfahrungen aus Studium und Praxissemester anknüpfen, indem sie versuchen, den Blick zu erweitern und sich erneut der Bedeutung des Studiums als Rahmung für den weiteren Professionalisierungsprozess bewusst werden. Denn Studierende haben im Studium und so auch im Praxissemester vermutlich viel gelernt, auf das sie gewinnbringend für die Entwicklung der eigenen Professionalität zurückgreifen können.

Zur Weiterarbeit: Brief an mich
Nehmen Sie sich Zeit, um sich selbst einen Brief zu schreiben. Beschreiben Sie darin Ihre Erfahrungen im Praxissemester und geben Sie sich Anregungen für den Vorbereitungsdienst. Diese können sich auf ganz unterschiedliche Bereiche beziehen:

- Was hat mir geholfen, in der Schule anzukommen und Kontakte zu knüpfen?
- Was habe ich aus den Unterrichtsvorhaben für die Arbeit mit SchülerInnen gelernt?
- Welchen Nutzen konnte ich aus meinen Forschungsvorhaben für mein Unterrichtshandeln ziehen?
- An welchen Stellen habe ich mich persönlich weiterentwickelt?
- Wo war ich mit Herausforderungen konfrontiert?
- Gab es vielleicht Situationen, in denen ich etwas über mich persönlich erfahren habe?
- Was nehme ich aus den Erfahrungen mit in andere Kontexte meines Lebens?

So vielfältig Optionen und Restriktionen auch sein mögen, die sich unter dem Etikett ‚Praxissemester' sammeln, gilt es abschließend daran zu erinnern, dass es zwar um ein besonderes Studienelement geht, es als solches aber keinen Selbstzweck darstellt. Vielmehr muss es in der Umsetzung jedwedes Praxissemesters darum gehen, die (Aus-)Bildung von Studierenden zu künftigen Lehrkräften besser zu unterstützen.

Einen Beitrag zu leisten, damit das in dem einen oder anderen Fall auch gelingen mag, war und ist die Intention dieses Studienbuches. Entscheiden Sie selbst, ob die HerausgeberInnen dem ein Stück weit gerecht werden konnten.

Literatur

Keuffer, Josef/Oelkers, Jürgen (2001): Reform der Lehrerbildung in Hamburg. Abschlussbericht der Hamburger Kommission Lehrerbildung. Weinheim/Basel.

Wildt, Johannes (2006): Reflexives Lernen in der Lehrerbildung – ein Mehrebenenmodell in hochschuldidaktischer Perspektive. In: Obolenski, Alexandra/Meyer, Hilbert (Hg.): Forschendes Lernen. Theorie und Praxis einer professionellen LehrerInnenausbildung. 2. aktualisierte Aufl., Oldenburg, 73–86.